ANÁLISE DE RISCO EM APLICAÇÕES FINANCEIRAS

Blucher

Marco Antonio Leonel Caetano

ANÁLISE DE RISCO EM APLICAÇÕES FINANCEIRAS

Análise de risco em aplicações financeiras

© 2017 Marco Antonio Leonel Caetano

Editora Edgard Blücher Ltda.

1ª reimpressão - 2022

Imagem de capa: iStockphoto

Blucher

Rua Pedroso Alvarenga, 1245, 4º andar
04531-934 – São Paulo – SP – Brasil
Tel.: 55 11 3078-5366
contato@blucher.com.br
www.blucher.com.br

Segundo Novo Acordo Ortográfico, conforme 5. ed. do *Vocabulário Ortográfico da Língua Portuguesa*, Academia Brasileira de Letras, março de 2009.

É proibida a reprodução total ou parcial por quaisquer meios sem autorização escrita da editora.

Todos os direitos reservados pela Editora Edgard Blücher Ltda.

FICHA CATALOGRÁFICA

Caetano, Marco Antonio Leonel
 Análise de risco em aplicações financeiras / Marco Antonio Leonel Caetano. — São Paulo: Blucher, 2017.
 264 p. ; il.

 Bibliografia
 ISBN 978-85-212-1144-0

 1. Finanças – Investimentos – Avaliação de riscos 2. Administração de risco - Matemática 3. Sistemas de avaliação de risco de crédito (Finanças) 4. Mercado financeiro 5. Probabilidades I. Título.

15-1526　　　　　　　　　　　　　　CDD 332.604

Índice para catálogo sistemático:
1. Investimentos – Avaliação de riscos

Ao meu pai,
com muitas saudades...

AGRADECIMENTOS

Um livro nasce de uma inspiração e termina com muito suor e sentimento de que falta algo a ser escrito. Escrever um livro com cuidado e atenção demanda contar com outras pessoas qualificadas e especialistas para apontar falhas, fazer correções e dar orientações para melhorar o texto.

O professor doutor Takashi Yoneyama (Instituto Tecnológico de Aeronáutica – ITA), colega, amigo e eterno orientador desde 1991, deu colaborações importantes a este texto. Sempre levantou questionamentos sobre fórmulas e ligação entre teoria e resultados e instigou-me a buscar uma maneira melhor de lidar com os assuntos. Nossas conversas fizeram-me passar horas envolvido em pensamentos sobre como o leitor se sentiria ao estudar os capítulos comentados por ele. Sem sua colaboração, o texto ficaria realmente bastante desconexo.

O professor doutor Rinaldo Artes (Insper), especialista em estatística, escreveu quase timidamente importantes apontamentos sobre a parte de probabilidade e as nomenclaturas. Suas sugestões e questionamentos se mostraram importantes para que o texto não fosse apenas um guia para *traders*, mas sim um texto acadêmico com embasamento tradicional em estatística.

E, finalmente, mas não menos importante, os apontamentos do professor Raul Ikeda (Insper) eliminaram severos erros de grande parte dos exemplos do capítulo que aborda mercados de opções. Sempre preocupado com a qualidade dos dados, com o fato de os exemplos estarem o mais próximo possível de suas aplicações no dia a dia dos mercados, suas sugestões tornaram os exemplos e exercícios bem mais complexos e dinâmicos, com a realidade muito mais bem retratada.

Por essa razão, agradeço a todos esses amigos e colaboradores, sem os quais o texto não seria um livro, mas apenas um manual. Texto acadêmico precisa sempre ser lapidado para se tornar algo importante e valorizado pelo leitor. Sou eternamente grato às considerações que, obviamente, foram acatadas e incorporadas ao texto. Também devo agradecer à Editora Blucher por acreditar neste projeto, dando total liberdade de construção do texto e sempre buscando a melhor qualidade para o material final.

Muito obrigado a todos!

"Quem não é o maior tem que ser o melhor possível.
Tiau, tiau, filho..."
Izidoro Leonel Caetano (11/11/1939-12/12/2015)

PREFÁCIO

"Preocupação não é doença, mas sinal de saúde. Se você não está preocupado, não está arriscando o bastante." Esse é o primeiro axioma de *Os axiomas de Zurique, best-seller* de Max Gunther. O que significa arriscar bastante? Antes disso, o que é risco? Como se mede um risco?

Estamos acostumados a ouvir o termo *risco* em situações de calamidade, de desastres naturais ou de crises e *crashes* financeiros. Assim, a palavra risco ficou taxada como sinônimo de algo que pode dar errado. Na realidade, risco vem como resultado de diversas formas de medidas de variabilidade e, como tal, a variabilidade ou a volatilidade sempre fornece resultados que indicam pontos negativos e pontos positivos.

Quanto de risco o Império Romano tinha em suas batalhas? Uma batalha poderia acarretar a perda da hegemonia? Com certeza, não. Porém, uma sucessão de batalhas perdidas poderia levar à queda antecipada de Roma. Naquela época, a medida de risco eram moedas de prata, tesouros e regiões estratégicas para manter o fluxo de recursos financeiros e de escravos ao Império.

Ninguém fala que temos certa probabilidade de ficarmos ricos, mas sim que temos uma porcentagem de retornos financeiros negativos por essa ou aquela aplicação monetária. Na verdade, assim como existe chance de perda monetária em determinado investimento, também há chance de grandes ganhos e retornos extremamente positivos. A diferença entre os valores positivos e negativos de retornos foi, por muito tempo, tomada como uma medida de risco. Essa medida se chama amplitude dos dados amostrados. O valor médio também expressou, durante muito tempo, a esperança matemática para retornos médios. Foi usado como parâmetro de medidas de sucesso não apenas em eventos relacionados à área financeira, mas também em todo processo envolvendo aporte de recursos, que podiam ser em humanos, em infraestrutura, em máquinas ou resultado de alguma medida de experimento.

Entretanto, a medida de risco começou a tomar uma forma matemática mais adequada e clássica com o advento da curva de Gauss, também denominada curva de sino, ou com a teoria das probabilidades, como sinônimo de distribuição de probabilidade normal. Essa curva tem grandes e diferentes aplicações nas mais variadas áreas de estudo e da ciência. É utilizada para estudo de probabilidades de sucesso ou de fracasso em experimentos com variabilidades intensas advindas de medidas. As medidas podem ser realizadas por humanos, por máquinas com sensores ou por computadores. Todas possuem perturbações aleatórias ou ruídos que distorcem os resultados amostrados.

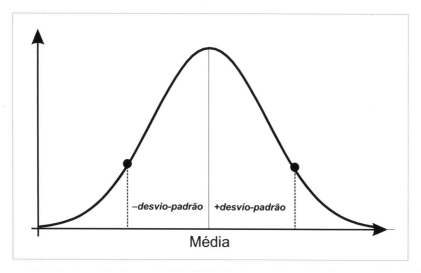

Curva de Gauss

A noção de desvio-padrão, esquematizada de forma matemática e rigorosa pela probabilidade e pela estatística, abriu uma janela de oportunidades para avaliações sobre sucessos em estratégias futuras para novos processos. Novas técnicas, novas estratégias, novos experimentos, que dependem de resultados futuros ainda não conhecidos, tiveram suas estimativas melhoradas graças às medidas advindas da curva gaussiana.

Como todas as áreas, a financeira descobriu que poderia utilizar a curva gaussiana para estimar resultados futuros. Foi Louis Bachelier o primeiro a inferir o uso da distribuição de probabilidade normal no mercado financeiro, estruturando toda a parte de cálculo de risco em sua tese *Théorie de la spéculation*, defendida em 1900. Por ter Henri Poincaré, o maior matemático da época, como seu orientador, Bachelier foi duramente cobrado para realizar uma obra perfeita. Mesmo assim, o mundo financeiro teve de esperar o economista Paul Samuelson, do Massachusetts Institute of Technology (MIT), nos Estados Unidos, redescobrir a tese de Bachelier e colocá-la em prática em 1955. Foi um passo importante para o método de Monte Carlo fazer parte do dia a dia das finanças, direcionando novos estudos e atraindo profissionais não apenas da economia como também de matemática, física e engenharia, que buscaram aplicar seus conhecimentos nos mercados e bolsas de valores.

Com a evolução dos computadores, as medidas estatísticas foram sendo sofisticadas e, com elas, também as medidas de risco para direcionar os investimentos de grandes empresas e bancos nas bolsas de valores. Mercado futuro, mercado à vista, mercado de derivativos, mercado de *commodities* e outra gama enorme de produtos financeiros surgem todos os anos e, para isso, todos usam medidas de risco para convencer grandes e pequenos investidores a aplicar suas economias com "alguma segurança". Expressões como volatilidade histórica, volatilidade implícita, valor em risco, desvio-padrão, variância, risco estratégico, risco operacional, risco financeiro e outros tantos passaram a fazer parte do mercado financeiro.

Na atualidade, é praticamente impossível realizar um estudo estatístico ou de risco sem usar planilhas automatizadas ou programas e códigos que agilizem os cálculos. Com a tecnologia de fibra óptica e a internet, os mercados ligados às bolsas de valores estão operando com incríveis intervalos de tempo de cem milissegundos, fazendo milhões de dados fluírem o tempo todo de um computador para outro. Qualquer deslize ou cálculo errado pode levar à perda de bilhões de dólares. Assim, não há espaço para invenções sem apoio de uma matemática rigorosa e formal. Não se trata apenas de programar um computador de maneira eficiente, mas sim de conhecimento profundo do que pode acarretar o uso errôneo de uma fórmula ou conceito.

Em 2010, o mundo sofreu o *crash* mais rápido de todos os tempos, conhecido como *flash crash*, que fez o índice Dow Jones cair mais de mil pontos em menos de quinze minutos. Nossa Bovespa perdeu mais de 10% em menos de dez minutos. Isso resultou em um caos de momento em todo o mundo, e ao vivo em diversos telejornais especializados em finanças.

Isso posto, este livro foi estruturado para apresentar desde as primeiras técnicas clássicas de avaliações de risco até as mais atuais, que envolvem o computador. Uma observação do mercado e a experiência de 25 anos lecionando na academia, somados a quinze anos na área de mercado financeiro, mostraram-me a necessidade de reforçar como surgiram as medidas de risco e o uso das novas tecnologias de programação para automatizar esses cálculos.

As tecnologias mais populares de programação e automação são as planilhas do Microsoft Excel. Desse modo, boa parte do livro aborda a aplicação das fórmulas de risco nesse *software*. Em muitos casos, são confrontadas planilhas com programas em ambiente Matlab, muito utilizado por áreas de estratégia de bancos de investimentos e por analistas de mercado. Exemplos reais, com dados de empresas brasileiras que operam na Bovespa – dados diários ou intradiários, em muitos casos com amostragem a cada quinze minutos –, fazem parte deste texto. Teorias são expostas e comparadas aos resultados que o leitor pode encontrar ao tentar aplicar as fórmulas a dados compostos de diversas formas de variabilidade.

Além dos tradicionais métodos, dois capítulos são dedicados à exposição de uma nova metodologia que desenvolvi: o índice de mudanças abruptas (IMA). Publicado em diversos artigos acadêmicos internacionais, o IMA também faz parte de meu segundo livro, lançado com o título *Mudanças abruptas no mercado financeiro*, finalista do prêmio Jabuti de 2014 na categoria Ciência e Tecnologia.

Nos últimos dois capítulos, assuntos mais complexos são expostos de forma prática, expondo programação de planilhas e programação em Matlab. O cálculo de Itô é muitas vezes omitido de cursos regulares de finanças por envolver cálculo estocástico, assunto muitas vezes abandonado nos cursos da área de finanças. Neste livro, procura-se dar uma abordagem clássica mais simples, programando alguns modelos de Itô para mostrar sua aplicabilidade e necessidade no estudo do risco financeiro.

Outro capítulo importante é o que descreve o uso do modelo Black-Scholes. Apesar de ser um assunto muito abordado em diversas disciplinas dos cursos de economia e administração, é aqui abordado de forma prática, com dados reais de empresas da Bovespa, mostrando na automação das planilhas quais sucessos ou erros o leitor pode encontrar ao utilizar esse modelo em Excel e em Matlab.

Estes são os capítulos e seus temas:

- Capítulo 1: apresenta medidas estatísticas simples, formas tradicionais de amostragem de dados, medidas iniciais sobre a variabilidade de dados e utilização de gráficos mais simples como forma de representar dados amostrados.
- Capítulo 2: revisita a teoria das probabilidades, mostra um pouco de teoria de cálculos e, por fim, explica como usar as distribuições de probabilidade de forma prática no Excel.
- Capítulo 3: trata da distribuição de probabilidade normal, que é abrangente demais para um único capítulo. O capítulo é dedicado às medidas mais utilizadas como forma de representar essa função sob o ponto de vista de programação, de assimetrias e de medidas importantes para o estudo do risco.
- Capítulo 4: são abordadas as assimetrias das distribuições de probabilidades, tratadas com dados reais da Bovespa e exemplos apresentados sob o ponto de vista dos comandos de funções existentes no Microsoft Excel.
- Capítulo 5: dedica-se ao valor em risco (*value at risk*), com a apresentação da teoria e da prática com o uso de dados da Bovespa. As funções do Microsoft Excel são utilizadas para orientar o leitor a aplicar a teoria a seus próprios dados, calculando o risco de investimentos com diversos níveis de confiança.
- Capítulo 6: sabendo que o mercado financeiro apresenta diversos ciclos de altas e baixas, que podem ocorrer por técnicas que descobrem os períodos desses ciclos, o capítulo apresenta a técnica transformada de Fourier sendo usada com dados reais da Bovespa, explica a teoria, utiliza de maneira prática a programação das células das planilhas e compara o resultado com a programação em Matlab. Modelos de previsão baseados em séries de Fourier são discutidos sob o ponto de vista de resultados advindos dos dados da bolsa de valores.
- Capítulo 7: seguindo o capítulo anterior, versa sobre uma técnica mais moderna e atual para estimar ciclos em bolsas de valores por meio das wavelets. A parte teórica com wavelets bem simples é desenvolvida visando proporcionar ao leitor

acompanhamento dos cálculos e suas aplicações em dados reais. Os resultados dos exemplos executados nas planilhas do Excel são confrontados com programas no Matlab. Linhas de programação são apresentadas para proporcionar entendimento e repetição dos exemplos. Ao final, apresentam-se o índice de mudanças abruptas (IMA) e os resultados dos riscos avaliados a partir de dados históricos da Bovespa, tanto com fechamentos diários como intradiários.

- Capítulo 8: uma medida de risco apresentada com dados coletados com a técnica de *clusters* faz uma composição entre o IMA apresentado no capítulo anterior e a volatilidade histórica dos dados da Bovespa. Esses dados compõem uma tabela de risco com exemplos de avaliação de resultados de previsão da crise de 1929 no índice Dow Jones e com aplicações em dados mais atuais da bolsa de valores brasileira.
- Capítulo 9: concentra-se no cálculo de Itô em sua forma clássica, desenvolvendo soluções analíticas por meio de integrais. Em uma segunda parte, linhas de programação em Matlab são detalhadas para mostrar a aplicação em dados reais oriundos das empresas mais negociadas na Bovespa. Além de exemplos teóricos, simulações de Monte Carlo são apresentadas, passo a passo, repetindo os programas para melhor aprendizado.
- Capítulo 10: começa com uma rápida explicação sobre o mercado de opções e sua teoria e termina com o desenvolvimento do modelo de Black-Scholes. Dados reais do mercado de opções são utilizados para expor, de forma didática, a teoria de precificação de ativos nesse mercado. Planilhas são desenvolvidas com funções do Excel para apresentar, passo a passo, a utilização do modelo. Além disso, linhas de programação em Matlab são introduzidas para mostrar alternativas mais rápidas na obtenção de resultados mais realísticos.
- Capítulo 11: comentários finais.

Com este livro, pretende-se preencher uma lacuna ainda aberta em diversas instituições de ensino no Brasil. Muitos cursos de economia, administração e finanças são abordados de forma teórica clássica, deixando muitas vezes a cargo do aluno aprender como aplicar seu conhecimento na prática e na computação. Sabendo que as planilhas do Microsoft Excel atualmente estão presentes em quase todos os computadores, os exemplos buscam ensinar o leitor a repetir os passos para aprender a teoria com base em dados reais. E nada melhor que dados retirados de um mercado tão volátil como o mercado de ações. Por fim, apesar de não ser escopo deste livro, algumas linhas de programação em Matlab são introduzidas a fim de fornecer alternativas mais avançadas para problemas mais complexos que exigem maior rapidez e acurácia em sua análise.

Espera-se que o livro seja utilizado por profissionais não apenas do mercado financeiro como também por leitores que queiram aprender um pouco sobre o funcionamento do mercado de ações. Por isso, em algumas passagens, são introduzidos assuntos de forma bem simples, com explicação de alguns termos já muito conhecidos dos profissionais da área, mas completamente estranhos ao leitor não especialista. Alcançar esse objetivo mostra sucesso na orientação e no direcionamento do leitor ao estudo e ao aprofundamento do conhecimento de seus investimentos e aplicações, seja no mercado financeiro, seja no mundo acadêmico.

Marco Antonio Leonel Caetano

CONTEÚDO

1. **TRATAMENTO, QUANTIFICAÇÃO E VISUALIZAÇÃO DE DADOS** 21
   - 1.1 Introdução 21
   - 1.2 Representação gráfica 22
   - 1.3 Medidas descritivas dos dados 26
   - 1.4 Medidas descritivas de posição no Excel 37
   - 1.5 Medidas descritivas de dispersão no Excel 43

2. **PROBABILIDADES** 47
   - 2.1 Introdução 47
   - 2.2 Eventos e espaço amostral 50
   - 2.3 O que é probabilidade? 54
   - 2.4 Distribuições de probabilidades 59
   - 2.5 Probabilidades no Excel 62

3. **DISTRIBUIÇÃO NORMAL** 65
   - 3.1 Introdução 65
   - 3.2 Cálculo de probabilidades com distribuição normal 66
   - 3.3 Curtose 74

3.4 Assimetria 77

3.5 Padrão de normalidade no mercado de ações 80

4. IDENTIFICAÇÃO DE DISTRIBUIÇÕES ASSIMÉTRICAS 85

4.1 Introdução 85

4.2 Identificando a curva normal 86

4.3 Quantil-quantil plot (*Q-Q plot*) 93

4.4 *Q-Q plot* no Microsoft Excel 96

4.5 *Q-Q plot* de ativos da Bovespa 105

5. O VALOR EM RISCO 109

5.1 Introdução 109

5.2 O cálculo do valor em risco (*value at risk*) 110

5.3 O valor em risco no mercado de ações 115

6. O RISCO EM FREQUÊNCIAS 125

6.1 Introdução 125

6.2 A transformada de Fourier 128

6.3 Previsões com série de Fourier 135

6.4 Série de Fourier janelada para a Bovespa 139

6.5 Previsões curtas com série de Fourier para ações 144

6.6 Ressalvas sobre a FFT para as previsões 149

7. RISCO EXTREMO DE MUDANÇAS ABRUPTAS CALCULADO COM WAVELETS 155

7.1 Introdução 155

7.2 A simples wavelet Haar 159

7.3 Programação de computador para wavelets 166

7.4 Pacote wavelet no Matlab 171

7.5 Transformada wavelet no mercado financeiro 174

8. MAPA DE RISCO 183
    8.1 Introdução 183
    8.2 Probabilidade condicional para quedas no mercado e IMA 184
    8.3 Níveis de risco para ativos do mercado financeiro 189

9. CÁLCULO DE ITÔ 193
    9.1 Introdução 193
    9.2 Processos estocásticos 195
    9.3 Soluções analíticas para modelos estocásticos 197
    9.4 Soluções numéricas de modelos estocásticos 207
    9.5 Identificação de parâmetros para forecasting em modelos estocásticos 213
    9.6 Previsões 219

10. O RISCO NA PRECIFICAÇÃO DE OPÇÕES 223
    10.1 Introdução 223
    10.2 O mercado de opções 224
    10.3 A fórmula de Black-Scholes 226
    10.4 Modelo Black-Scholes na prática 235
    10.5 Modelo Black-Scholes no Excel e no Matlab 242
    10.6 Volatilidade implícita 247
    10.7 Volatilidade implícita no Visual Basic (VBA) 255

11. O RISCO FINAL 259

REFERÊNCIAS 261

CAPÍTULO 1
TRATAMENTO, QUANTIFICAÇÃO E VISUALIZAÇÃO DE DADOS

1.1 INTRODUÇÃO

Na divulgação de relatórios, estrategistas e analistas preocupam-se com a melhor maneira de apresentar os dados obtidos por meio dos resultados das operações nos investimentos financeiros. Necessariamente, toda divulgação deve começar sempre pela divulgação dos resultados com técnicas estatísticas adequadas.

Na estatística, existe um amplo campo de técnicas para expressar e representar resultados de investimentos em três subáreas bastante distintas e muito bem conectadas: estatística descritiva, probabilidade e inferência estatística. Na estatística descritiva são utilizadas ferramentas como objeto de apresentação, como gráficos, tabelas e análises de formas e estruturas de representações dos dados. Esse tipo de estatística não tem valor de inferência, ou seja, as conclusões são sempre limitadas, e também não permite a extensão direta dos resultados para a população da qual foram coletadas as amostras. No campo da probabilidade, teoremas garantem os tipos de distribuição que regem um evento ocorrido no mercado, destacam quais são as distribuições mais adequadas e mostram com que confiança os dados podem ser coletados de forma que sejam representativos de uma população de dados. Finalmente, na inferência estatística, técnicas garantem as conclusões indicando os erros e as confiabilidades dos resultados obtidos. Também nesse campo é possível fazer previsões de tendências e correlações entre variáveis e parâmetros obtidos experimentalmente.

Desse modo, realizar uma projeção ou divulgação de relatórios de investimentos sem o devido cuidado com seu tratamento e forma de apresentação pode comprometer todo trabalho realizado, por falta de compreensão por parte dos leitores ou de interpretações incorretas de determinados resultados obtidos.

1.2 REPRESENTAÇÃO GRÁFICA

A melhor forma de representar dados é com gráficos, que muitas vezes, por si sós, são bastante explicativos e conclusivos dependendo do evento observado. Para exemplificar alguns tipos de gráficos, são usados os dados fornecidos a seguir das exportações brasileiras no ano de 2001 em milhões de dólares. Esses dados foram obtidos mês a mês.

Tabela 1.1 – Exportações (total em milhões de dólares – US$)

Mês	1	2	3	4	5	6	7	8	9	10	11	12
US$	4.538	4.083	5.167	4.730	5.367	5.042	4.965	5.727	4.755	5.003	4.500	4.346

Fonte: Ministério do Desenvolvimento, Indústria e Comércio Exterior (2001).

1.2.1 GRÁFICO DE LINHAS

É uma das formas mais simples de apresentação. Esse tipo de gráfico é apresentado com a união simples de retas entre os pontos do experimento. É muito útil, principalmente, quando se quer, em primeira instância, verificar as tendências dos resultados obtidos. A Figura 1.1 apresenta um gráfico típico de linhas.

Figura 1.1 – Gráfico de linhas com dados das exportações brasileiras em 2001.

1.2.2 GRÁFICO DE PONTOS

Forma de gráfico bastante interessante quando há frequências nos dados coletados. Nesse caso, o leitor consegue visualizar o valor que mais se repete em uma amostragem. Os dados do exemplo são referentes à frequência da exportação brasileira entre 1999 e 2001 observada nos dias úteis do mês.

Tratamento, quantificação e visualização de dados 23

Tabela 1.2 – Frequência de dias úteis do mês (1999-2001)

Dias úteis	Frequência
18	3
19	2
20	12
21	10
22	10
23	4

Fonte: Ministério do Desenvolvimento, Indústria e Comércio Exterior (2001).

Para elaborar o gráfico, são colocados pontos nos valores observados, seguindo no eixo horizontal e na frequência com que aparecem na amostra no eixo vertical. A Figura 1.2 apresenta o gráfico de pontos.

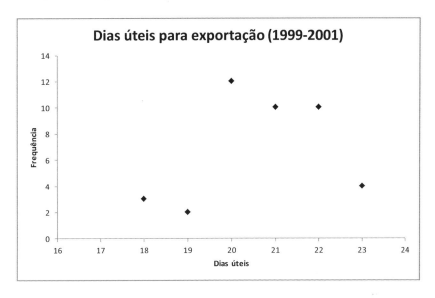

Figura 1.2 – Gráfico de pontos mostrando dias úteis.

1.2.3 HISTOGRAMA

Esse tipo de gráfico consiste em retângulos justapostos que indicam, em sua base, o intervalo dos valores de dados do experimento cuja frequência é representada pela altura do retângulo. O sentido é um pouco mais amplo que o do gráfico de pontos, pois o interesse não está em um único valor, mas sim em um intervalo de valores amostrados.

Os valores a seguir correspondem à média diária mensal de importações brasileiras de janeiro de 1999 a janeiro de 2002.

Tabela 1.3 – Média diária mensal de importações (em milhões de US$)

183	175	176	183	194	212	183	203	202	223
226	193	170	192	212	210	213	219	232	235
252	247	252	243	228	222	247	230	234	238
220	221	218	216	210	174	172			

Fonte: Ministério do Desenvolvimento, Indústria e Comércio Exterior (2001).

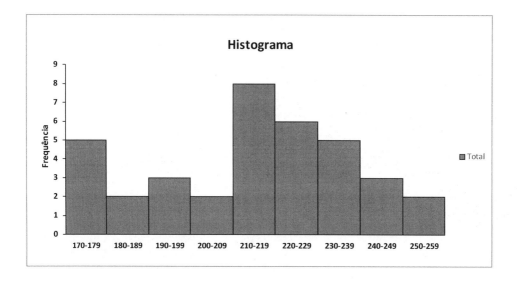

Figura 1.3 – Histograma dos valores de importações brasileiras (1999-2002).

A figura apresenta o histograma com os valores da Tabela 1.3. Pode-se notar alguns fatos interessantes, por exemplo, auxilia a interpretar que o valor mais frequente de importações está entre US$ 210 milhões e US$ 219 milhões em termos de média diária.

1.2.4 GRÁFICO DE BARRAS

Um gráfico de barras, assim como o histograma, representa os valores obtidos no experimento em termos de frequência para cada valor observado. A diferença é que esse gráfico não é utilizado para intervalos amostrados, mas sim para os valores observados de maneira individual. A Figura 1.4 representa os valores das importações brasileiras da Tabela 1.3.

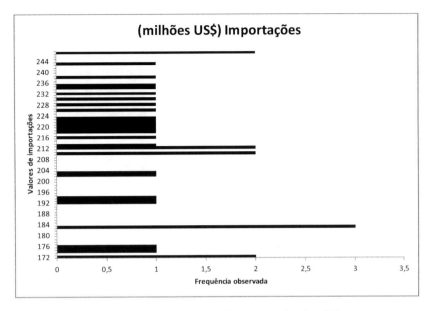

Figura 1.4 – Gráfico de barras das importações brasileiras.

1.2.5 CURVAS DE NÍVEL

As curvas de nível são um tipo bastante interessante de gráfico, pois apresentam isolinhas para os pontos amostrados. Isso significa que, uma vez que o valor é escolhido em uma das linhas, todos os pontos para as posições x e y são iguais para uma variável z que seja função de x e y. Em uma curva em três dimensões estimada por uma função, a representação é $z = f(x,y)$.

EXEMPLO 1.1

Tabela 1.4 – Orçamento federal (milhões de reais – R$)

Administração	Saúde
6.532	13.219
18.091	11.836
19.442	10.986
19.740	10.220

Fonte: Sistema Integrado de Administração Financeira – Coordenação Geral de Contabilidade e Custos da União/Secretaria do Tesouro Nacional (2003).

Essa tabela apresenta os valores da execução orçamentária das despesas federais com administração e saúde de janeiro a setembro de 1996 até 1999. Supõe-se que uma curva de ajuste boa para a relação entre gastos com administração e gastos com saúde seja:

$$z = x^2 + y^2$$

em que x é o gasto com administração e y, o gasto com saúde.

Nesse caso, a variável z expressa uma relação não linear entre os dois tipos de gastos do governo. Uma aplicação pode advir de uma medida estatística sobre a correlação não linear dos dados. Essa representação ajudaria a entender o que acontece com a relação entre as duas variáveis (x,y) quando um dado em x aumenta e outro em y diminui. Os dados reais são apresentados com o orçamento em milhões de reais obtidos do *site* do Instituto de Pesquisa Econômica Aplicada (Ipea), a partir de dados mensais da fonte do governo federal, como mostra a tabela. As isolinhas para esses valores são as formas traçadas no gráfico da Figura 1.5.

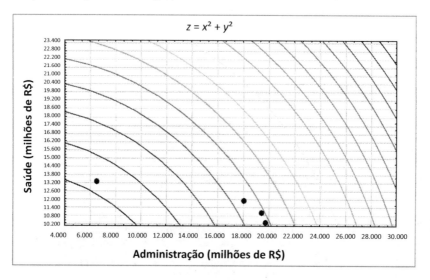

Figura 1.5 – Isolinhas dos gastos federais representando a forma da função $z = f(x,y)$.

Essa representação gráfica é bastante útil no oitavo capítulo, quando o risco de investimentos no mercado financeiro é relacionado com um índice baseado na técnica wavelet e com a volatilidade nos preços dos ativos. As isolinhas no estudo do risco estão relacionadas com a probabilidade de quedas mais fortes no preço dos ativos.

1.3 MEDIDAS DESCRITIVAS DOS DADOS

Na seção anterior, foram apesentadas formas gráficas de representação de dados de um relatório empresarial. Cabe ao gestor escolher e adequar a melhor forma de apresentação de seus resultados, de forma que elucide todos os fatos com uma simples visualização dos acontecimentos. No entanto, na maioria das vezes, essa facilidade não é obtida por várias razões. Seja pela complexidade do fenômeno, seja pela modelagem com um número extremamente grande de variáveis ou parâmetros, a simples escolha de um tipo de gráfico não consegue expressar quantitativamente a importância de certas relações existentes. Cabe, então, fazer uso de formas quantitativas de extração de informações por meio de medidas estatísticas que apresentem, de maneira rápida e sucinta, as inter-relações existentes no fenômeno em estudo. O gestor deve escolher como as variáveis vão representar os principais fatores decorrentes do experimento.

Uma variável pode ser discreta ou contínua, dependendo do tipo de estudo executado. Uma variável discreta X é aquela em que o número de valores possíveis de X é finito ou infinito enumerável. Ou seja, os valores possíveis de X podem ser colocados em uma fila do tipo $x_1, x_2, x_3 ... x_n$. Geralmente, esse tipo de variável é utilizado em problemas de contagem (COSTA NETO, 1999). São exemplos as contagens de firmas em concordata, nível de emprego, contagem do número de vagas abertas por uma empresa etc. Para uma variável contínua Y, como o próprio nome diz, os dados podem até ser observados de forma discreta, mas os valores de Y pertencem ao conjunto dos números reais.

EXEMPLO 1.2

A Tabela 1.5 apresenta um exemplo de variáveis contínuas.

Tabela 1.5 – Taxa de desemprego no Brasil (janeiro de 1999 a maio de 2001, em %)

7,73	7,51	8,16	8,02	7,70
7,84	7,54	7,68	7,37	7,53
7,32	7,30	7,60	8,20	8,10
7,80	7,80	7,40	7,20	7,10
6,70	6,80	6,19	4,83	5,70
5,73	6,46	6,51	6,86	

Fonte: Fundação Seade.

Apesar de a taxa de desemprego no Brasil ser uma medida semanal ou mensal (em %), pode ser considerada uma medida contínua no tempo, pois seus valores são números reais.

O primeiro tratamento representativo para extração de informação dessa coleta é por meio de uma tabela, conhecida como tabela de classes. Nesse tipo de tabela, deseja-se informar a variação dos dados separados em classes de importância, e não de maneira isolada. Assim, algumas definições precisam ser colocadas e são bastante comuns na literatura nacional (COSTA NETO, 1999; FONSECA, 1992; SPIEGEL, 1994).

- Dados brutos (*n*): dados ainda não organizados, como na Tabela 1.5.
- Rol: é o arranjo dos dados brutos em ordem crescente ou decrescente.
- *Range* ou amplitude total: é a diferença entre o maior e o menor valor observado.
- Frequência absoluta da classe (*F*): número de vezes que o elemento aparece na amostra ou o número de elementos pertencentes a uma classe.
- Número de classes (*k*): existem algumas maneiras de determinar um número adequado de classes, entre elas estão estas duas:
  (a) número será *k* = 5, se o número de dados for menor ou igual a 25.
  (b) para número de dados superior, utiliza-se $k = \sqrt{n}$.
- Amplitude das classes (*h*): a amplitude pode ter larguras diferentes, mas, para efeitos práticos, podem ser adotadas como de mesmo tamanho utilizando-se esta definição:

$$h = \frac{Range}{k}$$

- Limite das classes: limite inferior (Li); limite superior (Ls).
  Li |-----| Ls: compreende os valores Li e Ls;
  Li |----- Ls: não compreende o valor Ls;
  Li -----| Ls: não compreende o valor Li.
- Ponto médio das classes (PM$_i$): média dos valores limitantes das classes:

$$PM_i = \frac{L_i + L_s}{2}$$

- Frequência absoluta acumulada direta (Fac): é a soma das frequências absolutas de valores inferiores ou iguais ao valor da frequência da classe.
- Frequência relativa (*f*): porcentagem do número de dados da classe em relação ao total de dados: $f = \frac{F}{n}$.

Uma vez colocadas essas definições, os 29 dados brutos da Tabela 1.5 podem informar melhor, como na Tabela 1.6 (tabela de classes), o nível de desemprego no país.

Tabela 1.6 – Tabela de classes para nível de desemprego no Brasil (janeiro de 1999 a maio de 2001)

Classes	F	f	PM	Fac
4,83 -----| 5,504	1	0,034 (3,4%)	5,16	1
5,504 -----| 6,178	2	0,068 (6,8%)	5,60	3
6,178 -----| 6,852	5	0,172 (17,2%)	6,51	8

(continua)

Tabela 1.6 – Tabela de classes para nível de desemprego no Brasil (janeiro de 1999 a maio de 2001)
(continuação)

6,852 -----| 7,526	8	0,275 (27,5%)	7,18	16
7,526 -----| 8,20	13	0,448 (44,8%)	7,86	29
Total	29	1 (100%)		29

Fonte: Fundação Seade.

Essa tabela é bastante útil na construção do histograma e mostra a classe de concentrações mais frequente de porcentagem de desemprego. Pode-se observar que a maior frequência de porcentagem ocorre para as classes entre 7,526% a 8,20%, de desemprego, o que corresponde a 44,8% dos dados (frequência relativa).

1.3.1 MEDIDAS DE POSIÇÃO

São definidas de modo que apresentam o valor em torno do qual os dados se distribuem. Essas medidas são também conhecidas como medidas de tendência central, pois estabelecem uma indicação do elemento central da amostragem realizada. As principais medidas são média, mediana e moda.

Média aritmética

- Dados não agrupados: sejam $x_1, x_2, ..., x_n$ valores da variável x. A média aritmética para os dados brutos coletados em um experimento é:

$$\overline{x} = \frac{\sum_{i=1}^{n} x_i}{n}$$

- Dados agrupados em tabela de frequência: sejam $x_1, x_2, ..., x_n$ pontos médios das classes construídas para os dados brutos. Sendo as frequências $F_1, F_2, ..., F_n$ de cada classe, a média para os dados agrupados é calculada por:

$$\overline{x} = \frac{\sum_{i=1}^{n} x_i F_i}{n}$$

EXEMPLO 1.3

Tabela 1.7 – Cheques sem fundos (média/1.000)

Devolução	Frequência absoluta
14,1	4
13,7	2
13,6	2
14,5	2
16,2	1
14,9	1
12,6	1

Fonte: Serasa.

A tabela representa o número de cheques sem fundos devolvidos uma segunda vez em cada mil cheques apresentados, de maio de 2001 a maio de 2002. A média aritmética para essa tabela é de 14,1 cheques entre maio de 2001 e maio de 2002 para cada mil apresentados.

- Dados agrupados em tabela de classes: as classes são representadas pelos seus pontos médios, conforme a Tabela 1.6. Nesse caso, a média é calculada por:

$$\bar{x} = \frac{\sum_{i=1}^{n} PM_i F_i}{n}$$

Observando a tabela de classes (Tabela 1.6), pode-se calcular sua média pela fórmula anterior, a qual fornece o valor médio $\bar{x} = 7,19$.

Mediana

Um valor é dito mediano quando divide o conjunto de dados do experimento depois de sua ordenação, separando-o em dois subconjuntos com igual número de elementos. Sua notação em geral é $\tilde{x}$:

- Dados não agrupados:
  5 7 8 10 14 A mediana é $\tilde{x} = 8$
  5 7 8 10 14 15 A mediana é $\tilde{x} = 9$

Uma maneira de encontrar a mediana de um conjunto composto de dados brutos seria esta: se o número de dados n é ímpar, a mediana é o elemento central $(n + 1)/2$ da amostra ordenada, caso contrário, a mediana é a média dos elementos centrais dessa amostra ordenada formada por $[n/2, (n/2) + 1]$.

- Dados agrupados por frequência: nesse caso, cria-se uma nova coluna de frequências acumuladas diretas para auxílio na escolha da mediana. A Tabela 1.7 se transforma na Tabela 1.8, a seguir.

Tabela 1.8 – Cheques sem fundos (média/1.000)

Devolução	Frequência absoluta	Frequência acumulada
14,1	4	4
13,7	2	6
13,6	2	8
14,5	2	10
16,2	1	11
14,9	1	12
12,6	1	13

Fonte: Serasa.

Nesse caso, $n = 13$ é ímpar. Então, $(n + 1)/2 = 7$, o que significa que o sétimo elemento corresponde ao elemento mediano desse conjunto de valores de cheques devolvidos. Logo, a mediana é 13,6, diferente da média, que é 14,1.

- Dados agrupados em tabela de classes: nesse caso, é necessária uma fórmula de interpolação para se encontrar o elemento mediano. Deve-se ressaltar que esse valor é apenas representativo e que não necessariamente faz parte da amostra. Os passos a seguir são:

(a) Calcula-se a ordem $(n/2)$, não se preocupando se for par ou ímpar, pois a variável é contínua. A classe da mediana é aquela cuja frequência acumulada até ela é maior ou igual a $(n/2)$, já a imediatamente anterior é menor que $n/2$.

(b) Utiliza-se a seguinte fórmula de interpolação:

$$\tilde{x} = L_{md} + \frac{\left(\dfrac{n}{2} - \sum f\right)}{F_{md}} \times h$$

em que L_{md} é limite inferior da classe da mediana; n representa o tamanho da amostra; $\sum f$ significa frequência acumulada da classe imediatamente anterior à da mediana;

h é amplitude da classe da mediana; e F_{md} representa a frequência absoluta da classe da mediana.

Assim, como exemplo, observando a Tabela 1.6, a classe da mediana seria a quarta classe, ou seja, 6,852 -----| 7,526, uma vez que o décimo quarto elemento ($n/2$) pertence a essa classe. Então, o cálculo da mediana é:

$$\tilde{x} = 8 + \frac{(14{,}5 - 8)}{16} \times (0{,}674) = 8{,}27$$

Existem ainda medidas alternativas para dividir os dados em quatro, dez e cem partes iguais. São conhecidas como quartis, decis e percentis, respectivamente. A única alteração na fórmula é a troca de $n/2$ por $n/4$, no caso de quartis, $n/10$, no caso de decis, e $n/100$, no caso de percentis. Os limites e as frequências acumuladas diretas também são trocados pelos limites das classes dos quartis, decis e percentis.

Moda

Quando a variável é discreta, a medida de moda representa o elemento mais frequente na amostragem, ou seja, aquele que mais se repete. No entanto, para o caso em que a variável é contínua, essa definição deixa de valer e passa-se a adotar uma medida de densidade.

- Dados não agrupados.

EXEMPLO 1.4

Sejam os dados de uma amostragem formada por 2, 7, 9, 5, 6, 3, 7, 4, 1, 7, a moda é o número 7. ∎

- Dados em tabela de classes: da mesma forma que na mediana se faz necessária a interpolação dos dados para encontrar a moda, existem alguns tipos de fórmulas que se diferenciam no cálculo da moda para a tabela de classes. Uma dessas fórmulas pode ser usada adotando-se os seguintes passos:
(a) identifica-se a classe modal, ou seja, aquela com a maior frequência absoluta.
(b) utiliza-se a fórmula:

$$Mo = L_i + \frac{(F_i - F_{i-1})}{2F_i - F_{i-1} - F_{i+1}} \times h$$

em que L_i é o limite inferior da classe modal; F_i representa a frequência absoluta da classe modal; F_{i-1} é a frequência absoluta da classe imediatamente anterior à classe modal; F_{i+1} significa a frequência absoluta da classe imediatamente posterior à classe modal; e h é a amplitude da classe modal.

Observando novamente a Tabela 1.6, pode-se verificar que a classe modal é a última classe com treze elementos. Então, aplicando-se a fórmula da moda, tem-se:

$$Mo = 7{,}526 + \frac{(13-8)}{2 \times 13 - 8 - 0} \times 0{,}674 = 7{,}713$$

1.3.2 MEDIDAS DE DISPERSÃO

Uma vez conhecidas as medidas de posição de uma curva representativa dos dados de uma avaliação financeira ou empresarial, faz-se necessário saber se os valores numéricos dos dados coletados são mais ou menos dispersos em torno das medidas de posição. Torna-se indispensável o conhecimento da dispersão desses dados em relação às medidas de posição, principalmente em relação à média. Essa dispersão é fundamental para determinar o grau de confiança nas análises de inferência do problema e suas projeções para o quadro financeiro. São quatro as medidas a serem apresentadas.

Amplitude total

Essa medida é muito simples e constitui a primeira avaliação sobre a natureza da amostragem. A amplitude total é a diferença entre o maior valor e o menor valor dos dados coletados. Sua utilização é bastante limitada, pois depende apenas da dispersão dos valores extremos, não sendo afetada pela dispersão dos valores internos.

Variância

Mede a dispersão dos dados em torno da média. A título de exemplo, suponha-se que se tenha o seguinte conjunto de dados A = {3, 4, 5, 6, 7}, em que a média é 5. Calculando-se o desvio das unidades do conjunto A em relação à média, tem-se:

$$d_1 = x_1 - \bar{x} = -2$$
$$d_2 = x_2 - \bar{x} = -1$$
$$d_3 = x_3 - \bar{x} = 0$$
$$d_4 = x_4 - \bar{x} = 1$$
$$d_5 = x_5 - \bar{x} = 2$$

Essa soma de desvios poderia servir de medida de dispersão se não fosse o fato de que $\sum_{i=1}^{5} d_i = 0$. Ou seja, a soma de todas as diferenças dos dados de uma amostra em relação ao elemento central se anula. Elevando-se esses desvios ao quadrado para eliminar o problema e somando-os, chega-se a:

$$sqd = \sum_{i=1}^{5} d_i^2 = \sum_{i=1}^{5} (x_i - \bar{x})^2$$

Porém, como está, essa medida cresceria indefinidamente à medida que novos dados fossem sendo coletados. Logo, para que esse valor não se torne indefinidamente crescente, pondera-se a medida *sqd*, dividindo-a pelo número de dados:

$$sqd = \sigma^2 = \sum_{i=1}^{5} \frac{(x_i - \bar{x})^2}{5}$$

Essa forma de medida passa a ser chamada variância populacional, uma vez que foi ponderada por todos os termos amostrados. Às vezes, nossa intuição em coletar dados nos trai em favor de alguns pontos mais favoráveis, conhecidos como viés ou tendenciosidade na amostragem. Uma primeira medida de correção a ser tomada é dividir as somas dos desvios não pelo total *n* de dados, mas sim por *n–1* dados. A teoria de probabilidade prova que esse é um bom "truque" de correções de tendenciosidade na amostragem. Logo, a segunda medida de variância é:

$$s^2 = \sum_{i=1}^{5} \frac{(x_i - \bar{x})^2}{5 - 1}$$

Nela, a nova medida passa a ser chamada variância amostral. De modo geral, pode-se afirmar que, para um conjunto de *n* dados, existem os dois tipos de variância:

(a) variância populacional

$$\sigma^2 = \sum_{i=1}^{n} \frac{(x_i - \bar{x})^2}{n}$$

(b) variância amostral

$$s^2 = \sum_{i=1}^{n} \frac{(x_i - \bar{x})^2}{n - 1}$$

A variância amostral para o conjunto A descrito anteriormente é 2,5. No caso de haver dados já apresentados em tabela de frequências, o cálculo da variância pode ser realizado diretamente com:

$$s^2 = \sum_{i=1}^{n} \frac{(x_i - \bar{x})^2 \times F_i}{n - 1}$$

em que a variável F_i representa a frequência absoluta dos dados.

EXEMPLO 1.5

A Tabela 1.7 apresenta a devolução de cheques em tabela de frequência. Para este exemplo, a média encontrada foi 14,1 e a variância amostral pode ser calculada da seguinte forma:

$$s^2 = \frac{1}{13-1}\left[(14,1-14,1)^2 \times 4 + (13,7-14,1)^2 \times 2 + (13,6-14,1)^2 \times 2 + (14,5-14,1)^2 \times 2 + \right.$$
$$\left. + (16,2-14,1)^2 \times 1 + (14,9-14,1)^2 \times 1 + (12,6-14,1)^2 \times 1\right]$$
$$= \frac{8,44}{12}$$
$$= 0,703$$

A última forma de apresentação da variância é quando se tem os dados em forma de tabela de classes. Nesse caso, o cálculo da variância é:

$$s^2 = \sum_{i=1}^{n}\frac{(PM_i - \bar{x})^2 \times F_i}{n-1}$$

em que PM_i é o ponto médio de cada classe.

EXEMPLO 1.6

Utilizando-se da Tabela 1.6, foi encontrada na seção anterior a média para a tabela de classes de 7,19% de nível de desemprego. A variância amostral para esse exemplo é 0,618.

Desvio-padrão

Essa medida fornece ao pesquisador uma maneira de saber matematicamente a oscilação em torno dos dados. O desvio-padrão, assim como a variância, apresenta o grau de confiabilidade dos dados em torno da média e corrige um problema da variância quanto ao elevado grau de medida. Enquanto os valores da variância podem tornar-se bastante elevados, a ponderação da variância com a extração da raiz quadrada torna a medida mais tratável do ponto de vista numérico.

No mercado financeiro, é comum usar o jargão "volatilidade" para referir-se ao desvio-padrão. Sabe-se da extensa literatura sobre teoria da probabilidade (MEYER, 1984; PAPOULIS, 1991; MAGALHÃES; LIMA, 2000) que em um conjunto de dados contínuos, para ser considerado como um conjunto de dados com distribuição normal, 68% dos dados devem estar em torno da média no intervalo [média − desvio-padrão; média + desvio-padrão]. Assim, o desvio-padrão é a raiz quadrada da medida da variância, ou $dp = \pm\sqrt{s^2}$.

Coeficiente de variação

É uma medida relativa da dispersão – em porcentagem – de quanto a variabilidade influencia na confiança da média calculada. Com um coeficiente de alto grau – por exemplo, acima de 50% –, pode-se dizer que existe alto grau de dispersão dos dados em relação à média encontrada. Assim, a maneira de calcular o coeficiente de variação é:

$$cv = \frac{s}{\bar{x}}$$

EXEMPLO 1.7

Com a Tabela 1.5, pode-se saber qual o comportamento dos dados em relação à média encontrada no nível de desemprego. A média foi de 7,19% de desemprego. Sendo o desvio-padrão ±0,786, o coeficiente de variação é:

$$cv = \frac{0,786}{7,19} = 0,109$$

Sabendo que a variação é de 10,9%, é possível concluir que os dados sobre o desemprego oscilam pouco em relação à média. O cv indica que existe uma variabilidade de 11% com relação ao valor encontrado pela média.

1.3.3 MEDIDAS DE ASSIMETRIA

Esse tipo de medida é bastante útil quando se deseja saber a forma da curva que os dados da amostra apresentam. Essa curva pode ser simétrica, quando a área em relação às medidas de posição são iguais, com valores acima ou abaixo de média, mediana e moda. Se a curva é simétrica, há o caso em que a média é igual à moda e ambas são iguais à mediana. No entanto, o contrário não é garantia para a definição de igualdade. Isso significa que, muitas vezes, pode-se ter as três medidas iguais e, mesmo assim, uma curva assimétrica.

A assimetria vai ser positiva quando o coeficiente de assimetria (AS) também for positivo, indicando que o valor modal é inferior ao valor médio. A assimetria vai ser negativa quando o valor modal for maior que o valor médio. O coeficiente de assimetria pode ser calculado como:

$$AS = \frac{\bar{x} - Mo}{s}$$

em que *x* é o valor médio, *Mo* representa o valor modal e *s* é o desvio-padrão. No entanto, essa fórmula pode apresentar um inconveniente. Muitas vezes não se tem um valor modal ou há muitos valores modais. Nesses casos, uma fórmula alternativa é o coeficiente de Pearson, que faz uso do valor mediano e dos quartis na forma (FONSECA, 1992):

$$AS = \frac{Q_3 + Q_1 - 2\tilde{x}}{Q_3 - Q_1}$$

em que os *Q* representam os quartis terceiro e primeiro e o valor mediano.

1.4 MEDIDAS DESCRITIVAS DE POSIÇÃO NO EXCEL

Atualmente, as fórmulas das seções anteriores estão disponíveis e facilmente acessadas em diversos programas de computador. O mais simples, por exemplo, é utilizar as medidas para descrever diversos eventos com planilhas do Microsoft Excel.

A estatística descritiva apresenta uma foto de momento – assim como a inferência – e, por isso, é preciso ter cuidado com tentativas de extrapolação de resultados baseadas apenas em medidas descritivas ou em medidas de dispersão. Em alguns casos, essas medidas são suficientes para a compreensão dos eventos, mas é preciso ter cuidado com seu poder de previsão. Deve-se lembrar que elas apenas descrevem o fenômeno na data de observação.

Por exemplo, a Figura 1.6 apresenta os dados do Ibovespa (índice da bolsa de valores Bovespa) do ano de 2007, portanto, pré-crise financeira de 2008.

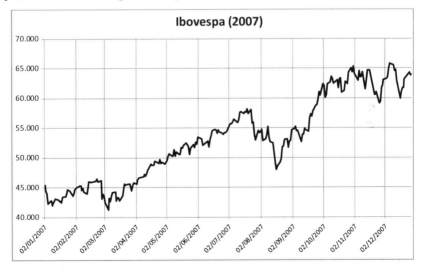

Figura 1.6 – Ibovespa em 2007.

Na figura, há 245 dados diários de fechamento do Ibovespa (valores após o fechamento do pregão na Bovespa). Os cálculos de algumas medidas descritivas são bastante fáceis ao utilizar, por exemplo, funções do Microsoft Excel. Existem algumas variações entre uma versão e outra, mas de modo geral as funções mudam pouco.

Para os dados em questão, pode-se calcular a amplitude de variação do Ibovespa utilizando as funções **Máximo( )** e **Mínimo( )**. Colocando as datas na coluna A de uma planilha do Excel e o Ibovespa na coluna B, a função **Máximo( )** fica desta forma:

	E1		f_x	=MÁXIMO(B1:B245)	
	A	B	C	D	E	F
1	02/01/2007	45383		Máximo	65791	
2	03/01/2007	44445				
3	04/01/2007	44020				
4	05/01/2007	42245				
5	08/01/2007	42830				
6	09/01/2007	42007				
7	10/01/2007	42336				

Figura 1.7 – Função máximo no Excel.

Do mesmo modo, a função **Mínimo( )** é representada assim:

f_x =MÍNIMO(B1:B245)

O cálculo da amplitude vai ser a diferença entre o resultado do máximo e o mínimo valor do Ibovespa. No caso em questão, nossa amplitude é:

	E5		f_x	=E1-E3	
	A	B	C	D	E
1	02/01/2007	45383		Máximo	65791
2	03/01/2007	44445			
3	04/01/2007	44020		Mínimo	41179
4	05/01/2007	42245			
5	08/01/2007	42830		Amplitude	24612

Figura 1.8 – Cálculo da amplitude do Ibovespa (2007) no Excel.

As funções média e mediana são encontradas no Excel da seguinte maneira:

f_x =MÉDIA(B1:B245)

f_x =MED(B1:B2)

A medida de moda também está programada no Excel, por exemplo, na função **Modo.Único( )**. No caso de dados não repetitivos, porém, não tem muita utilidade. Dados como os do Ibovespa, que dificilmente se repetem por conta da composição de diversas ações na Bovespa, fornecem resultado vazio, como mostrado a seguir:

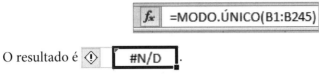

O resultado é ⚠ #N/D.

Existe uma maneira bem mais interessante de completar as medidas descritivas para fazer estatística de dados tabelados em planilha do Excel. Uma utilização interessante é o do conceito de tabela dinâmica. Essa função existe em todas as últimas versões do Excel – na versão 2010 do Microsoft Excel está na aba Inserir, conforme Figura 1.9. O símbolo sempre muda de uma versão para outra. Aqui é apresentado o da versão 2010 (primeiro ícone à esquerda):

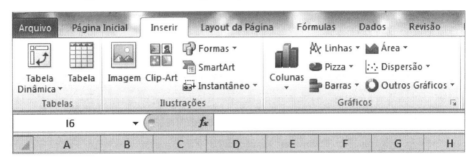

Figura 1.9 – Inserção da tabela dinâmica.

Ao clicar no símbolo da tabela dinâmica, aparece uma tela interativa solicitando o intervalo de entrada dos dados, conforme a figura a seguir.

Figura 1.10 – Tela inicial da tabela dinâmica.

Escolhe-se, então, todo o intervalo em que estão os dados do Ibovespa, por exemplo, e clica-se no botão **OK**. Se os dados estiverem na coluna B, como no caso do exemplo, o preenchimento fica desta forma:

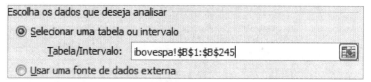

Figura 1.11 – Preenchimento do intervalo na tabela dinâmica.

O resultado que aparece é uma pequena tabela vazia e uma caixa de informação esperando detalhes do que se deseja fazer com os dados selecionados.

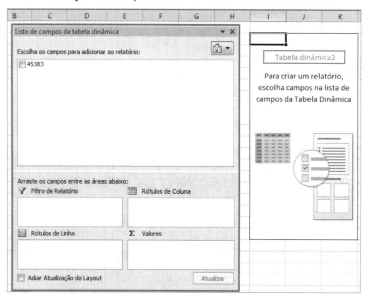

Figura 1.12 – Tabela dinâmica.

O primeiro número que aparece dentro da caixa de informação da tabela dinâmica é o primeiro valor do Ibovespa para o dia 2 de janeiro de 2007. Arrastando esse número para dentro da caixa **Rótulos de Linha** e depois para dentro da caixa **Valores**, são obtidas duas colunas iguais.

Rótulos de Linha	Soma de 45383
41179	41179
42007	42007
42245	42245
42336	42336
42370	42370
42478	42478

Figura 1.13 – Tabela dinâmica: Rótulos de Linha.

Na coluna da esquerda, é possível, com o botão da direita do *mouse*, escolher **Agrupar**. Esse comando apresenta uma caixa de diálogo perguntando o intervalo de agrupamento desejado, como mostrado na figura.

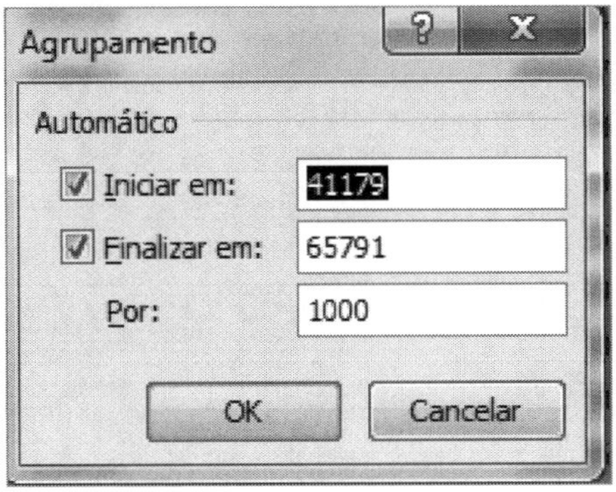

Figura 1.14 – Tabela dinâmica: Agrupamento.

Por exemplo, escolhendo-se o menor valor numérico do Ibovespa para início e o maior valor para término, pode-se agrupar os dados em um intervalo de mil, como mostrado na Figura 1.14. Na caixa **Valores** da tabela dinâmica, deve-se trocar a alternativa selecionada **soma de** para **contagem**. Ao clicar em **soma de**, deve-se escolher a opção **Configuração do Campo de Valor**. Dentro dessa opção, aparece a caixa de **Resumir Valores por**, com diversas opções, como mostrado na figura a seguir. Como o intuito é criar a tabela de classes, deve-se verificar a frequência por faixa, conforme já explicado. Por isso, é preciso escolher a contagem de valor para computar a frequência com que dados do Ibovespa aparecem em cada intervalo.

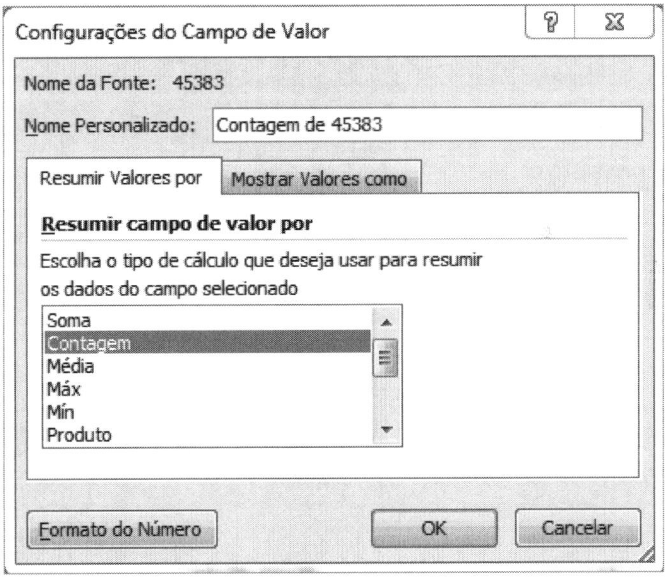

Figura 1.15 – Mudança da tabela dinâmica para frequência de valores nos intervalos.

Desse modo, para o intervalo de mil dados, é possível encontrar a classe modal, ou seja, aquela na qual se encontram mais dados. No caso deste exemplo, a tabela resultante seria assim:

Tabela 1.9 – Dados do Ibovespa para classes com intervalo de mil dados

41.179-42.178	2
42.179-43.178	14
43.179-44.178	15
44.179-45.178	12
45.179-46.178	16
46.179-47.178	8
47.179-48.178	3
48.179-49.178	9
49.179-50.178	7
50.179-51.178	10
51.179-52.178	13
52.179-53.178	18
53.179-54.178	13
54.179-55.178	17
55.179-56.178	9
56.179-57.178	4
57.179-58.178	10
58.179-59.178	3
59.179-60.178	4
60.179-61.178	8
61.179-62.178	8
62.179-63.178	15
63.179-64.178	11
64.179-65.178	11
65.179-66.178	4

É fácil verificar que a classe modal é a classe dos pontos do Ibovespa no intervalo entre 52.179 e 53.178. A quantidade de dados presentes nesse intervalo é 18, maior que em outros intervalos. Com essa tabela resultante da tabela dinâmica, é possível fazer um histograma, como visto antes, selecionando as colunas dos intervalos e das frequências. O resultado está na Figura 1.16, que mostra que o intervalo de mil dados tornou o histograma multimodal, com diversos intervalos de valores frequentes muito próximos.

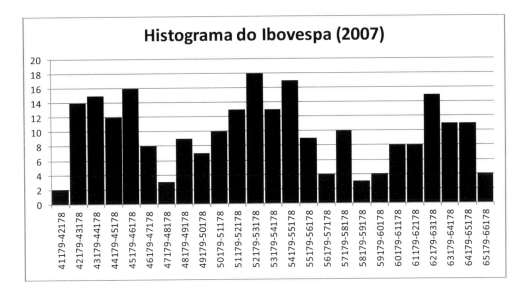

Figura 1.16 – Histograma para tabela de frequências.

1.5 MEDIDAS DESCRITIVAS DE DISPERSÃO NO EXCEL

Assim como as medidas de posição estão programadas no Excel, também as medidas de variabilidade ou dispersão encontram-se na forma de função nas planilhas do Microsoft Excel.

Para estudar a variabilidade de preços, ativos, vendas ou qualquer outra atividade financeira, torna-se muito mais interessante, em vez de calcular as medidas de dispersão sobre os próprios dados, utilizar o retorno (DANÍELSSON, 2011). Para o exemplo do Ibovespa (2007), o retorno positivo (diferença entre fechamento no dia t e o dia $t - 1$) indica alta no índice. Valores negativos indicam perdas no índice. O mesmo conceito é aplicado para preços, resultados de vendas e todas as medidas financeiras de mercado.

A Figura 1.17 mostra o retorno dos resultados diários dos fechamentos do Ibovespa. Em especial, a área circulada e destacada no gráfico mostra como a variabilidade aumentou no segundo semestre de 2007. O mercado financeiro estava agitado com dados sobre vendas aquecidas de residências e altíssimos preços de hipotecas nos Estados Unidos. Isso, por sinal, seria uma das principais causas, um ano depois, da quebra do Banco Lehman Brothers.

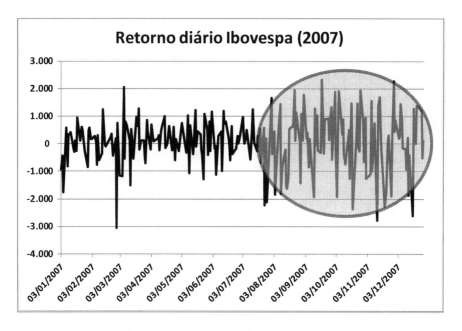

Figura 1.17 – Retorno do Ibovespa em 2007.

Na seção 1.3, foi apresentada a fórmula de cálculo do desvio-padrão, que é o principal indicativo e medida de variabiliade dos dados. No caso do Excel, há a função conhecida como **DesvpadP( )** ou **Desvpad.P( )**, dependendo da versão. Outras variações no nome da função podem aparecer, mas o resultado é sempre o cálculo do desvio-padrão populacional.

O desvio-padrão dos retornos do Ibovespa de 2007 é, supondo que os cálculos estejam na coluna C, programado no Excel conforme a Figura 1.18.

	A	B	C	D	E	F
	F2		f_x	=DESVPAD.P(C2:C245)		
1	02/01/2007	45383				
2	03/01/2007	44445	-938		*Desvio-padrão*	931,7252
3	04/01/2007	44020	-425			

Figura 1.18 – Desvio-padrão dos retornos do Ibovespa em 2007.

O valor do desvio-padrão obtido para os dados desse exemplo é 931,72. Quanto isso significa? Qual a variabilidade desses dados? Para aumentar a "sensibilidade" e a compreensão qualitativa do desvio-padrão, pode-se usar o coeficiente de variação. Como visto na subseção 1.3.2, toma-se o desvio-padrão e divide-se pela média, transformando o resultado em porcentagem.

	A	B	C	D	E	F
1	02/01/2007	45383			Média	75,83197
2	03/01/2007	44445	-938		Desvio-padrão	931,7252
3	04/01/2007	44020	-425		Coeficiente de variação	1228,7%

Figura 1.19 – Coeficiente de variação para o Ibovespa (2007).

O resultado numérico confirma a observação feita do gráfico, ou seja, uma excessiva variabilidade no mercado financeiro de 1.228% sobre os retornos do índice da bolsa de valores. Uma melhor representação para comparar variabilidade dos dados com retorno é a divisão do desvio-padrão dos retornos pela média do índice Ibovespa e não pela média do retorno, como realizado antes.

Quando se compara os desvios dos retornos pelo valor médio do Ibovespa, em vez de comparar pela média dos desvios, que é muito baixa, pode-se encontrar algo mais palpável, com uma variabilidade de 1,75% ao dia no Ibovespa. Nesse caso, a média do Ibovespa foi de 53.145,79 pontos.

Média	53.145,79
Desvio-padrão	931,7252
Coeficiente de variação	1,75%

Figura 1.20 – Média do Ibovespa.

Outra forma de mostrar a variabilidade diária é não calcular apenas o coeficiente de variação estático e anual, pois não é muito sensível a variações e oscilações do mercado financeiro. Pode-se, então, modificar os cálculos para janela de dias úteis, por exemplo, tomando média, desvio-padrão e coeficiente de variação a cada cinco dias. Como se comportaria a variabilidade semanalmente em termos de porcentagem de oscilação?

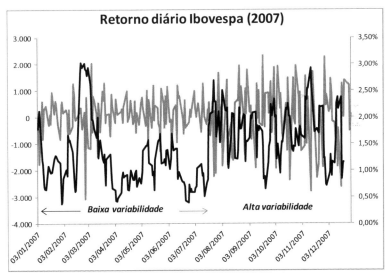

Figura 1.21 – A dinâmica do coeficiente de variação para janela de cinco dias.

A figura apresenta os dados iniciais dos retornos do Ibovespa em cinza e os dados do coeficiente de variação calculado a cada cinco dias em preto. Percebe-se a dinâmica do comportamento da variabilidade, com dominância de baixa variabilidade na oscilação do retorno no primeiro semestre e aumento significativo no segundo semestre de 2007. O coeficiente de variação é apresentado no eixo vertical da direita, com a trajetória em preto. Enquanto no primeiro semestre de 2007 a oscilação foi de 0,5% a 1,5%, no segundo o coeficiente de variação mudou significativamente para valores entre 1% e 3%. Interessante também é ver a comparação da variabilidade entre os dois anos nos retornos do Ibovespa. Para isso, basta fazer os mesmos cálculos dinâmicos para o coeficiente de variação, com janela de cinco dias.

A Figura 1.22, a seguir, mostra quanto a variablidade foi maior para o Ibovespa no ano de 2008 em relação a 2007. A linha cinza no gráfico mostra o coeficiente de variação para os retornos do Ibovespa em 2007, enquanto a linha tracejada mais escura mostra o mesmo coeficiente em 2008. A barra vertical no centro apresenta a separação entre o primeiro e o segundo semestres.

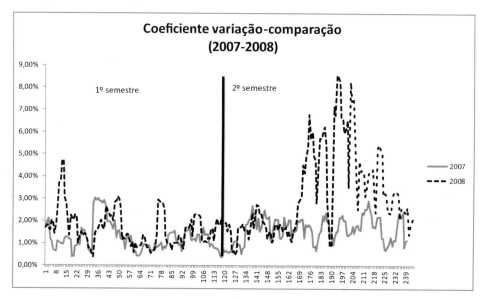

Figura 1.22 – Comparação do coeficiente de variação dinâmico (2007-2008).

Enquanto o máximo valor de variabilidade em 2007 foi de 3%, a variabilidade em 2008 atingiu, na época da crise e das falências nos Estados Unidos, o ápice de 9% de coeficiente de variação.

Essa maneira de mostrar a variabilidade ou a dispersão é mais interessante que a estática para o conjunto todo de dados. Isso se dá porque consegue separar períodos de calmaria de períodos de crise. Procedimento similar pode ser feito para vendas, compras, projeções de resultados etc., pois é interessante para o investidor ou empreendedor ter um entendimento do processo separado por fases ou sazonalidades decorrentes de perturbações financeiras no ano.

CAPÍTULO 2
PROBABILIDADES

2.1 INTRODUÇÃO

"A culpa dessas crises nos mercados financeiros é da escória desprezível da matemática e dos matemáticos, que vieram complicar o mercado com seus estudos, tentando prever algo que é imprevisível..." Essa frase, de autor desconhecido, foi vista em um *blog* de notícias na internet. Trata-se de um comentário sobre um texto que mostrava a complexidade do mercado e como entendê-la para esquivar-se de problemas nas finanças.

Percebe-se que o autor usou toda a raiva adormecida em seu cérebro para justificar algo desconhecido por muitos leigos. Isso é perdoável, pois nem todo mundo tem a oportunidade de estudar e entender como se processa a evolução no pensamento humano e na tecnologia, que permitem os avanços durante os séculos. O que partidários dessa frase não sabem é que não foi a "escória" da matemática, ou dos matemáticos, que criou as crises, mas sim pesquisadores de finanças que emprestaram modelos matemáticos, sem reforçar a atenção nas hipóteses e nas limitações que são alertadas por meio de teoremas.

Muitas vezes, bolhas são facilmente percebidas, mas não detectadas pela gama enorme de medidas tradicionais. Por conta disso, todas as ferramentas de probabilidade e estatística devem ser jogadas no lixo? Claro que não, pois são muito úteis e práticas. É preciso saber onde estão suas limitações, quais são adequadas e em quais instantes. Ignorar isso é um erro fatal.

A teoria da probabilidade nasceu em 1526 com o matemático e médico Gerolamo Cardano (BOYER, 1974). Era um excelente médico da Idade Média, que cuidou de muitos reis e papas. Por gostar muito de jogar, Cardano passeava entre as cidades e jogava muito com suas técnicas e estratégias. Estudou e criou a maneira correta de contar, usando a combinatória e fazendo as primeiras medidas de probabilidades. Entretanto, nunca publicou suas estratégias. Depois de sua morte, um caderno de anotações foi encontrado e publicado em 1663 sobre os princípios de combinatória e probabilidades nos jogos de dados.

Esse estudo de Cardano chegou até um jovem e inteligente matemático chamado Blaise Pascal, no final do século XVII. Por meio de correspondências, ele trabalhou muitos anos com Pierre de Fermat, que vivia 400 quilômetros ao sul de Paris (França). Trocaram centenas de cartas sobre como seria possível estimar a chance de dar cara ou coroa ao lançar moedas e prever valores de um, dois e assim por diante, em dados jogados ao mesmo tempo. Ambos solidificaram a teoria da probabilidade, e Pascal criou sua própria distribuição de probabilidade, que leva seu nome. Fermat, por sua vez, deixou um teorema que perdurou sem solução por mais de 300 anos, deixando matemáticos fanáticos por tentar resolvê-lo. Um prêmio em dinheiro foi proposto para animar a competição e provar o "último teorema de Fermat". A solução só surgiu em 1993, com o jovem professor Andrew Wiles, depois de nomes como Euler e Galois terem fracassado séculos antes. Fermat deixou a proposta em um papel pequeno com a seguinte frase: "Eu descobri uma demonstração maravilhosa, mas a margem deste papel é muito estreita para contê-la".

Fica a pergunta: como relacionar probabilidade com frequência de aparições de resultados em experimentos reais? Essa dúvida perdurou por certo tempo até surgir o suíço Jakob Bernoulli, em 1705. Foi com ele que a matemática das probabilidades foi adicionada aos cálculos de frequência em dados de experimentos. É dele a ideia da "lei dos grandes números" (MEYER, 1984), que garante que, para um número suficientemente grande de testes, todas as distribuições convergem para a normal – ou gaussiana, ou curva de sino. A teoria estava pronta e disponível e seria utilizada pela física, pela matemática e pela engenharia. Também com aplicações em jogos de azar, astronomia e equipamentos eletrônicos da modernidade, foi amplamente ganhando espaço.

Em 1900, aos 30 anos, Louis Bachelier resolveu ligar o mundo das ciências exatas ao das ciências sociais. Foi o primeiro a tratar o mercado financeiro como um jogo em sua tese de doutoramento, intitulada *The theory of speculation* (ORREL, 2010). Seu orientador era Henri Poincaré, o mais famoso matemático da França.

Naquela época, para conseguir alto salário e emprego com boa carreira, a tese de doutorado deveria receber a indicação de *trés honorable*. Bachelier, no entanto, cometeu o erro de defender sua tese para uma banca de matemáticos que foram muito rigorosos. Por que tão rigorosos? Os matemáticos do século XIX estavam sob pressão, pois teoremas fracos estavam caindo e discussões acaloradas sobre os acontecimentos e a realidade dos matemáticos tomavam grandes debates. E, nessa pressão, quem pagou caro foi Bachelier. Sua tese recebeu o título de *honorable* (honrosa), mas não de *trés honorable* (muito honrosa). O próprio orientador Poincaré escreveu que faltou a teorização dos resultados encontrados, o que enfraqueceu a tese.

Foi Bachelier, por exemplo, quem usou pela primeira vez o movimento sob o ponto de vista da aleatoriedade. O movimento browniano, amplamente utilizado atualmente nas mesas de negócios em todas as bolsas do mundo, foi criado por Bachelier. Nascia com ele o método de Monte Carlo, utilizado pela primeira vez anos depois por Osborne como forma de prever o mercado financeiro (OSBORNE, 1959). Porém, ficou ofuscado por Albert Einstein, que em 1905 usou o mesmo método em sua tese revolucionária sobre a teoria da relatividade. Ainda hoje, parte da teoria quântica de Einstein é usada nos estudos sobre a tendência do mercado.

Bachelier queria fazer parte da Grande École em Paris, a mais importante universidade na época. Porém, acabou conseguindo emprego apenas na Universidade de Paris e trabalhou um bom tempo na La Bourse de Commerce, a mais importante bolsa de valores da Europa daquele tempo. O ostentoso prédio tinha sido um dos palácios do governo de Napoleão Bonaparte.

A tese de Bachelier ficou esquecida por algum tempo. Ficou abandonada e empoeirada nas prateleiras da Universidade de Paris, quando apareceu Paul Samuelson, economista do Massachusetts Institute of Technology (MIT), em 1955. Um amigo da França enviou-lhe uma carta com o título da tese e descreveu em poucas palavras seu conteúdo. Samuelson ficou se perguntando quem era Bachelier: questionou outros colegas do MIT, mas ninguém sabia. Pediu um exemplar para a biblioteca do MIT, mas não havia nenhum. Quando, enfim, uma cópia chegou a suas mãos, ficou atônito com as maravilhas que a tese de Bachelier oferecia: movimentos brownianos, estimativas de preços, volatilidades... Coisas que o mercado ainda estava testando.

Samuelson foi responsável por aplicar e adaptar a tese de Bachelier ao mercado, introduzindo a probabilidade, a estatística das estimativas e a matemática no mercado financeiro. Ou seja, não foi a "escória" de um matemático quem levou a ferramenta para o mercado, mas sim um economista de mercado. Por esse tento e obviamente por outras interpretações de modelos dinâmicos aplicados ao mercado, Samuelson recebeu o prêmio Nobel de Economia em 1970. Na divulgação do prêmio a Academia escreveu: "recebeu o prêmio pelo trabalho científico através do qual desenvolveu teoria nos campos de economia estática e dinâmica" , isto é, em modelos matemáticos. Samuelson morreu em 2009, aos 94 anos.

Depois de Samuelson, muitos economistas migraram do campo do pensamento econômico para o quantitativo. Modelos matemáticos foram introduzidos das mais diferentes maneiras em diversas escolas. E como não há possibilidade de todas as escolas manterem o padrão de excelência, os modelos foram banalizados, teorias sem o devido rigor de demonstração foram sendo divulgadas e o mercado financeiro parou de se perguntar se existia algum erro ou não. Como os enganos se propagam à medida que uma rede de informação aumenta, erros de fórmulas e hipóteses foram se espalhando a ponto de fazer alguns estragos nos últimos 40 anos.

Pode-se dizer que o princípio básico da probabilidade e suas hipóteses para o bom funcionamento dos cálculos está na compreensão de eventos e do espaço das amostras para a representação estatística da realidade.

2.2 EVENTOS E ESPAÇO AMOSTRAL

O que é um elefante? Obviamente, todos sabemos o que é um elefante, mesmo que nunca tenhamos visto um pessoalmente. Porém, vamos imaginar que um grupo de pessoas nunca viu um elefante e deve descobrir com o que ele se parece apenas tocando algumas partes dele. O elefante é colocado atrás de uma parede com quatro aberturas, por onde as pessoas só podem colocar as mãos para identificar o animal.

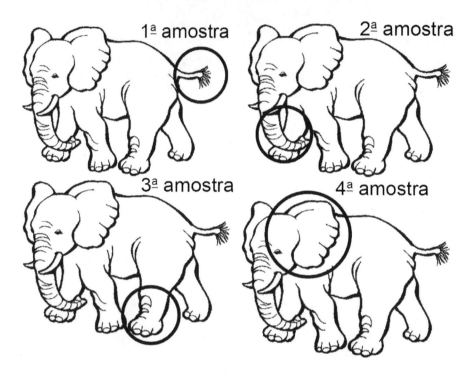

Figura 2.1 – Amostras do elefante.

A primeira pessoa toca o rabo do elefante e tem a ideia de que o elefante se parece com uma cobra com cabelos na cabeça. A segunda pessoa toca a tromba do elefante e tem a ideia de que o elefante deve ser parecido com uma mangueira de incêndios. A terceira pessoa toca as patas do elefante e tem a ideia de que o elefante é muito parecido com o tronco de uma árvore. A última pessoa toca a orelha do elefante e tem a sensação de que o elefante está, na verdade, muito próximo da folha de uma grande árvore.

Se as quatro pessoas se juntarem e tentarem desenhar o que é um elefante, a partir da sensação que tiveram em cada uma das quatro observações, uma das muitas representações imaginativas seria a Figura 2.2. Esse experimento baseado nas observações mostra que uma amostra localizada e com pouco volume de observação é um número muito perigoso para se ter uma noção de algo muito geral. As amostras devem ser obtidas em número suficiente e em qualidade de coleta satisfatória para a interpretação dos eventos observados por meio de experimentos.

Figura 2.2 – "Elefante" reconstituído a partir das observações.

Temos, então, um espaço amostral, que é o conjunto de todos os resultados possíveis de um experimento aleatório, em que a cada repetição o resultado do fenômeno observado fornece resultados diferentes. Um exemplo clássico é o dos experimentos envolvendo moedas (COSTA NETO; CYMBALISTA, 1974). O espaço amostral, representado aqui pela letra grega ômega em maiúsculo (Ω), mostra todos os resultados possíveis de acontecer no lançamento de três moedas honestas, ou de três lançamentos da mesma moeda. Representando resultados "cara" com C e resultados "coroa" com K, o conjunto de tudo o que pode ser obtido com três lançamentos é:

$$\Omega = \{CCC, CCK, CKC, KCC, CKK, KCK, KKC, KKK\}$$

Não importa o tipo de questionamento feito com os lançamentos anteriores: o fato é que tudo o que pode acontecer está dentro desse conjunto total. Por isso, chama-se espaço amostral o lugar onde, em qualquer amostra de lançamento, os possíveis resultados estão presentes.

Evento, por sua vez, é o que se deseja saber de um experimento aleatório realizado. Um evento é um subconjunto do espaço amostral. No caso do lançamento das três moedas, supõe-se que se deseja observar as combinações possíveis de a resposta ser a face "cara". Nesse caso, o conjunto resposta, que pertence e está contido no espaço amostral Ω, seria o conjunto A:

$$A = \{CKK, KCK, KKC\}$$

Interpretando esse conjunto, temos apenas três condições para o aparecimento de apenas uma face "cara". Nesse caso, a face "cara" pode aparecer no primeiro lançamento, ou no segundo lançamento sendo precedido de "coroa", ou, ainda, a face "cara" pode sair apenas no último lançamento, precedido por duas faces "coroa".

Esse tipo de estudo de combinação de resultados é o que torna importante a probabilidade, com a composição de união ou intersecção de conjuntos. Os símbolos $\cup$ (união) e $\cap$ (intersecção) são usados para representar a composição de dois ou mais eventos baseados nos experimentos aleatórios. Nesse caso, se A e B são dois conjuntos de eventos, a união $A \cup B$ é também um evento. O resultado é aceito dentro desse conjunto, elementos do conjunto A ou do conjunto B. O mesmo vale para a intersecção, ou seja, sendo A e B eventos, $A \cap B$ é um evento ou um conjunto composto de elementos de A que, necessariamente, também possua um elemento comum contido em B. Quando não existe como resposta nenhum elemento em comum entre o evento A e o evento B, pode-se dizer que ambos são mutuamente exclusivos. Em representação matemática, escrevemos que $A \cap B = \emptyset$.

EXEMPLO 2.1

Dois fundos de investimentos, A e B, têm seus prejuízos avaliados durante seis meses em determinado ano. Os resultados dos retornos financeiros são avaliados mês a mês. Vamos elaborar o espaço amostral e determinar os seguintes eventos:

(a) Evento com quantidades iguais de meses com prejuízo.

(b) Evento cuja soma das quantidades de meses com prejuízo dos dois fundos seja igual a 10.

(c) Evento cuja quantidade de meses com prejuízo de um fundo é o dobro do outro fundo.

Solução: nesse caso, um primeiro estudo a ser realizado é a construção do espaço amostral. Cria-se uma tabela com duas entradas, em que as linhas representam os meses de prejuízo do fundo A e as colunas, os meses de prejuízo do fundo B.

A / B	1	2	3	4	5	6
1	(1,1)	(1,2)	(1,3)	(1,4)	(1,5)	(1,6)
2	(2,1)	(2,2)	(2,3)	(2,4)	(2,5)	(2,6)
3	(3,1)	(3,2)	(3,3)	(3,4)	(3,5)	(3,6)
4	(4,1)	(4,2)	(4,3)	(4,4)	(4,5)	(4,6)
5	(5,1)	(5,2)	(5,3)	(5,4)	(5,5)	(5,6)
6	(6,1)	(6,2)	(6,3)	(6,4)	(6,5)	(6,6)

Probabilidades

EXEMPLO 2.1

(a) O evento sobre a igualdade na quantidade de meses com prejuízos é formado pelo conjunto evento $E_1 = \{(1,1), (2,2), (3,3), (4,4), (5,5), (6,6)\}$. Na tabela do espaço amostral, é exatamente a diagonal principal. Nesse caso, estamos afirmando que o mês 1 forneceu resultado negativo ao fundo A e também ao fundo B, assim como os demais.

A / B	1	2	3	4	5	6
1	**(1,1)**	(1,2)	(1,3)	(1,4)	(1,5)	(1,6)
2	(2,1)	**(2,2)**	(2,3)	(2,4)	(2,5)	(2,6)
3	(3,1)	(3,2)	**(3,3)**	(3,4)	(3,5)	(3,6)
4	(4,1)	(4,2)	(4,3)	**(4,4)**	(4,5)	(4,6)
5	(5,1)	(5,2)	(5,3)	(5,4)	**(5,5)**	(5,6)
6	(6,1)	(6,2)	(6,3)	(6,4)	(6,5)	**(6,6)**

(b) O evento em que se pede a soma na quantidade dos meses de prejuízo nos dois fundos com soma igual a 10 é representado pelo conjunto evento $E_2 = \{(4,6), (5,5), (6,4)\}$. Na tabela, o resultado é apresentado pelas células hachuradas.

A / B	1	2	3	4	5	6
1	(1,1)	(1,2)	(1,3)	(1,4)	(1,5)	(1,6)
2	(2,1)	(2,2)	(2,3)	(2,4)	(2,5)	(2,6)
3	(3,1)	(3,2)	(3,3)	(3,4)	(3,5)	(3,6)
4	(4,1)	(4,2)	(4,3)	(4,4)	(4,5)	**(4,6)**
5	(5,1)	(5,2)	(5,3)	(5,4)	**(5,5)**	(5,6)
6	(6,1)	(6,2)	(6,3)	**(6,4)**	(6,5)	(6,6)

(c) O evento em que um fundo tem o dobro de meses com prejuízo é formado pelo conjunto evento $E_3 = \{(1,2), (2,1), (2,4), (3,6), (4,2), (6,3)\}$. Na tabela do espaço amostral, a representação é a seguinte.

A / B	1	2	3	4	5	6
1	(1,1)	**(1,2)**	(1,3)	(1,4)	(1,5)	(1,6)
2	**(2,1)**	(2,2)	(2,3)	**(2,4)**	(2,5)	(2,6)
3	(3,1)	(3,2)	(3,3)	(3,4)	(3,5)	**(3,6)**
4	(4,1)	**(4,2)**	(4,3)	(4,4)	(4,5)	(4,6)
5	(5,1)	(5,2)	(5,3)	(5,4)	(5,5)	(5,6)
6	(6,1)	(6,2)	**(6,3)**	(6,4)	(6,5)	(6,6)

> **EXEMPLO 2.1**
>
> Como os eventos são formados por conjuntos, podemos fazer perguntas na formação de outros eventos, usando combinação de eventos já conhecidos. Por exemplo, um evento em que se deseja saber meses com igual prejuízo dos fundos ou com meses em que a soma seja 10 é formado pela união do evento E_1 com o E_2. Matematicamente, esta é a representação: $E_1 \cup E_2$ = {(1,1), (2,2), (3,3), (4,4), (5,5), (6,6), (4,6), (6,4)}.
>
> Na tabela de espaço amostral, a representação é indicada pelas células hachuradas.
>
> | A / B | 1 | 2 | 3 | 4 | 5 | 6 |
> |---|---|---|---|---|---|---|
> | 1 | **(1,1)** | (1,2) | (1,3) | (1,4) | (1,5) | (1,6) |
> | 2 | (2,1) | **(2,2)** | (2,3) | (2,4) | (2,5) | (2,6) |
> | 3 | (3,1) | (3,2) | **(3,3)** | (3,4) | (3,5) | (3,6) |
> | 4 | (4,1) | (4,2) | (4,3) | **(4,4)** | (4,5) | **(4,6)** |
> | 5 | (5,1) | (5,2) | (5,3) | (5,4) | **(5,5)** | (5,6) |
> | 6 | (6,1) | (6,2) | (6,3) | **(6,4)** | (6,5) | **(6,6)** |
>
> ∎

2.3 O QUE É PROBABILIDADE?

A probabilidade é um número representativo da contagem de sucessos (ou fracassos) de experimentos aleatórios de dado evento (PAPOULIS, 1991). Reflete o resultado do limite de um número infinito de experimentos aleatórios. Se fosse possível fazer infinitos experimentos aleatórios e calculados, a frequência relativa dos sucessos convergiria para o número que chamamos probabilidade. Em outras palavras, a probabilidade é o número de casos prováveis que aconteçam em um experimento dividido pelo número de casos possíveis. O número de casos possíveis é a totalidade de resultados esperados dentro do espaço amostral.

Se n é o número de repetições de um mesmo experimento e n_A, o número de sucessos verificados sobre o evento A, a probabilidade da ocorrência de A é:

$$P_A = \lim_{n \to \infty} \frac{n_A}{n}$$

Além dessa definição, algumas propriedades devem ser obedecidas, como a probabilidade de um evento ser sempre positiva, $P(E) \geq 0$, e a soma das probabilidades de todos os elementos de um espaço amostral Ω ser igual a 1 e representada por:

$$P(E_1) + P(E_2) + \cdots + P(E_m) = 1$$

em que m significa o número de partições do espaço amostral.

Para eventos mutuamente exclusivos, em que $A \cap B = \emptyset$, a probabilidade da união de dois eventos é:

$$P(E_1 \cup E_2) = P(E_1) + P(E_2)$$

Para eventos quaisquer, em que existe uma intersecção entre dois eventos, a última propriedade é alterada, visto que a intersecção interfere na soma das probabilidades e precisa ser descontada. Disso, segue esta definição: dados dois eventos, E_1 e E_2, a probabilidade da ocorrência do evento E_1 ou do evento E_2 é a probabilidade de o evento E_1 ocorrer somada à probabilidade do evento E_2 e subtraída da probabilidade da ocorrência mútua, ou:

$$P(E_1 \cup E_2) = P(E_1) + P(E_2) - P(E_1 \cap E_2)$$

EXEMPLO 2.2

Auditores de um banco de investimentos fizeram uma investigação sobre três produtos financeiros (A, B, C). Se o produto A foi o maior responsável pelo lucro do banco em um mês, pode ser responsável pelo lucro no mês seguinte ou não. Então, primeiro os auditores colocaram em uma fila, desde o primeiro mês, os produtos que mais forneceram lucros, começando pelo mês um. Com o tipo de produto, foi colocado seu lucro, usando "1" = R$ 1 bilhão, "2" = R$ 2 bilhões e "3" = R$ 3 bilhões.

MESES											
1	2	3	4	5	6	7	8	9	10	11	12
A = 1	A = 2	C = 1	B = 3	A = 2	B = 1	C = 1	C = 2	A = 2	B = 2	C = 2	A = 1

Os auditores ficaram, então, com a seguinte relação dos produtos que deram lucros nos doze meses:

Produto/Lucro	"1"	"2"	"3"	Total
A	2	3	0	5
B	1	1	1	3
C	2	2	0	4
Total	5	6	1	12

A partir disso, os auditores desejam saber:

(a) Qual a probabilidade de o produto A ser o responsável por lucro em um mês?

(b) Qual a probabilidade de, em um mês, o produto A ser responsável por lucro ou o banco ter lucro de R$ 1 bilhão em qualquer plano?

EXEMPLO 2.2

Solução:

(a) Na tabela, pode-se observar que o produto A obteve a frequência total cinco vezes, sendo responsável pelo maior lucro das doze observações. Logo,

$$P(A) = \frac{5}{12} = 0{,}4166$$

Assim, a probabilidade de em determinado mês o produto A ser o maior responsável pelo lucro é de 41,66%.

(b) Nesse caso, como os eventos não são mutuamente exclusivos, visto que $A \cap$ "1" não é vazio, deve-se utilizar a fórmula para a união de dois eventos quaisquer:

$$P(A \cup \text{``1''}) = P(A) + P(\text{``1''}) - P(A \cap \text{``1''})$$

As probabilidades parciais devem ser calculadas como segue:

$$P(A) = \frac{5}{12} = 0{,}4166$$

$$P(\text{``1''}) = \frac{5}{12} = 0{,}4166$$

Para a intersecção $A \cap$ "1", é preciso buscar na tabela a frequência de a ocorrência do maior lucro vir do produto A e de ser exatamente igual a R$ 1 bilhão. Observa-se que esse fato ocorre apenas duas vezes (linha 1, coluna 1) na tabela. Então:

$$P(A \cap \text{``1''}) = \frac{2}{12} = 0{,}1666$$

A probabilidade de o maior responsável pelo lucro ser o produto A ou, no mesmo mês, de o banco ter um lucro de R$ 1 bilhão independentemente do produto é:

$$P(A \cup \text{"1"}) = 0{,}4166 + 0{,}4166 - 0{,}1666 = 0{,}6666 \ (66{,}66\%)$$

Ou seja, aproximadamente 67%.

> **EXEMPLO 2.2**
>
> Em muitos casos, os investimentos devem ser realizados conforme alguma informação prévia. Seja pelos retornos de meses anteriores, seja pela característica do tipo e pela quantia necessária, sempre que se tem uma informação adicional, a probabilidade deve ser calculada levando em conta essa informação extra. ■

2.3.1 PROBABILIDADE CONDICIONAL

Trata-se da probabilidade de ocorrência de um subconjunto do espaço amostral, restrito graças a uma informação prévia. Essa informação serve como uma segurança a mais no cálculo da probabilidade, pois diminui o espaço amostral e fornece mais confiança na probabilidade do evento analisado. Sempre que há maior quantidade de informação, aumenta-se a chance de certeza no cálculo de probabilidade.

Medidas de sinais por meio de sensores fazem com que qualquer evento ligado à engenharia ou à física seja mais seguro e preciso. Por exemplo, um automóvel viajando por uma autoestrada sem medidor de velocidade, por descuido do condutor, pode receber multas por excesso de velocidade. No entanto, caso o condutor saiba a velocidade em que trafega, com essa informação adicional, pode acelerar até o limite permitido sem correr o risco de receber multas. Essa informação adicional fornece uma nova condição para o cálculo da probabilidade, por isso o nome probabilidade condicional (MEYER, 1984; PAPOULIS, 1991; MAYBECK, 1979; HELSTROM, 1991).

A probabilidade condicional de um evento A, dado que se conhece um evento B, é igual à probabilidade da ocorrência conjunta de A e B dividida pela probabilidade da ocorrência do evento B.

$$P(A|B) = \frac{P(A \cap B)}{P(B)}$$

Nessa notação, a barra vertical indica exatamente que, "dado" B, qual deve ser a probabilidade da ocorrência do evento A em um experimento aleatório. Essa probabilidade resulta na ocorrência conjunta de A e B dividida pela informação que veio de B. Por isso, a divisão na fórmula pela probabilidade da ocorrência do evento B.

> **EXEMPLO 2.3**
>
> Considere 250 empresas que tiveram sua capacidade de endividamento avaliada por uma consultoria. Separe as empresas em endividadas e não endividadas. Essas empresas representam basicamente dois setores: seguro de vida e seguro-saúde. A tabela a seguir representa esse cenário de estudo.

EXEMPLO 2.3

Empresa/Situação	Endividada	Não endividada	Total
Seguro de vida	40	60	100
Seguro-saúde	70	80	150
Total	110	140	250

Deseja-se saber:

(a) Se uma empresa for selecionada ao acaso, qual a probabilidade de ela ser uma empresa endividada?

(b) Sabendo-se que uma empresa é do setor de seguro de vida, que chances tem de, uma vez escolhida, estar endividada?

Solução:

(a) Na primeira pergunta, supõe-se que o consultor escolheu a empresa sem qualquer informação sobre ela. Nesse caso, o cálculo da probabilidade se dá como segue. O evento é:

Endiv = {empresa endividada}

$$P(Endiv) = \frac{total\ de\ endividadas}{total\ de\ empresas} = \frac{110}{250} = 0,44$$

Ao acaso, sem informação nenhuma, o consultor tem 44% de probabilidade de escolher uma empresa endividada.

(b) O consultor recebeu antecipadamente a informação de que a empresa é do setor de seguro de vida. Verificando os arquivos, pode observar quantas empresas do setor estão endividadas. No caso, a tabela mostra que são 40 as empresas endividadas. Os eventos são:

Endiv = {empresas endividadas}

Seg.Vida = {empresa do setor de seguro de vida}

Probabilidades

EXEMPLO 2.3

Logo,

$$P(Endiv|Seg.vida) = \frac{P(Endiv \cap Seg.vida)}{P(Seg.vida)}$$

Primeiro, deve-se conhecer a probabilidade de uma empresa estar endividada e ser do ramo de seguro de vida. Percebe-se que são 40 empresas. A probabilidade de uma empresa desse ramo estar endividada é:

$$P(Endiv \cap Seg.vida) = \frac{40}{250}$$

Já a probabilidade de uma empresa ser do ramo de seguro de vida é o total da primeira linha da tabela dividido pelo total geral:

$$P(Seg.vida) = \frac{100}{250}$$

Assim, a resposta final é:

$$P(Endiv|Seg.vida) = \frac{\frac{40}{250}}{\frac{100}{250}} = 0,40$$

Então, a probabilidade de uma empresa estar endividada, sabendo que é do ramo de seguro de vida, é de 40% pela avaliação dessa consultoria. A informação de que a empresa era do setor de seguro de vida aumentou a certeza sobre o evento em 4%. Sem a informação, o consultor estabeleceu a chance de investigar uma empresa que estava endividada em 44%. Com a informação adicional, estabelece a probabilidade de 40% de endividamento em empresas auditadas. ∎

2.4 DISTRIBUIÇÕES DE PROBABILIDADES

Os cálculos de probabilidade vistos na seção anterior referem-se ao estudo dos resultados de um evento relacionado a um único experimento. Muitas vezes, no entanto, os resultados são adquiridos com os processos em andamento. Por exemplo, a avaliação de preços das ações em bolsas de valores nos dias atuais ocorre a cada milésimo de segundo, em operações conhecidas como alta frequência.

Em vez de querer saber a probabilidade de sair "cara" ou "coroa" na face da moeda, podemos estar interessados em calcular a chance de sair uma cara, duas caras e assim por diante, com *n* jogadas da moeda. A contagem desse número de "caras" ou "coroas" é representada por uma variável, que, por advir de um processo aleatório, é denominada variável aleatória. No entanto, ao contrário das variáveis conhecidas em cálculos que representam dados, uma variável aleatória é o resultado de uma função.

Uma variável aleatória X, por exemplo, pode ser o número de peças defeituosas dentro de um processo de fabricação, ou uma variável X pode ser o retorno de uma ação ao longo de um dia de negócios na bolsa de valores. Como nem o processo de fabricação nem o preço da ação são determinísticos, pois dependem de pessoas, de materiais, de temperaturas, de notícias, o resultado X é um número real, mas apenas um número instantâneo de um processo aleatório. Assim, X advém de uma função de resultados aleatórios e, por isso, chama-se variável aleatória.

Quando um processo aleatório está em andamento, a variável X serve de medida dos resultados. Como esses resultados se tornam números, fica interessante estudar como tais números se distribuem. Foi então que se percebeu que, dependendo do tipo de experimentos, do número de experimentos, do tipo de eventos analisados, os números das variáveis aleatórias formavam uma espécie de família de funções, com mesmo padrão de distribuições de resultados. Assim, para diversas hipóteses adotadas, de antemão, dado um experimento analisado, pode-se adequar o estudo de probabilidades ajustando uma distribuição para os valores da variável aleatória X.

2.4.1 DISTRIBUIÇÃO BINOMIAL

Essa distribuição de probabilidade é muito utilizada em processos com dicotomia, do tipo falso ou verdadeiro, funciona ou não funciona, par ou ímpar, subiu ou caiu, e assim por diante. Seja então X uma variável aleatória em experimentos dicotômicos, a probabilidade de X assumir algum valor *a* é dada pela fórmula:

$$P(X = a) = \binom{n}{a} p^a (1-p)^{n-a}$$

em que *n* é o número total de repetições, *a* significa o valor que permite calcular a probabilidade de X assumir o mesmo valor que *a* e *p* representa a probabilidade de sucesso do experimento em uma única realização. Os parênteses indicam a combinatória de *n* tomado com *a* valores.

EXEMPLO 2.4

Sabe-se que o número de meses em que uma empresa tem lucro, admitindo-se independência entre os lucros observados, segue uma distribuição binomial. A probabilidade de, em certo mês, a empresa ter lucro é de 20%. Considerando três meses de observações, deseja-se saber as chances de a empresa não ter lucro em nenhum dos meses, ter um mês de lucro, dois meses de lucro, ou todos os meses de lucro.

Probabilidades 61

EXEMPLO 2.4

Solução: neste exercício, a variável aleatória X assume apenas os valores possíveis de lucros, ou seja, $X = \{0, 1, 2, 3\}$. O valor de n é 3 e o valor de p é 0,2. Então, a distribuição de probabilidades para esse problema fica desta forma:

$$P(X = 0) = \binom{3}{0} 0{,}2^0 (1 - 0{,}2)^3 = 0{,}512$$

$$P(X = 1) = \binom{3}{1} 0{,}2^1 (1 - 0{,}2)^2 = 0{,}384$$

$$P(X = 2) = \binom{3}{2} 0{,}2^2 (1 - 0{,}2)^1 = 0{,}096$$

$$P(X = 3) = \binom{3}{3} 0{,}2^3 (1 - 0{,}2)^0 = 0{,}008$$

Observa-se, então, que a probabilidade de se ter lucro em todos os meses neste experimento é possível, mas muito pouco provável. A probabilidade de ocorrer é de 0,8%. Enquanto isso, a probabilidade de nenhum mês perfazer lucro é de 51,2%.

2.4.2 DISTRIBUIÇÃO DE POISSON

Essa distribuição tem as mesmas características da distribuição anterior. No entanto, é uma aproximação da distribuição binomial quando os cálculos se tornam bastante onerosos. Por exemplo, se o número de repetições n se torna grande o suficiente para deixar mais complicado o cálculo da combinatória com o valor da probabilidade p bem pequeno, é muito mais interessante utilizar a distribuição de Poisson.

Em representação matemática, se $n \to \infty$ e $p \to 0$, em vez de usar binomial, torna-se mais interessante utilizar a distribuição de Poisson, cuja fórmula é:

$$P(X = a) = \frac{e^{-\lambda} \lambda^a}{a!}$$

em que a letra grega lambda (λ) representa a frequência dos sucessos no experimento e é o produto de:

$$\lambda = n \times p$$

EXEMPLO 2.5

Um banco de dados possui mil dados de ações. Verificou-se que nessa carteira apenas 0,4% das ações obteve lucro no período amostrado. Vamos calcular a probabilidade de dez ações ao acaso apresentarem lucro.

EXEMPLO 2.5

Solução: aqui a variável aleatória é $X = \{0,1,2,3,...1.000\}$ ações que podem apresentar lucros. Primeiro devemos fazer o cálculo do parâmetro λ, que, neste exemplo, é:

$$\lambda = 1000 \times 0{,}004 = 4$$

Assim,

$$P(X = 10) = \frac{e^{-4}4^{10}}{10!} = \frac{0{,}01831 \times 1048576}{3628800} = 0{,}00529$$

Logo, para esse banco de dados, a chance de dez ações obterem lucro é de 0,52%. ■

2.5 PROBABILIDADES NO EXCEL

As distribuições mais utilizadas pelas ferramentas de análise estatística estão programadas em todas as versões do Microsoft Excel. Por exemplo, na versão 2010, a função de distribuição de probabilidade binomial pode ser encontrada na aba de funções estatísticas.

Aproveitando o Exemplo 2.4, pode-se criar a seguinte tabela no Excel:

	A	B
1	x	p(x)
2	0	
3	1	
4	2	
5	3	
6		

Figura 2.3 – Exemplo de tabela no Excel.

Na célula B2, pode-se inserir a função **DISTR.BINOM( )** com a configuração dos parâmetros utilizados no cálculo da probabilidade. Os argumentos são preenchidos nesta tela:

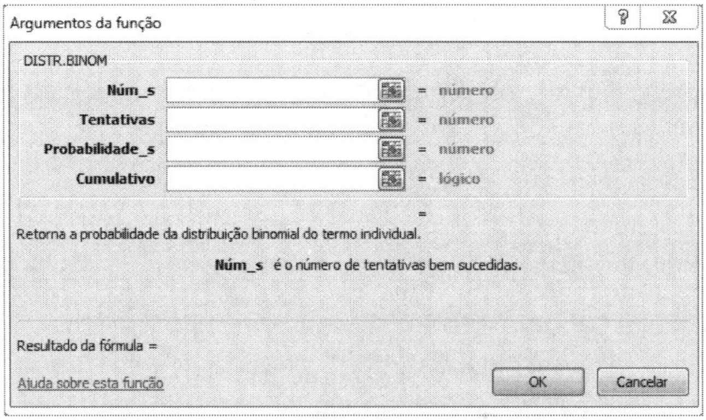

Figura 2.4 – Tela de Argumentos da função.

De acordo com o exemplo, **Núm_s** é o número de casos que a variável aleatória X está assumindo para cada nova célula. Como X = {0,1,2,3}, números que estão colocados na coluna A, nesse primeiro cálculo, basta escolher a célula A2. O argumento **Tentativas** deve ser 3, que era o número *n* de repetições no exemplo. Já o argumento **Probabilidade_s** é 0,2, pois é a probabilidade de sucesso em um único experimento ao acaso. Finalmente, o Excel tem a possibilidade de calcular a probabilidade pontual ou acumulada, que é a soma de todas as probabilidades anteriores. Nesse caso, o exemplo era pontual e, assim, escreve-se "falso" no argumento. O resultado pode ser visto a seguir.

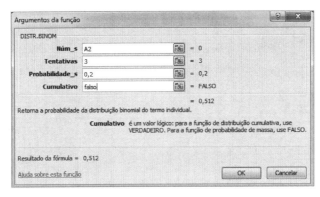

Figura 2.5 – Tela de Argumentos da função preenchida.

Uma vez completado o primeiro cálculo, basta arrastar a fórmula para os demais valores de X que constam das células A3, A4 e A5.

	A	B
1	x	p(x)
2	0	0,512
3	1	0,384
4	2	0,096
5	3	0,008

Figura 2.6 – Exemplo de tabela no Excel preenchida.

A distribuição de Poisson também está programada no Excel. Para o Exemplo 2.5, primeiro deve-se preparar algumas células para receber os valores que vão alimentar a fórmula de Poisson no Excel. No caso do Exemplo 2.5, é preciso primeiro criar a tabela a seguir:

	A	B
1	X =	10
2	n=	1000
3	p=	0,004
4	lambda=	4
5	P(X) =	

Figura 2.7 – Tabela do Exemplo 2.5.

A célula B4 contém o produto da frequência λ, que nessa planilha é λ = B2 × B3. A função de Poisson deve ser inserida na célula B5, onde os argumentos são X = 10 (célula B1), **Média** significando a célula onde está o parâmetro λ e **Cumulativo** falso. O resultado pode ser visto nesta figura:

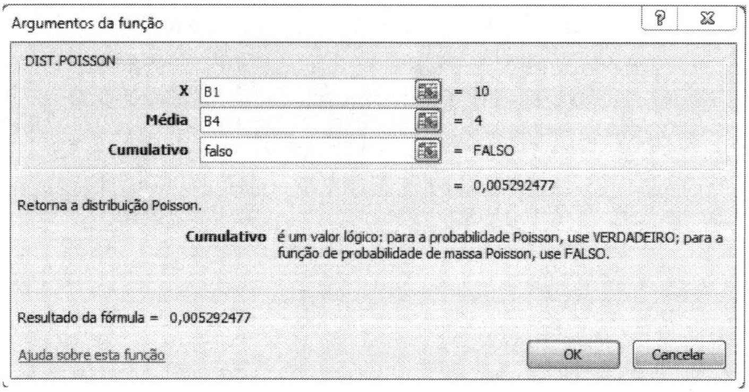

Figura 2.8 – Tela de Argumentos da função com média e cumulativo.

CAPÍTULO 3
DISTRIBUIÇÃO NORMAL

3.1 INTRODUÇÃO

Desde que Carl Friedrich Gauss apresentou a curva conhecida como gaussiana, utilizada em tabelas de probabilidade, sua aplicação é amplamente divulgada em diversas áreas. Em todos os setores, trabalhar com probabilidade implica fazer amostragens de tamanho suficiente para utilizar a curva gaussiana, usando suas propriedades e áreas. Também conhecida como distribuição de probabilidade normal, a curva de Gauss serve tanto para medir confiança como para dizer a chance de um fracasso.

Em termos de finanças, uma metodologia que foi criada e usada na teoria moderna de portfólio quantifica um risco (ELTON; GRUBER; BROWN; GOETZMANN, 2003; BREALEY; MYERS, 1992). Sendo a área embaixo da curva normal igual a 1, as regiões em sua cauda direita e esquerda podem ser usadas para identificar anomalias fora do padrão estabelecido como normalidade.

Para uma curva normal, o elemento central é a média, e o ponto no eixo das abscissas (eixo horizontal), onde a concavidade da curva muda de direção, chama-se desvio-padrão, já definido no primeiro capítulo. A curva-padrão é aquela com média zero e desvio-padrão igual a um. O desvio-padrão é uma medida de variabilidade das observações para determinado experimento. Curvas mais alongadas e esticadas representam dados com maior variabilidade que curvas estreitas e pontiagudas em torno da média. Quanto mais distante e mais para a cauda os dados vão caindo, maiores são as anomalias da amostra.

A geração de números aleatórios nem sempre obedece à distribuição normal, mas *Sir* Francis Galton inventou um experimento bastante interessante conhecido como quadro de Galton, que mostrava por que a distribuição normal pode ser aplicada a uma grande quantidade de dados. Com seu experimento, Galton demonstrou o teorema conhecido como lei dos grandes números, afirmando que dados gerados aleatoriamente e de forma independente têm sua soma parcial dos valores gerados convergindo para a distribuição normal.

O experimento, mostrado na Figura 3.1, a seguir, consiste em colocar bolinhas em um funil que, ao cair, passam por um conjunto de obstáculos.

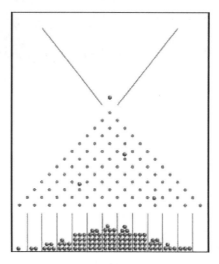

Figura 3.1 – Quadro de Galton para a lei dos grandes números.

À medida que as bolinhas caem, depois dos obstáculos existem recipientes para armazená-las. Quanto mais bolinhas são lançadas, mais os recipientes mostram o impressionante padrão da distribuição normal. Com isso, Galton mostrou que, para grande quantidade de números gerados aleatoriamente, mesmo de forma isolada e discreta no tempo, uma função contínua pode ser usada para representar o evento aleatório. Essa função é a distribuição de probabilidade normal. A fórmula para a função é:

$$f(x) = \frac{e^{\frac{-(x-\mu)^2}{2s^2}}}{\sigma\sqrt{2\pi}}$$

Nessa fórmula, μ é a média aritmética da população de dados e σ representa o desvio-padrão populacional, variáveis que determinam a forma da curva normal. Em muitas ocasiões a média populacional é substituída pelo estimador representado por $\bar{x}$, nomeado de média amostral. Nesse caso, o desvio-padrão pode ser estimado e substituído pelo desvio-padrão amostral, representado por s.

3.2 CÁLCULO DE PROBABILIDADES COM DISTRIBUIÇÃO NORMAL

A curva forma duas caudas, uma à esquerda da média e outra à direita. Essas caudas, com áreas fora do intervalo que se compõe entre o desvio-padrão com sinal negativo e o desvio-padrão com sinal positivo, constituem as probabilidades de extremos acontecerem no evento medido. O sinal negativo indica os valores dos dados abaixo da média e o sinal positivo, os valores acima da média.

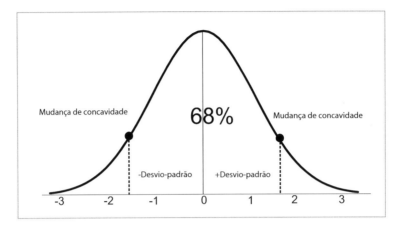

Figura 3.2 – Característica da distribuição de probabilidade normal (gaussiana).

A distribuição de probabilidade normal utiliza variável aleatória contínua X, em que os valores pertencem à reta dos números reais. Isso significa dizer que, para encontrar a probabilidade de um evento com valores contínuos, distribuições de probabilidades devem integrar funções, definindo a área debaixo da curva normal como unitária. A integração de funções ajuda a calcular as probabilidades dos eventos e faz o papel da soma utilizada nas distribuições discretas, como a binomial e a de Poisson, comentadas no capítulo anterior.

Outro fato importante é que, mesmo para distribuições que seguem valores discretos, caso o número de repetições de um experimento seja suficiente para ter cada vez mais classes de dados com valores próximos, é possível aproximar essas distribuições representadas por histogramas usando a distribuição de probabilidade normal.

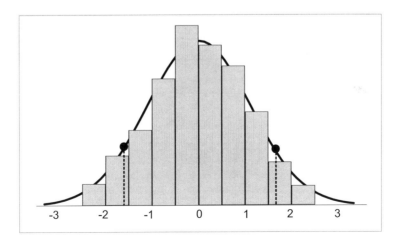

Figura 3.3 – Característica da distribuição de probabilidade normal (gaussiana).

Em uma distribuição normal, por ser uma curva contínua e bem determinada pelos parâmetros média e desvio-padrão, uma área comum para padrões de estudo está sobre os limites de valores de um desvio-padrão atrás da média e de um desvio-padrão acima da média. Essa área sempre vai ser 68% da área total, e é comumente utilizada na determinação de intervalos que atestam confiança na estimativa dos valores médios populacionais desconhecidos e amostrados. Além da área de 68%, outras regiões da curva com área total de 95% e de 99% são utilizadas nos estudos de inferência estatística.

No caso de uma distribuição com variável aleatória contínua, perde-se todo o sentido de calcular a probabilidade de um ponto a. Não existe sentido em tentar calcular $P(X = a)$, pois um ponto não forma uma área embaixo da curva normal. Não existe área de um ponto e, portanto, para variáveis aleatórias contínuas, sempre vão ser determinados intervalos de probabilidades para as variáveis aleatórias.

Em termos matemáticos, a probabilidade de uma função com variável contínua deve ser encontrada dessa forma:

$$P(a \leq X \leq b) = \int_{a}^{b} f(X)dX$$

E, se o intervalo tornar-se um ponto:

$$P(a \leq X \leq a) = \int_{a}^{a} f(X)dX = 0$$

No caso específico da distribuição normal, são utilizadas tabelas que fornecem os números correspondentes, determinando a área da curva normal para os números limites a e b fornecidos. Isso ocorre porque a integração pelas vias normais de cálculo diferencial e integral torna-se impossível e, assim, é preciso recorrer à integração numérica fornecida pelos dados tabelados.

A variável aleatória X pode ser expressa em termos de uma variável reduzida, que pode ser consultada em tabelas estatísticas para ser possível encontrar a área correspondente entre os dois valores, a e b, do intervalo. A variável reduzida é calculada pela seguinte expressão:

$$z = \frac{x - \mu}{\sigma}$$

em que μ é a média e σ representa o desvio-padrão. Com a variável z, a distribuição normal torna-se:

$$f(z) = \frac{e^{-z^2/2}}{\sqrt{2\pi}}$$

EXEMPLO 3.1

O retorno de um investimento geralmente tem um valor médio de 10% e uma variabilidade (desvio-padrão) de 2%. Vamos calcular a probabilidade em determinado dia, em que o retorno esteja entre 5% e 8%.

Solução: seja X a variável aleatória que representa o retorno do investimento, então a probabilidade desejada é:

$$P(0,05 \leq X \leq 0,08) = ?$$

em que $\mu = 0,1$ (10%) e $\sigma = 0,02$ (2%).

O primeiro passo é transformar 5% (0,05) na variável reduzida z, o que nos leva a este cálculo:

$$z_1 = \frac{x - \mu}{\sigma} = \frac{0,05 - 0,1}{0,02} = -2,5$$

Da mesma maneira, precisamos transformar 8% (0,08) na variável reduzida:

$$z_2 = \frac{x - \mu}{\sigma} = \frac{0,08 - 0,1}{0,02} = -1$$

A probabilidade agora torna-se apenas uma operação de cálculo de áreas abaixo da curva normal, ou seja:

$$P(0,05 \leq X \leq 0,08) = P(-2,5 \leq z \leq -1)$$

Pela figura a seguir, percebemos que a área entre –1 e –2,5 fornece a probabildiade desejada.

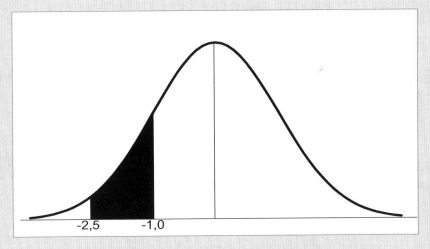

Figura 3.4 – Probabilidade normal para o Exemplo 3.1.

EXEMPLO 3.1

Existem diversos livros que podem fornecer os valores para essa área com a utilização das tabelas estatísticas da normal. Nesse caso, a área hachurada é:

$$P(-2,5 \leq z \leq -1) = \text{área}(\text{entre } 0 \text{ e } -2,5) - \text{área}(\text{entre } 0 \text{ e } -1)$$

Substituindo as áreas entre a origem e os valores das variáveis reduzidas $z_1 = -2,5$ e $z_2 = -1$, temos:

$$P(-2,5 \leq z \leq -1) = 0,4938 - 0,3413 = 0,1525$$

Logo, a probabilidade de o retorno estar entre 5% e 8% é de 15,25%. ∎

EXEMPLO 3.2 (USANDO O EXCEL)

Com uma planilha do Excel, é possível calcular automaticamente essa probabilidade usando as funções programadas. No caso da versão Microsoft Excel 2010, a função recebe o nome **DIST.NORMP.N( )**, em que a letra p indica normal-padrão com média zero e desvio-padrão unitário. Assim, basta entrar direto com os valores das variáveis reduzidas. A área tabelada no Excel é diferente da forma anterior resolvida. O Excel possui tabelada a área da normal-padrão desde o valor $-\infty$ até o valor da variável reduzida.

Figura 3.5 – Ibovespa diário (índice da bolsa de valores) no ano de 2008.

Distribuição normal 71

EXEMPLO 3.2 (USANDO O EXCEL)

O que se deve fazer é descobrir no Excel a área entre $-\infty$ e -1 e subtrair da área tabelada entre $-\infty$ e $-2,5$.

$$P(-2,5 \leq z \leq -1) = \text{área}(entre - \infty \, e - 1) - \text{área}(entre - \infty \, e - 2,5)$$

	A	B
1	(-infinito e -1) =	
2	(-infinito e -2,5) =	
3		

Na célula B1, basta inserir a função do Excel **=DIST.NORMP.N( )**, preencher com o valor da variável reduzida Z e escolher **VERDADEIRO** para cumulativo, pois a área é cumulativa desde o infinito negativo.

	A	B	C
1	(-infinito e -1) =	=DIST.NORMP.N()	
2	(-infinito e -2,5) =		

Como o valor de $z_1 = -1$, preenche-se o quadro com **-1** e a palavra **VERDADEIRO**, conforme figura a seguir.

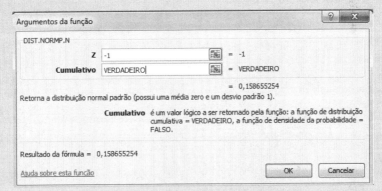

Encontra-se o valor de 0,1586, que está presente na célula B1.

	A	B
1	(-infinito e -1) =	0,158655
2	(-infinito e -2,5) =	

Repete-se o mesmo processo para a área desejada entre $-\infty$ e $-2,5$, em que o argumento Z a ser preenchido vai ser de $-2,5$ na caixa inserida na célula B2.

EXEMPLO 3.2 (USANDO O EXCEL)

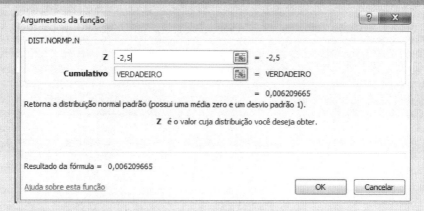

O resultado para essa área é de 0,00621. A subtração de B1 − B2 fornece a probabilidade entre −2,5 e −1.

	A	B
1	(-infinito e -1) =	0,158655
2	(-infinito e -2,5) =	0,00621
3	Probabilidade=	=B1-B2

O cálculo final da probabilidade é o mesmo encontrado do exemplo anterior, em que se deve utilizar tabelas estatísticas tradicionais.

	A	B
1	(-infinito e -1) =	0,158655
2	(-infinito e -2,5) =	0,00621
3	**Probabilidade=**	*0,152446*

EXEMPLO 3.3

O Ibovespa diário (índice em pontos para a bolsa de valores de São Paulo) obteve no ano de 2008 um índice médio de 55.269 pontos com desvio-padrão de 11.746 pontos. Essa pontuação é atualizada todos os dias nos pregões, conforme apresentado na Figura 3.5. Deseja-se saber qual era a probabilidade de, em um dia qualquer de 2008, o Ibovespa estar no intervalo [60.000; 65.000].

As variáveis reduzidas são:

$$z_1 = \frac{60.000 - 55.269}{11.746} = 0,4027$$

$$z_2 = \frac{65.000 - 55.269}{11.746} = 0,8283$$

EXEMPLO 3.3

Então:

$$P(60.000 \leq X \leq 65.000) = P(0,4027 \leq z \leq 0,8283)$$

Na figura representativa da distribuição de probabilidade normal, a área desejada que corresponde à probabilidade está na área hachurada.

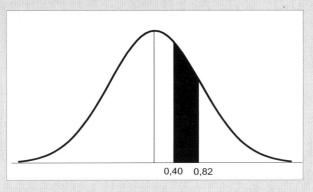

Figura 3.6 – Probabilidade normal para o Exemplo 3.3.

Assim, a probabilidade vai ser:

$$P(0,4027 \leq z \leq 0,8283) = \text{área}\ (entre - \infty\ e\ 0,8283) - \text{área}(entre - \infty\ e\ 0,4027)$$

EXEMPLO 3.3

A partir disso, tem-se:

$$P(0{,}4027 \leq z \leq 0{,}8283) = 0{,}79625 - 0{,}656416 = 0{,}139834$$

Portanto, a probabilidade de o Ibovespa estar entre [60.000; 65.000], segundo dados de 2008, é de 13,98%. ∎

3.3 CURTOSE

A curtose mede o grau de achatamento de um conjunto de dados quando comparado à distribuição de probabilidade normal. Esse grau de achatamento é muito importante para cálculos que envolvem a extremidade da distribuição de probabilidade. Os dados do conjunto, que se afastam muito do perfil da distribuição normal, podem apresentar problemas em suas caudas. Distribuições com caudas muito mais longas que a normal, ou mesmo mais "gordas" que a distribuição normal, não podem utilizar resultados clássicos para estudos de riscos. As extremidades muito distorcidas de uma distribuição de dados em relação à normal vão oferecer erros enormes sobre o cáculo de probabilidades dos riscos envolvidos em projetos ou processos industriais.

Calcula-se a curtose dividindo quarto momento estatístico pela variância ao quadrado. Uma fórmula para seu cálculo pode ser representada pelo conhecido excesso de curtose, cuja equação é:

$$K = \left\{ \frac{n(n+1)}{(n-1)(n-2)(n-3)} \sum_{i=1}^{n} \left(\frac{x_i - \bar{x}}{s}\right)^4 \right\} - \frac{3(n-1)^2}{(n-2)(n-3)}$$

em que n é a quantidade de dados, x_i são os valores amostrados, $\bar{x}$ representa a média amostral e s significa o desvio-padrão amostral.

O excesso de curtose K é um coeficiente admensional. Assim, a distribuição pode ser considerada mais achatada para valores menores que 3, normal quando K está próximo de 3 e distribuição pontiaguda quando K é muito superior a 3. Essas distribuições recebem nomes especiais:

- $K < 3$: distribuição platicúrtica;
- $K = 3$: distribuição mesocúrtica (normal);
- $K > 3$: distribuição leptocúrtica.

No Excel, a função que fornece o valor da curtose é **CURT( )**. Selecionando os valores dos dados amostrados, quando acionada essa função, o resultado é o valor da curtose. O Excel adota apenas características positivas e negativas da curtose, não fazendo distinção de valores estabelecidos. Desse modo, valores positivos para o excesso de curtose *K* indicam distribuição com cume alto e valores negativos para a curtose *K* indicam característica plana na distribuição de dados.

EXEMPLO 3.4

Vamos imaginar que temos quinze dados dispostos como na figura a seguir.

	A	E
1	3	
2	1	
3	3	
4	3	
5	3	
6	3	
7	3	
8	3	
9	2	
10	3	
11	3	
12	3	
13	5	
14	4	
15	2	

Na linha 16, podemos colocar a função **CURT** para calcular a curtose *K* desse conjunto de dados. Usando a função para os quinze dados desta forma:

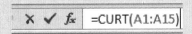

encontramos este resultado:

16		
17	Curtose=	2,541756
18		

O valor *K* = 2,54 indica que temos uma característica distribuição dos dados bem próxima ao esperado na distribuição de probabilidade normal.

Quando se faz a estatística descritiva dessa amostra de quinze dados e seu respectivo histograma, é possível comprovar um padrão bem similar à normal.

EXEMPLO 3.4

Bloco	Frequência	% cumulativo	Bloco	Frequência	% cumulativo
1	1	6,67%	3	10	66,67%
2	2	20,00%	2	2	80,00%
3	10	86,67%	1	1	86,67%
4	1	93,33%	4	1	93,33%
5	1	100,00%	5	1	100,00%
Mais	0	100,00%	Mais	0	100,00%

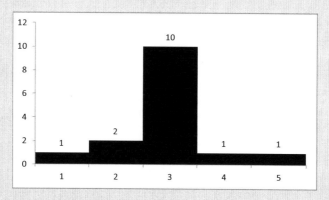

Figura 3.7 – Histograma para a distribuição de dados.

Alterando os dados, podemos distribuir mais valores frequentes em 1 e 2 que nos valores amostrados anteriores. Para esse novo conjunto de dados, observa-se que o valor de K torna-se negativo.

	A	B
1	1	
2	1	
3	1	
4	1	
5	1	
6	3	
7	3	
8	3	
9	2	
10	2	
11	2	
12	3	
13	5	
14	4	
15	5	
16		
17	**Curtose=**	-0,64669

EXEMPLO 3.4

Com esse valor de curtose $K = -0{,}646$, existe um indicativo de distribuição mais achatada e, portanto, mais distante da distribuição de probabilidade normal. Realmente, quando se faz o histograma para esse novo conjunto de dados, observamos uma distribuição praticamente homogênea e sem as características da normal.

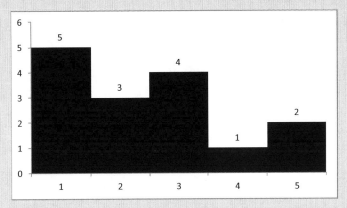

Figura 3.8 – Histograma para a nova distribuição de dados, mais concentrados em 1, 2 e 3.

Cálculos de probabilidade que assumem que essa nova distribuição de frequência segue a normal oferecem resultados errôneos. Curtose com valores altos e muito acima de 3 geralmente significa que a maior parte da variância é em virtude dos valores extremos, com aparecimento mais frequente do que previsto na distribuição normal. Isso ocorre por conta do achatamento da cauda. ∎

3.4 ASSIMETRIA

Na seção anterior, vimos que é possível saber se uma distribuição segue ou não o padrão da distribuição de probabilidade normal mesmo sem gráficos. No entanto, caso a curtose aponte padrões muito pontiagudos para a característica dos dados ou mais achatados, precisamos identificar de que lado a cauda possui caracaterísticas erráticas. Desse modo, surge a questão: com uma curtose $K > 3$, o cume da distribuição está centralizado ou não?

Esse tipo de medida é chamado de medida de assimetria. A fórmula para seu cálculo segue a forma padrão:

$$A = \frac{\bar{x} - Mo}{s}$$

em que $\bar{x}$ é o valor médio dos dados, Mo representa a moda dos dados (valor com maior frequência) e s é o desvio-padrão amostral.

No Excel, esse cálculo pode ser encontrado inserindo a função conhecida como **DISTORÇÃO( )** e selecionando todos os dados desejados. O Excel também usa uma variação da fórmula anterior para seus cálculos, representados por esta equação:

$$DISTORÇÃO = \frac{n}{(n-1)(n-2)} \sum_{i=1}^{n} \left(\frac{x_i - \bar{x}}{s}\right)^3$$

em que n é o tamanho da amostra, $\bar{x}$ representa a média e s é o desvio-padrão.

EXEMPLO 3.5

Utilizando os dados do Exemplo 3.4, modificados para tornar a distribuição mais achatada, o valor da assimetria é:

f_x =DISTORÇÃO(A1:A15)

Nesse caso, para o conjunto de dados do exemplo, obtém-se:

18 **Assimetria=** 0,610387

O valor positivo para a assimetria indica que a cauda mais fina está à direita do centro da distribuição. Caudas mais alongadas ou mais finas à direita do centro recebem o nome de assimetria positiva. Os valores para as denominações das assimetrias geralmente são adotados como:

−0,15 ≤ A ≤ 0,15: distribuição simétrica;

A < −0,15: assimetria negativa;

A > 0,15: assimetria positiva.

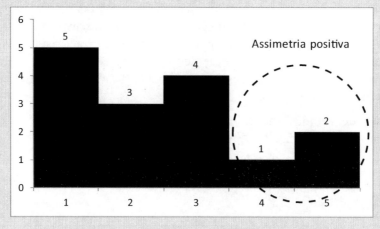

Figura 3.9 – Assimetria positiva para o Exemplo 3.4.

EXEMPLO 3.5

Essa característica de assimetria pode ser moderada ou mais acentuada, dependendo da concentração de dados. Para o Exemplo 3.5, se alteramos a frequência para colocar mais dados de valor 1 e 2 e menos dados de valor 4 e 5, obtemos o valor de assimetria bem mais alto, ou seja:

18 **Assimetria=** 1,208462

Esse valor indica uma forte assimetria à direita, mostrando uma concentração de dados mais à esquerda e uma cauda muito fina à direita, conforme na figura a seguir.

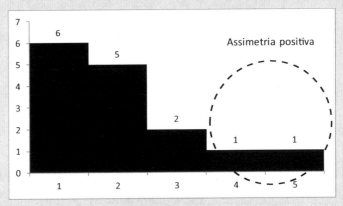

Figura 3.10 – Assimetria positiva para o Exemplo 3.5 modificado.

A assimetria à esquerda seria obtida com uma concentração de dados maior para o lado da cauda direita. Por exemplo, uma assimetria com o valor

18 **Assimetria=** -0,99161

apresenta um gráfico (Figura 3.11) com distribuição oposta, isto é, com a cauda mais fina à esquerda do centro da distribuição. Por isso, recebe o nome de assimetria negativa.

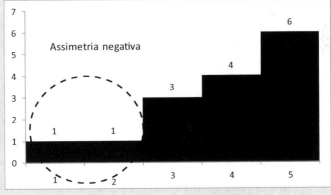

Figura 3.11 – Assimetria negativa.

3.5 PADRÃO DE NORMALIDADE NO MERCADO DE AÇÕES

Muitos analistas de mercado e empresas de consultoria financeira calculam risco em carteiras de ações com base na distribuição de probabilidade normal. Isso ocorre por sua facilidade em apresentar a probabilidade por meio da área embaixo da curva. No entanto, para esse cálculo ser acurado, é necessário que o conjunto de dados tenha distribuição normal (ELTON; GRUBER; BROWN; GOETZMANN, 2003; DANÍELSSON, 2011).

Vamos tomar como exemplo os dados do índice de ações da bolsa de valores de São Paulo, o conhecido Ibovespa. Sendo o índice uma composição de ações, teoricamente seus valores representam, em média, o que ocorre com toda carteira teórica.

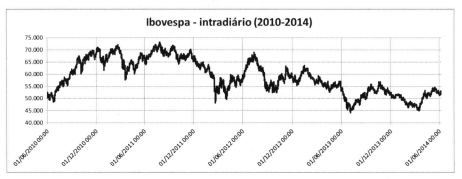

Figura 3.12 – Dados do Ibovespa em pontos, de 2010 a 2014 (15 minutos).

Os dados do Ibovespa apresentados na figura mostram a aquisição dos pontos realizada a cada 15 minutos, durante os dias de pregão. Esses dados são conhecidos como intradiários.

Na Figura 3.13, observa-se que o histograma desses dados apresenta duas caudas, sendo conhecido como bicaudal. Cálculos de risco, volatilidade e outras medidas estatísticas ficam sem sentido com esse tipo de dados.

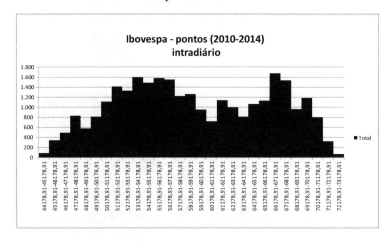

Figura 3.13 – Histograma do Ibovespa em pontos intradiários.

O melhor caminho é utilizar o retorno intradiário da pontuação do Ibovespa, ou seja, a diferença entre um ponto e outro tomado em porcentagem. Uma aproximação bastante utilizada para o retorno é o logaritmo da razão entre o preço de um ativo em um dia t e o preço do dia anterior em $(t-1)$.

Com a distribuição desses retornos intradiários, pode-se estudar a distribuição da probabilidade desses retornos, observando o que acontece com retornos positivos e retornos negativos e em períodos sem retornos. Esses retornos, ou diferenças entre os valores da pontuação do Ibovespa, podem ser ajustados por um histograma ao se escolher um tamanho de classe adequado para sua representação. Por exemplo, para os dados da Figura 3.12, se forem calculados os dados de retorno, é possível representá-los usando uma faixa de classe de 0,1% para o cálculo do histograma que está representado na Figura 3.14.

Muito melhor que a primeira representação, a segunda representação dos retornos em função do histograma é mais clara e apresenta uma forma mais próxima e bem característica para a distribuição de probabilidade normal no período entre os anos de 2010 e 2014.

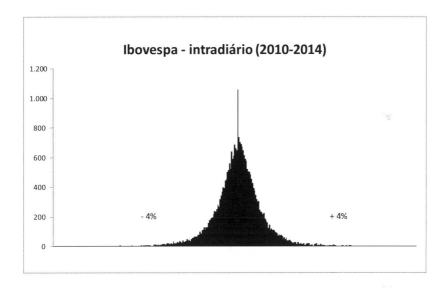

Figura 3.14 – Histograma dos retornos do Ibovespa para intervalos de 0,1%.

A estatística descritiva desses dados da figura apresenta um valor de curtose positivo, porém muito acima de 3. Isso caracteriza a curva como pontiaguda, o que pode ser observado na figura. O valor da curtose é de 2,6 para a assimetria e indica uma curva assimétrica positiva, com uma distribuição de retornos mais para valores negativos que positivos para o número de observações de 29.052 dados do Ibovespa. Isso caracteriza uma cauda mais fina à direita, conforme a tabela a seguir.

mínimo	−4,22%
máximo	4,06%
curtose	6,610
assimetria	2,601
n =	29052

O grande problema é que uma medida ou um conjunto de medidas realizadas para um intervalo de tempo não pode ser considerada em outro intervalo de tempo. Médias, variâncias, desvios, volatilidades, assimetrias e curtoses, isto é, qualquer tipo de medida de interesse, dependem do intervalo de janela de tempo em que foram medidas. Se uma medida é realizada para um intervalo de dias, não necessariamente serve como regra para ser usada para intervalos de minutos.

No exemplo anterior, os dados foram tomados de 15 em 15 minutos em um período de quatro anos, e o resultado foram mais de 29 mil dados. No entanto, ao se tomar dados em intervalos de 15 minutos para apenas um ano, a configuração da distribuição muda e os cálculos de volatilidade também. Por isso, é importante sempre manter um padrão para medidas realizadas em estudos a longo prazo. Ao se tomar os dados de 15 minutos do Ibovespa apenas para o ano de 2013, por exemplo, é possível observar um comportamento diferente do padrão observado nos dados de quatro anos. A figura a seguir mostra o histograma dos retornos para o intervalo de classe de 0,1%.

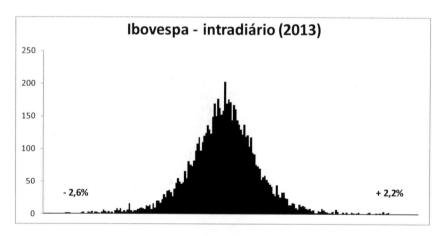

Figura 3.15 – Histograma dos retornos do Ibovespa em 2013.

Não apenas os valores máximos e mínimos se alteraram como também a forma da distribuição. A tabela a seguir apresenta um mínimo retorno de −2,61 e um máximo de 2,25%. Isso mostra que, apesar de o período entre 2010 e 2014 ter sido de alto risco, com perdas que chegaram a 4%, em 2013 esse risco foi bem menor. Até a característica da distribuição foi diferente, com medida de curtose indicando uma curva um pouco mais achatada (K = 1,4) e mais simétrica, com assimetria de 1,6, que no período entre 2010 e 2014 para 7.174 dados.

mínimo	−2,61%
máximo	2,25%
curtose	1,459
assimetria	1,640
n =	7174

O fato concreto que essas diferenças apontam é que o cálculo de probabilidades de riscos para o Ibovespa teria uma precisão bem melhor para 2013 que para todo o período entre 2010 e 2014.

CAPÍTULO 4
IDENTIFICAÇÃO DE DISTRIBUIÇÕES ASSIMÉTRICAS

4.1 INTRODUÇÃO

A identificação do tipo de cauda na distribuição de probabilidade para os dados coletados é fundamental para obter certeza nos cálculos estatísticos e probabilísticos sobre risco. No mercado financeiro, a propriedade de cauda achatada (ou cauda gorda) para os retornos vem sendo discutida desde que Mandelbrot alertou para esse fato em 1963 (MANDELBROT; HUDSON, 2004). Além das medidas de curtose e assimetria apresentadas no capítulo anterior, existem outras muito importantes que ajudam a esclarecer o tipo de curva de probabilidade que representa os dados.

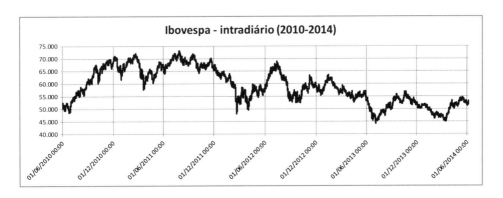

Figura 4.1 – Dados do Ibovespa em pontos, de 2010 a 2014 (15 minutos).

Essa figura retoma os dados intradiários do Ibovespa. Foi visto no capítulo anterior que, em vez de tomarmos uma representação pela pontuação do Ibovespa, é melhor tratar os dados em forma do retorno.

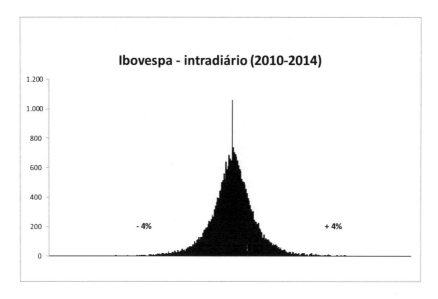

Figura 4.2 – Histograma dos retornos do Ibovespa.

De posse dos dados do retorno, a distribuição observada foi apresentada na Figura 4.2, com um retorno mínimo de –4,22% e máximo de 4,06%, com curtose de 6,6 e assimetria de 2,6. Outra alternativa, além dessas medidas descritivas, é calcular a distribuição normal teórica, obter os dados acumulados teóricos e comparar com os dados acumulados reais. O primeiro passo é lembrar que a distribuição teórica da normal é dada pela fórmula da gaussiana, que depende das variáveis como a média e o desvio-padrão. Esses valores são constantes para esses dados e a única variável que deve mudar para a construção da curva é a variável x, que representa os dados dos retornos.

4.2 IDENTIFICANDO A CURVA NORMAL

A curva normal teórica, já apresentada no terceiro capítulo, é dada pela fórmula a seguir, sendo $\bar{x}$ a média e s o desvio-padrão.

$$f(x) = \frac{e^{\frac{-(x-\bar{x})^2}{2s^2}}}{s\sqrt{2\pi}}$$

Como visto no capítulo anterior, essa fórmula encontra-se programada no Excel por meio do comando **Dist.Norm.N( )** ou **Dist.Norm.P( )**. O menor valor do retorno do Ibovespa para o período entre 2010 e 2014 foi de –4,22%. A partir desse dado, pode-se criar uma coluna começando desse valor mínimo e chegando até o máximo valor de retorno, adicionando sempre 0,024% (apenas um exemplo, quando se utiliza a tabela dinâmica). É possível escolher qualquer valor para esse passo de integração,

Identificação de distribuições assimétricas 87

mas esse é o que melhor se ajusta ao intervalo de dados reais obtidos pelos retornos. O último dado é muito próximo do máximo retorno de 4,06. Para fazer o gráfico da normal teórica, precisa-se de duas colunas no Excel. Uma coluna mostra os retornos *x*, começando no mínimo e terminando no máximo, e a coluna da normal deve ser criada a partir dos seguintes parâmetros. O valor médio de retorno do Ibovespa foi de 0,000444% e o desvio-padrão, de 0,27% para esse período.

```
DIST.NORM.N
                    X   N7              = -0,042194776
                Média   $L$1            = 4,43678E-06
           Desv_padrão  $L$2            = 0,002754432
            Cumulativo  FALSO           = FALSO
                                        = 1,55861E-49
Retorna a distribuição normal da média e do desvio padrão especificados.
                    X é o valor cuja distribuição você deseja obter.

Resultado da fórmula = 1,55861E-49
Ajuda sobre esta função                             OK      Cancelar
```

Figura 4.3 – Caixa de diálogo da fórmula **Dist.Norm.N( )** do Excel.

O uso da função **Dis.Norm.N( )** nessa figura começa com X = N7 como valor do menor retorno do Ibovespa. L1 é a célula em que está o valor do retorno médio dos dados, e L2 mostra o valor do desvio-padrão dos retornos. No quadro cumulativo, começamos com FALSO para criar a distribuição normal-padrão, sem acumular os dados. Os primeiros resultados estão colocados como **Normal (teórica)**, ao lado da coluna com os dados do retorno, que foram ordenados de forma crescente.

Dados ordenados (teórico)	Normal (teórica)
– 0,042194776	1,55861E-49
– 0,041955588	5,87331E-49
– 0,041716399	2,19662E-48
– 0,04147721	8,15363E-48
– 0,041238021	3,00381E-47
– 0,040998832	1,0983E-46

A figura a seguir apresenta o resultado completo dos dados calculados pela fórmula **Dist.Norm.N( )**, que representa a equação gaussiana. Pode-se observar o valor médio, que está no centro da figura, apresentado no eixo horizontal. Também é possível observar a mudança da concavidade da curva perto do valor do desvio-padrão de 0,27%.

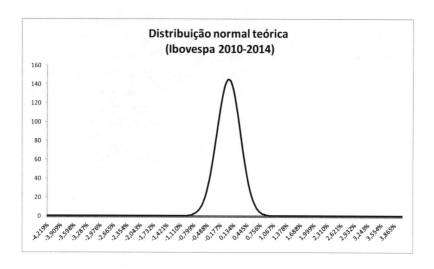

Figura 4.4 – Distribuição normal teórica para os dados do Ibovespa.

No entanto, para efeito de identificação de caudas, é mais interessante obter os valores acumulados da distribuição normal. Esses valores acumulados representam a soma de todas as probabilidades no intervalo observado. Assim, como o máximo de probabilidade é 100%, o valor máximo da área curva abaixo da normal é 1. Para obter os valores acumulados teóricos do Ibovespa, basta trocar, nos parâmetros da fórmula programada do Excel **Dist.Norm.N( )**, o valor da caixa **Cumulativo** que antes apresentava **FALSO** para **VERDADEIRO**. Os parâmetros são os mesmos do primeiro ajuste, mas agora se altera a nomenclatura dentro da caixa **Cumulativo**, conforme a figura a seguir.

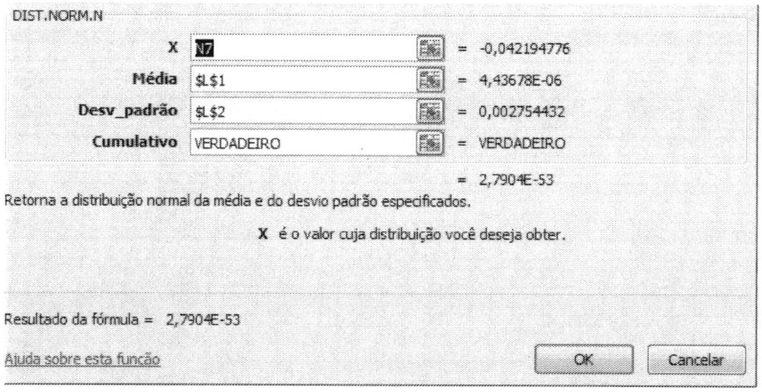

Figura 4.5 – Caixa de diálogo da fórmula **Dist.Norm.N( )** do Excel.

O resultado é a curva conhecida como sigmoide, apresentada na figura a seguir. Ela é mais interessante sob o ponto de vista de identificação de caudas longas reais, quando comparadas com a distribuição teórica. Quanto mais evidente essa diferença, maior é o erro e a conclusão dos cálculos de risco que utilizam a hipótese da normal para seus dados.

Identificação de distribuições assimétricas

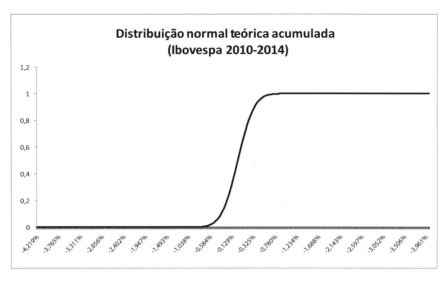

Figura 4.6 – Distribuição normal acumulada.

Para os dados reais de retorno do Ibovespa, a tabela dinâmica do Excel fornece, de maneira rápida e didática, a frequência de aparecimento dos dados para cada classe criada. Uma vez escolhida uma tabela dinâmica para os dados, pode-se agrupar esses dados por classe, escolhendo inclusive o tamanho dos dados. A tabela a seguir apresenta uma pequena parte das classes criadas, partindo-se da menor classe [−4,219% a −4,209%] e aumentando os limites de 0,1% até chegar ao último valor de retorno real obtido. O primeiro valor é exatamente o valor de retorno mínimo para os dados coletados do Ibovespa.

Tabela 4.1 – Tabela dinâmica para os dados do Ibovespa

Rótulos de Linha	Contagem de retorno
-0,0421947764623395--0,0420947764623395	1
-0,0406947764623395--0,0405947764623395	1
-0,0324947764623395--0,0323947764623395	1
-0,0312947764623395--0,0311947764623395	1
-0,0296947764623395--0,0295947764623395	1
-0,0289947764623395--0,0288947764623395	1
-0,0287947764623395--0,0286947764623395	1
-0,0284947764623395--0,0283947764623395	1
-0,0261947764623395--0,0260947764623395	2
-0,0255947764623395--0,0254947764623395	1
-0,0250947764623395--0,0249947764623395	1
-0,0238947764623395--0,0237947764623395	2
-0,0231947764623395--0,0230947764623395	1
-0,0230947764623395--0,0229947764623395	1
-0,0220947764623395--0,0219947764623395	1

A segunda coluna da tabela (**Contagem de retorno**) é a quantidade de dados que aparecem na classe, onde é possível reparar que na primeira classe existe apenas um dado e na segunda classe também, até a classe [−2,61% a −2,60%], com a ocorrência de dois dados. Com todos os dados de frequência da segunda coluna da tabela, é possível dividir esses dados pelo total de valores amostrados. Isso representa a frequência relativa dos dados da classe.

A tabela a seguir apresenta na primeira coluna os dados de frequência das classes da tabela dinâmica. Depois, vem o retorno real, que nada mais é que a frequência relativa. Na coluna ao lado, apresenta-se o retorno acumulado, que é apenas a soma acumulada, dado após dado, de todos os valores da frequência relativa da segunda coluna da tabela. Como existem 29.052 dados para o intradiário do Ibovespa, a segunda coluna é criada dividindo-se os dados da primeira coluna pelo total 29.052. Assim, o primeiro valor da segunda coluna da tabela é igual a $1/29.052 = 3,44 \times 10^{-5}$.

Tabela 4.2 – Dados de retorno acumulado real

Consolidados	Retorno real	Retorno acumulado (real)
1	3,44222E-05	3,44222E-05
1	3,44222E-05	6,88444E-05
1	3,44222E-05	0,000103267
1	3,44222E-05	0,000172111
1	3,44222E-05	0,000206533
1	3,44222E-05	0,000240956
1	3,44222E-05	0,000275378
2	6,88444E-05	0,000344222

De posse do retorno acumulado real, pode-se comparar essa distribuição real de frequências com os dados teóricos acumulados da distribuição normal. Ou seja, são comparados os dados da fórmula do Excel **Dist.Norm.N( )** com a última coluna da Tabela 4.2. Se a diferença for muito grande, não se pode concluir que a cauda da distribuição dos dados reais do Ibovespa fornece boa precisão para o cálculo dos riscos.

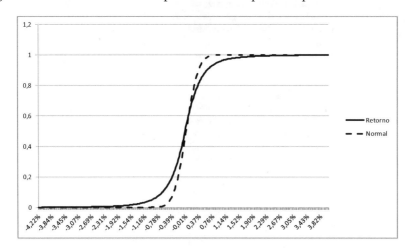

Figura 4.7 – Comparação entre distribuição normal teórica acumulada e retornos reais acumulados.

Identificação de distribuições assimétricas

Essa figura mostra os dados das duas curvas (teórica × real) para a distribuição das frequências do retorno. Apesar de nítida a diferença, em uma primeira observação, é possível enganar-se deduzindo que a diferença é pequena entre a curva real e a teórica. No entanto, os dados da Figura 4.8, a seguir, mostram que as caudas são muito diferentes.

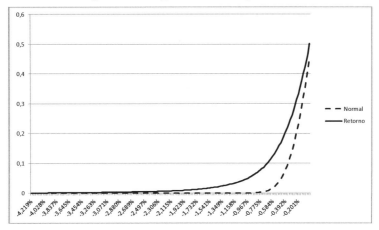

Figura 4.8 – Região de particular interesse entre a distribuição normal teórica e a real para o Ibovespa (2010 e 2014).

Pode-se reparar nessa figura que, para retornos negativos a partir de –0,5%, enquanto a distribuição teórica normal (linha tracejada) apresenta o valor menor que 0,1, a distribuição real já está em 0,3. Como essa curva representa a probabilidade acumulada, significa dizer que existe chance zero de perda para o Ibovespa com retornos de –0,5%, ao passo que na realidade a chance de isso acontecer é de 30%.

Para os dados de 2013, a diferença entre as caudas torna-se mais evidente, e não é necessário aumento na região de interesse para verificar o distanciamento entre a curva teórica normal e o que realmente ocorre com o retorno real do Ibovespa. A Figura 4.9, apresentada no terceiro capítulo, retrata os dados do Ibovespa para o ano de 2013 e aponta que curtose e assimetria indicam curva mais simétrica que os dados para o período de quatro anos.

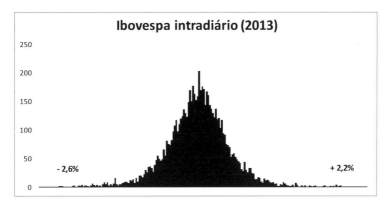

Figura 4.9 – Histograma dos retornos do Ibovespa em 2013.

No entanto, quando confrontados os dois gráficos, pode-se ver na Figura 4.10 que os erros para estimar o risco, considerando as caudas da distribuição de probabilidade normal, são consideravelmente grandes. Por exemplo, pelo retorno real, enquanto a probabilidade de retorno negativo maior que –0,2% é de 15,23%, pela curva teórica é de 19,90%. O valor para $x = -0,2$ está, aproximadamente, entre 0,14 e 0,17 no eixo vertical para a curva sólida representando a probabilidade acumulada dos dados de retorno real.

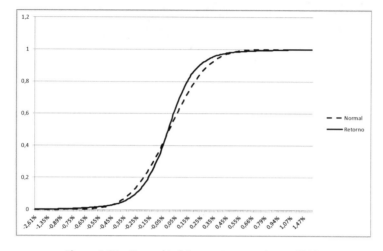

Figura 4.10 – Normal teórica e retorno real para 2013.

Se for feita uma observação mais refinada e meticulosa, pode-ser perceber que, mesmo de um dia para o outro, a distribuição de probabilidade pode afastar-se muito da curva característica da normal. A Figura 4.11, a seguir, apresenta os dados intradiários dos dias 1 a 9 de agosto de 2011. É possível perceber quanto a distribuição real muda continuamente, criando caudas volumosas e gordas, muito diferente da característica cauda da normal.

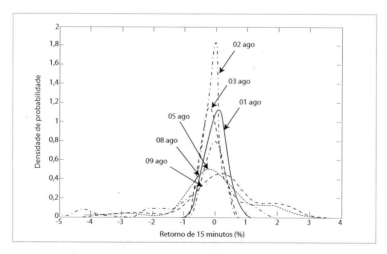

Figura 4.11 – Densidade de probabilidade ajustada aos retornos de 15 minutos do Ibovespa intradiário para o período de nove dias em 2011.

4.3 QUANTIL-QUANTIL PLOT (Q-Q PLOT)

Outra metodologia interessante para verificar se uma distribuição segue o padrão da distribuição normal é o quantil-quantil plot, também conhecido como gráfico de Q-Q plot. O Q-Q plot é utilizado para determinar se dois conjuntos de dados pertencem à mesma distribuição de probabilidades em eventos amostrados com dados financeiros (VIENS; MARIANI; FLORESCU, 2012; SORNETTE, 2003). Se duas distribuições que estão sendo comparadas são similares, os pontos no Q-Q plot formam aproximadamente uma reta $y = x$, com 45 graus de inclinação. Esse tipo de gráfico serve mais como uma comprovação das medidas de assimetria e curtose.

Outra aplicação muito comum é usar o Q-Q plot para averiguar se a distribuição de probabilidade de uma amostra segue a distribuição de probabilidade normal. Nesse caso, compara-se o valor teórico esperado, caso a distribuição seja normal, com os valores reais transferidos para uma distribuição normal com média e desvio-padrão estimados da amostra.

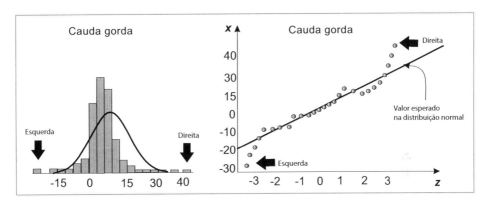

Figura 4.12 – Q-Q plot para distribuição com cauda gorda.

Essa figura é uma representação de uma distribuição de dados considerada como cauda gorda. À esquerda da figura, é possível ver o histograma dos dados e uma distribuição normal associada à média e ao desvio-padrão da amostra. O gráfico à direita apresenta o Q-Q plot da distribuição da amostra com os valores esperados da normal representados pela reta de 45º de inclinação. O eixo das abscissas (eixo horizontal) é representado pelos valores na normal padronizados por Z:

$$Z = \frac{x - \bar{x}}{\sigma}$$

em que x é o valor real da amostra, $\bar{x}$ significa a média dos dados e σ representa o desvio-padrão, conforme já mencionado.

Uma representação de distribuição típica de cauda gorda é aquela em que aparecem dados mais distantes do centro do que previsto, caso a distribuição seja normal. Na Figura 4.12, a seta "esquerda" mostra uma classe de dados do histograma que não estava prevista na distribuição normal. A mesma seta é apresentada no gráfico da direita, onde se pode observar que esses dados estão abaixo da linha $y = x$, que representa os valores preditos pela distribuição normal. Os dados reais são apresentados na forma de círculos pequenos que hipoteticamente representam dados reais.

Em outras palavras, no gráfico do *Q-Q plot*, pontos à esquerda muito abaixo da reta de 45º de inclinação mostram que os valores reais da amostra aparecem muito mais distantes à esquerda e muito mais frequentes que os valores esperados pela distribuição normal, que estão representados pela reta. Nesse exemplo, o valor mais distante esperado à esquerda da média, caso a distribuição dos dados seja normal, é $x = -20$. Entretanto, os dados reais apresentados no histograma mostram certa frequência de aparição para $x = -30$. O mesmo raciocínio vale para o lado direito da distribuição, onde o valor mais provável distante à direita da média, caso a distribuição seja normal, é $x = 30$; porém, os dados reais mostram que $x = 40$ aparece com frequência. Observa-se no *Q-Q plot* da seta direita que essa classe de dados está bem acima da reta dos valores esperados pela normalidade.

Outra forma de distribuição característica que pode ser detectada pelo *Q-Q plot* é a distribuição que possui cauda fina. A Figura 4.13, a seguir, apresenta a caracterização desse tipo de distribuição. Ao contrário da cauda gorda, na distribuição tipo cauda fina, o valor esperado dos limites dos dados (representados pela linha de 45°) é maior que o limite real dos dados amostrados na cauda à direita da média.

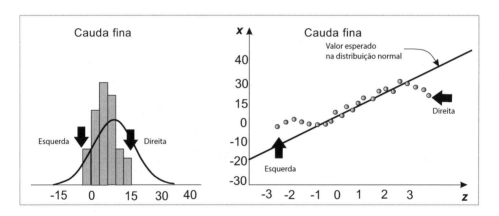

Figura 4.13 – *Q-Q plot* para distribuição com cauda fina.

No lado esquerdo da distribuição, enquanto o valor esperado da distribuição normal estima números mais distantes à esquerda da média, os dados reais apresentam no histograma valores bem mais próximos da média. Na seta esquerda do *Q-Q plot* é possível ver os dados acima da linha, apresentando valores no eixo horizontal mais próximos de zero do que deveria ser esperado. A seta direita mostra que o valor real dos dados está abaixo da linha de normalidade, indicando que o valor limite esperado é inferior ao que se esperaria na normal.

Os casos de assimetria também podem ser identificados pelo Q-Q plot, para a assimetria à direita e à esquerda. Para os casos de assimetria à direita, a Figura 4.14 apresenta o padrão de exibir dados menos distantes à esquerda da média que o esperado, bem como dados mais distantes à direita que o esperado. Por exemplo, enquanto o valor máximo esperado à direita é $x = 30$, os dados reais apresentam classes para valores acima de 40. Isso caracteriza uma assimetria da disposição da amostra à direita.

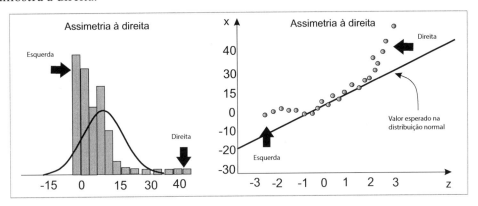

Figura 4.14 – Q-Q plot para distribuição com assimetria à direita.

A distribuição com assimetria da amostra à esquerda é apresentada na Figura 4.15, com a característica de valores extremos da amostra abaixo da linha de 45° para distribuição de probabilidade normal.

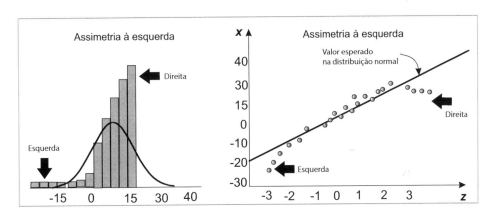

Figura 4.15 – Q-Q plot para distribuição com assimetria à esquerda.

É possível representar um padrão do Q-Q plot para distribuições que não seguem a distribuição normal. A Figura 4.16, a seguir, apresenta um resumo dos casos discutidos anteriormente, com a linha mais cheia representando os dados reais da amostra.

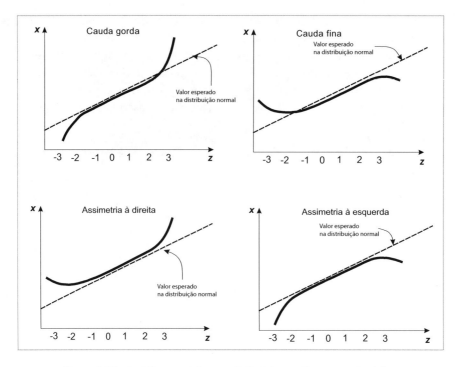

Figura 4.16 – Padrão completo para Q-Q plot com diversas assimetrias.

4.4 *Q-Q PLOT* NO MICROSOFT EXCEL

O *Q-Q plot* pode ser desenvolvido no Microsoft Excel. Para tanto, deve-se usar as ferramentas disponíveis com as funções estatísticas para a inversa da distribuição normal no cálculo da variável normalizada Z. A Figura 4.17 mostra a hipótese de haver um conjunto de dados aleatórios.

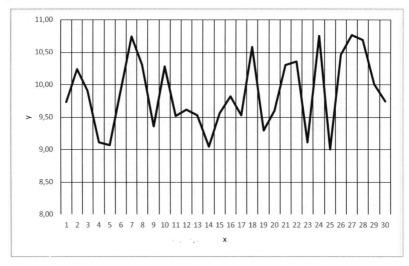

Figura 4.17 – Amostra de números aleatórios.

Identificação de distribuições assimétricas　　97

Pretende-se saber se esses números seguem a distribuição de probabilidade normal ou se apresentam algum tipo de assimetria nas caudas. A primeira transformação é colocar esses dados ordenados em ordem crescente, pois é feito um paralelo entre seus valores e os valores esperados caso a distribuição seja normal.

A Figura 4.18 apresenta os dados ordenados na coluna B da planilha do Excel. Na coluna A, tem-se a numeração contando o número de dados gerados.

A	B
N=	Dados
1	9,01
2	9,05
3	9,07
4	9,11
5	9,11
6	9,30
7	9,35
8	9,51
9	9,53
10	9,53
11	9,56
12	9,61
13	9,62
14	9,73
15	9,74
16	9,82
17	9,91
18	9,91
19	10,01
20	10,23
21	10,28
22	10,30
23	10,30
24	10,36
25	10,46
26	10,59
27	10,69
28	10,74
29	10,75
30	10,76

Figura 4.18 – Números aleatórios ordenados na coluna B.

Nesse ponto, é necessário gerar um conjunto de dados identicamente distribuído, de forma que percorra com a mesma quantidade de dados observados N os valores possíveis da distribuição normal acumulada no intervalo [0 1]. Uma fórmula bem simples para gerar números distribuídos para representar as probabilidades acumuladas é:

$$p_i = \frac{x_i - 1/2}{N} \qquad (4.1)$$

em que x_i são os números aleatórios amostrados da coluna B e N é o total de dados da amostra, que nesse exemplo é $N = 30$. A distribuição acumulada de valores no intervalo [0 1] está disposta na coluna C da Figura 4.19.

	A	B	C
1	N=	Dados	Distribuição probab. acumulada
2	1	9,01	0,02
3	2	9,05	0,05
4	3	9,07	0,08
5	4	9,11	0,12
6	5	9,11	0,15
7	6	9,30	0,18
8	7	9,35	0,22
9	8	9,51	0,25
10	9	9,53	0,28
11	10	9,53	0,32
12	11	9,56	0,35
13	12	9,61	0,38
14	13	9,62	0,42
15	14	9,73	0,45
16	15	9,74	0,48
17	16	9,82	0,52
18	17	9,91	0,55
19	18	9,91	0,58
20	19	10,01	0,62
21	20	10,23	0,65
22	21	10,28	0,68
23	22	10,30	0,72
24	23	10,30	0,75
25	24	10,36	0,78
26	25	10,46	0,82
27	26	10,59	0,85
28	27	10,69	0,88
29	28	10,74	0,92
30	29	10,75	0,95
31	30	10,76	0,98

Figura 4.19 – Probabilidade acumulada identicamente distribuída no intervalo [0 1].

Deve-se, então, calcular os valores esperados dos dados, caso sigam a distribuição de probabilidade normal. Neste ponto, surge a pergunta: utilizando-se a média e o desvio-padrão da amostra de dados aleatórios apresentada nas Figuras 4.17 e 4.18, quais seriam os valores de x para cada valor de probabilidade da coluna C, se sua distribuição for normal? Para descobrir esse valor esperado, pode-se utilizar a inversa da normal no Excel com a função **Inv.Norm.N(probabilidade, média, desvio-padrão)**. No caso, probabilidade é a p_i gerada na coluna C; média e desvio-padrão são calculados a partir dos dados amostrados na coluna B.

A média para os dados da amostra na coluna B é 9,86 e o desvio-padrão, 0,55. Eles foram colocados abaixo dos dados, nas linhas 32 e 33, como apresentado na Figura

Identificação de distribuições assimétricas 99

4.20. Com essa média e esse desvio, pode-se calcular, na coluna D, os valores esperados de *x* para uma hipotética distribuição normal.

	A	B	C
1	**N=**	**Dados**	**Distribuição probab. acumulada**
2	1	9,01	0,02
3	2	9,05	0,05
4	3	9,07	0,08
5	4	9,11	0,12
6	5	9,11	0,15
7	6	9,30	0,18
8	7	9,35	0,22
9	8	9,51	0,25
10	9	9,53	0,28
11	10	9,53	0,32
12	11	9,56	0,35
13	12	9,61	0,38
14	13	9,62	0,42
15	14	9,73	0,45
16	15	9,74	0,48
17	16	9,82	0,52
18	17	9,91	0,55
19	18	9,91	0,58
20	19	10,01	0,62
21	20	10,23	0,65
22	21	10,28	0,68
23	22	10,30	0,72
24	23	10,30	0,75
25	24	10,36	0,78
26	25	10,46	0,82
27	26	10,59	0,85
28	27	10,69	0,88
29	28	10,74	0,92
30	29	10,75	0,95
31	30	10,76	0,98
32	Média	9,86	
33	Desvio padrão	0,555049284	

Figura 4.20 – Média e desvio-padrão dos dados.

Para o primeiro valor da probabilidade apresentado na célula C2, o preenchimento da função **Inv.Norm.N( )** é apresentado na Figura 4.21. Os demais números da coluna D podem ser obtidos arrastando a função nas células seguintes.

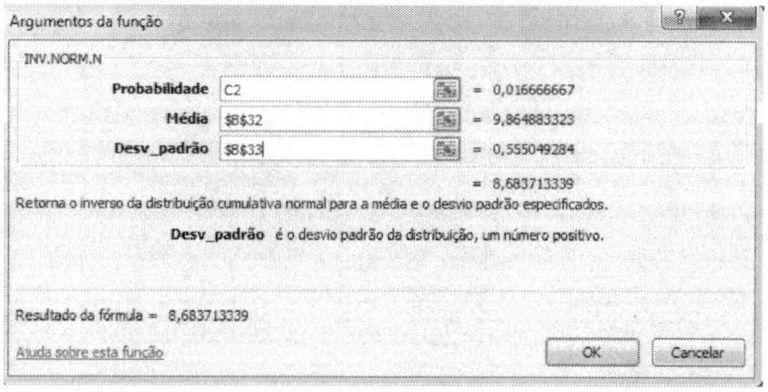

Figura 4.21 – Função inversa da normal no Excel.

Pode-se observar que os valores das células para média e desvio-padrão estão travados para que, ao arrastar a função, não mudem para células vazias. O resultado final é visto na coluna D da Figura 4.22, que apresenta os valores que deveriam aparecer na amostra, caso fosse normal.

	A	B	C	D
1	N	Dados	Distr. Probab. Acumulada	x= valor esperado
2	1	9,01	0,02	8,68
3	2	9,05	0,05	8,95
4	3	9,07	0,08	9,10
5	4	9,11	0,12	9,20
6	5	9,11	0,15	9,29
7	6	9,30	0,18	9,36
8	7	9,35	0,22	9,43
9	8	9,51	0,25	9,49
10	9	9,53	0,28	9,55
11	10	9,53	0,32	9,60
12	11	9,56	0,35	9,65
13	12	9,61	0,38	9,70
14	13	9,62	0,42	9,75
15	14	9,73	0,45	9,80
16	15	9,74	0,48	9,84
17	16	9,82	0,52	9,89
18	17	9,91	0,55	9,93
19	18	9,91	0,58	9,98
20	19	10,01	0,62	10,03
21	20	10,23	0,65	10,08
22	21	10,28	0,68	10,13
23	22	10,30	0,72	10,18
24	23	10,30	0,75	10,24
25	24	10,36	0,78	10,30
26	25	10,46	0,82	10,37
27	26	10,59	0,85	10,44
28	27	10,69	0,88	10,53
29	28	10,74	0,92	10,63
30	29	10,75	0,95	10,78
31	30	10,76	0,98	11,05
32	Média	9,86		
33	Desvio	0,55505		

Figura 4.22 – Geração do valor esperado.

Identificação de distribuições assimétricas 101

O primeiro valor observado é *x-esperado* = 8,68, o que significa que, com probabilidade de 0,02 (2%), sempre se espera que o valor 8,68 apareça em uma amostra com essa média e esse desvio-padrão calculados. Existem duas maneiras de construir o eixo horizontal do *Q-Q plot*: a função **Inv.NormP.N(p$_i$)**, com p_i sendo dado pela Fórmula (4.1), ou a padronização dos dados com a Fórmula (4.2).

$$Z = \frac{x - \bar{x}}{\sigma} \qquad (4.2)$$

Os resultados são idênticos. Com isso, constrói-se a coluna E da Figura 4.23, que serve como eixo horizontal do *Q-Q plot*.

	A	B	C	D	E
1	N	Dados	Distr. Probab. Acumulada	x= valor esperado	Z-padrão
2	1	9,01	0,02	8,68	-2,13
3	2	9,05	0,05	8,95	-1,64
4	3	9,07	0,08	9,10	-1,38
5	4	9,11	0,12	9,20	-1,19
6	5	9,11	0,15	9,29	-1,04
7	6	9,30	0,18	9,36	-0,90
8	7	9,35	0,22	9,43	-0,78
9	8	9,51	0,25	9,49	-0,67
10	9	9,53	0,28	9,55	-0,57
11	10	9,53	0,32	9,60	-0,48
12	11	9,56	0,35	9,65	-0,39
13	12	9,61	0,38	9,70	-0,30
14	13	9,62	0,42	9,75	-0,21
15	14	9,73	0,45	9,80	-0,13
16	15	9,74	0,48	9,84	-0,04
17	16	9,82	0,52	9,89	0,04
18	17	9,91	0,55	9,93	0,13
19	18	9,91	0,58	9,98	0,21
20	19	10,01	0,62	10,03	0,30
21	20	10,23	0,65	10,08	0,39
22	21	10,28	0,68	10,13	0,48
23	22	10,30	0,72	10,18	0,57
24	23	10,30	0,75	10,24	0,67
25	24	10,36	0,78	10,30	0,78
26	25	10,46	0,82	10,37	0,90
27	26	10,59	0,85	10,44	1,04
28	27	10,69	0,88	10,53	1,19
29	28	10,74	0,92	10,63	1,38
30	29	10,75	0,95	10,78	1,64
31	30	10,76	0,98	11,05	2,13
32	Média	9,86			
33	Desvio	0,55505			

Figura 4.23 – Cálculo da variável padronizada *Z* (coluna E).

Com o cálculo da variável padronizada *Z*, pode-se obter o gráfico de *Q-Q plot*. Para tanto, basta usar os dados criando um gráfico para a distribuição normal-padrão e outro para a distribuição real dos dados aleatórios amostrados na coluna B. O eixo das abscissas (horizontal) é o mesmo para as duas distribuições, e cabe lembrar que para a normal deve aparecer uma reta *y* = *x* com inclinação de 45°.

Selecionando primeiro a coluna **Z-padrão** e depois a coluna com o valor esperado, o gráfico que aparece é o da distribuição normal teórica. No caso dessa planilha de exemplo, o gráfico deve ser feito com a coluna E e a coluna D. Conforme se vê no gráfico da Figura 4.24, a linha com inclinação de 45° aparece com essas duas colunas selecionadas. Quando é construído o gráfico dos dados reais, com a coluna da variável padronizada Z na abscissa (eixo horizontal) e a coluna B dos dados reais no eixo vertical das ordenadas, o resultado é a Figura 4.25.

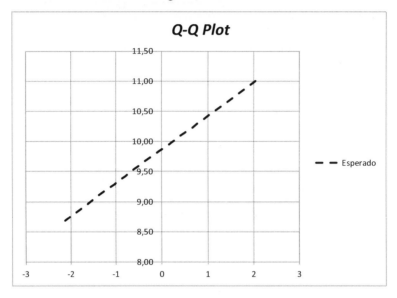

Figura 4.24 – Distribuição normal dos valores esperados.

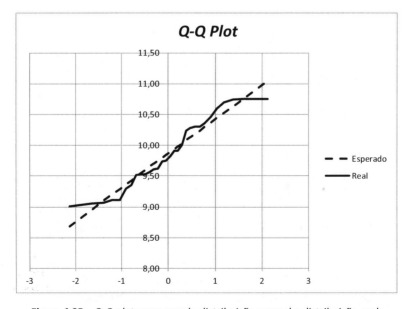

Figura 4.25 – *Q-Q plot* comparando distribuição normal e distribuição real.

Identificação de distribuições assimétricas

Essa figura mostra um resultado com características de distribuição com cauda fina e valores reais maiores que o esperado à esquerda e menores que o esperado à direita. O formato de "s" indica que os dados não seguem a distribuição normal-padrão e possuem distribuição com pouco ou nenhum valor quando distantes da média.

Utilizando os dados reais da coluna B e fazendo uso da tabela dinâmica, é possível construir uma tabela de classes com seu respectivo histograma de frequências. Na Figura 4.26, é possível verificar que as últimas classes realmente têm frequência de dados, que visualmente não caracterizam uma distribuição normal.

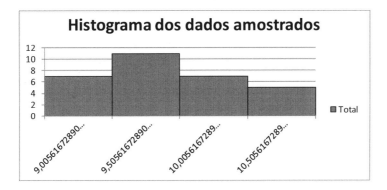

Figura 4.26 – Histograma dos dados reais aleatórios.

E como será um *Q-Q plot* de dados normalmente distribuídos? Para testar o *Q-Q plot* com dados normais, pode-se gerar um conjunto de dados com distribuição de probabilidade normal no Excel. Na caixa **Geração de número aleatório** do Microsoft Excel 2010, escolhe-se função com média 10 e desvio-padrão 1. A Figura 4.27 apresenta essa função e o preenchimento do campo com média e desvio-padrão. É possível escolher o intervalo e a quantidade de dados a serem gerados pela função. O resultado dos dados gerados pode ser observado na Figura 4.28.

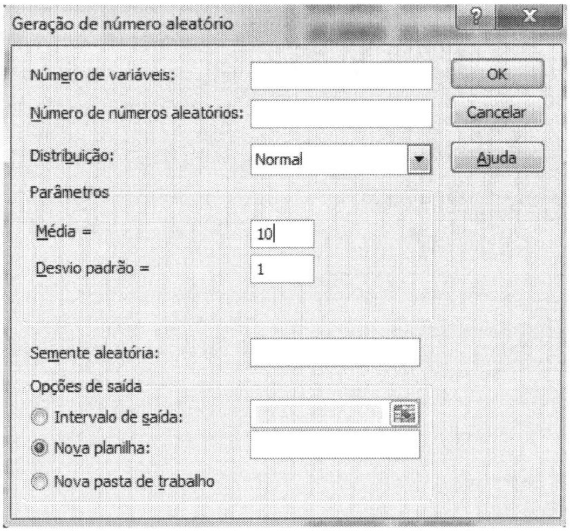

Figura 4.27 – Histograma dos dados reais aleatórios.

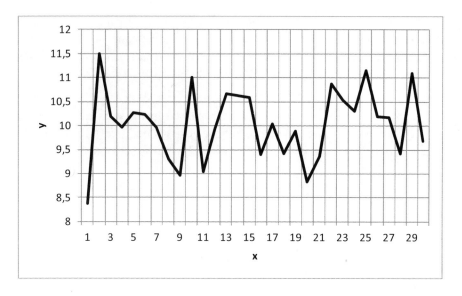

Figura 4.28 – Dados aleatórios com distribuição de probabilidade normal.

Repetindo-se os procedimentos explicados anteriormente para os dados que se mostraram uma distribuição de cauda fina, esses novos dados (agora normais), quando colocados no gráfico do *Q-Q plot*, mostram a característica apresentada na Figura 4.29, a seguir. Mostraram-se muito próximos da linha $y = x$, como era realmente esperado, visto que foram gerados com distribuição de probabilidade normal.

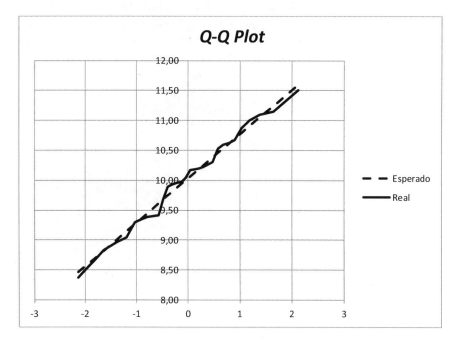

Figura 4.29 – *Q-Q plot* dos novos dados gerados com distribuição normal.

4.5 Q-Q PLOT DE ATIVOS DA BOVESPA

São comuns relatórios de consultoria, tabelas e gráficos descrevendo riscos financeiros em carteiras de investimentos de ações em bolsas de valores. O grande problema desse procedimento é que, muitas vezes, o cálculo que sempre se baseia em uma distribuição de probabilidade normal perfeita encontra dados que não seguem a simetria exigida pelos cálculos.

A aplicação do Q-Q plot em ativos de bolsas de valores torna-se bastante interessante e importante do ponto de vista estatístico. Com conhecimento da distribuição dos retornos, pode-se evitar erros em cálculos de riscos que exigem como hipótese de partida a distribuição normal.

A Figura 4.30, a seguir, apresenta o Q-Q plot de algumas ações negociadas na bolsa de valores de São Paulo, a Bovespa.

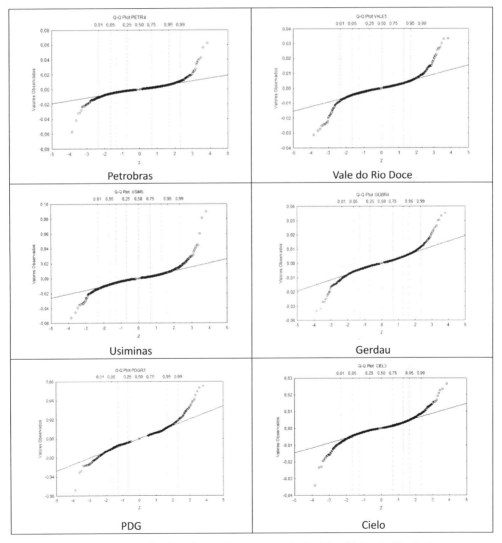

Figura 4.30 – Q-Q plot de ações na Bovespa com dados intradiários de 15 minutos.

Existem muitos *softwares* estatísticos que realizam e calculam os Q-Q *plots* diretos sem precisar do tratamento apresentado para planilhas em Microsoft Excel. Por exemplo, os gráficos da Figura 4.30 foram construídos com o *software* STATISTICA, desenvolvido pela StatSoft.

As ações da Figura 4.30 foram analisadas pelo Q-Q *plot* com dados de janeiro de 2013 a junho de 2014. Os dados dessas empresas são intradiários, obtidos a cada 15 minutos, com o preço negociado na Bovespa. As empresas selecionadas foram Petrobras (PETR4), Vale do Rio Doce (VALE5), Usiminas (USIM5), Gerdau (GGBR4), PDG (PDGR3) e Cielo (CIEL3).

É possível notar que nenhuma dessas ações se adapta à distribuição normal; todas têm características de cauda gorda, conforme observado por Mandelbrot (MANDELBROT; HUDSON, 2004). O eixo das ordenadas foi formado pelo retorno de 15 minutos nas negociações. Dessas empresas, aquela que mais apresentou cauda gorda com valores mais distantes da normal foi a Usiminas. Percebe-se que o valor do retorno superou em muito o valor esperado. Enquanto o retorno positivo máximo esperado era de 2%, a Usiminas apresentou 8%. Já para a ponta negativa, o máximo de queda esperada, caso a distribuição fosse normal, era pouco mais de 2%. A ação chegou a apresentar retorno negativo de até 6%.

O que fazer ao deparar com o surgimento de caudas gordas na comparação de retornos de investimentos com a distribuição de probabilidade normal? Como os cálculos dos riscos apresentam valores que podem ficar longe da realidade, além da cautela do gestor, existem alternativas probabilísticas para a alteração dos cálculos. Por exemplo, uma distribuição bastante sugerida é a de Levy. Segundo Mandelbrot (MANDELBROT; HUDSON, 2004), a curva normal é igualitária; todos os pontos de dados adicionam seu valor ao todo, mas nenhum é capaz de impor o resultado estatístico ao resto. Em outra curva, a distribuição de Cauchy, é iníqua, ditatorial. Para essa curva, os grandes pontos de dados podem dominar a multidão. O que Levy fez em sua distribuição de probabilidade foi interligar esses dois extremos entre essas duas distribuições visando construir sua própria distribuição de probabilidade, que é representada por esta fórmula:

$$L_\alpha(x) = \frac{1}{\pi} \int_0^\infty e^{-\gamma q^\alpha} \cos(qx)\, dq$$

Na fórmula, veem-se o parâmetro $0 \le \alpha \le 2$ e um fator de escala, que deve ser positivo, conhecido como γ.

Outra distribuição que é uma alternativa possível para estudos de riscos, quando a curva normal não é adequada por conta do estilo das caudas, é a q-gaussiana ou de Tsallis. Essa distribuição tem a seguinte representação:

$$p_q(x) = \frac{1}{(1 + (q-1)(x/\sigma^2)^{\frac{1}{q-1}}}$$

em que q é um parâmetro que determina o formato da distribuição e deve ser menor que 3. A distribuição de Tsallis é interessante, e diversos estudos já a aplicaram na precificação de ativos (QUEIROS; MOYANO; SOUZA; TSALLIS, 2007), por vezes adaptando a distribuição para a equação de Black-Scholes.

Um gestor ou analista deve, primeiramente, realizar um profundo estudo dos dados de que dispõe. Depois de uma análise criteriosa, se não for possível fazer o ajuste dos dados à distribuição normal, essas alternativas de distribuições devem ser utilizadas. Entretanto, se os dados se comportam de maneira normal, existem estudos clássicos para a avaliação de riscos, entre eles está o valor em risco, apresentado no próximo capítulo.

CAPÍTULO 5
O VALOR EM RISCO

5.1 INTRODUÇÃO

O valor em risco, ou *value at risk*, representado na literatura especializada pela sigla VaR, é a perda máxima esperada da carteira de ações ou de uma ação a um índice de significância de $\alpha\%$. O VaR responde à questão: "Quanto eu posso perder com $\alpha\%$ de probabilidade em um horizonte de tempo predefinido?". Ao maximizar o retorno de um investimento, o VaR define a restrição necessária a ser imposta ao modelo de carteira de um investidor (ELTON et al., 2003; DANÍELSSON, 2011; BREALEY; MYERS, 1992; BENNINGA; WIENER, 1988; MARSHALL, 2002).

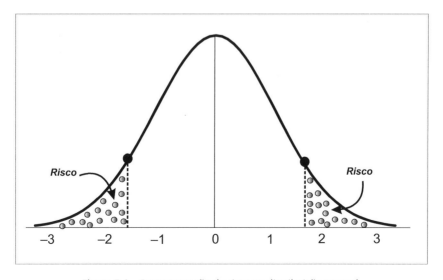

Figura 5.1 – Representação do risco na distribuição normal.

Duas técnicas dividem o cálculo do VaR em VaR paramétrico e VaR não paramétrico. O VaR paramétrico baseia-se no conhecimento prévio de uma distribuição de probabilidade, frequentemente adotada como a normal. Essa é uma hipótese forte e necessária para se encontrar o ponto além do qual as perdas são severas. O VaR não paramétrico não precisa de nenhuma hipótese sobre a distribuição de probabilidade dos retornos dos ativos. O histórico dos próprios dados de retornos é usado para gerar os pontos das informações sobre as perdas. Dentre as técnicas do VaR não paramétrico estão a simulação histórica e a simulação de Monte Carlo.

Neste capítulo, vamos abordar a discussão voltada para o uso do VaR paramétrico. Como a área de risco está sempre na cauda das distribuições de probabilidades, o VaR paramétrico busca descobrir a área crítica da cauda embaixo da distribuição normal, que é ajustada aos dados de média e desvio-padrão.

A variância, o desvio-padrão e o coeficiente de variação são medidas de risco, pois medem a forma como os dados dispersam na distribuição de probabilidade. No entanto, o valor em risco conhecido como (VaR) paramétrico quantifica a área da distribuição mais exposta e mais longe da média. E quantificar essa área significa representar, em termos de probabilidade, o que se pode esperar em termos de perda, dependendo da área da distribuição em que os dados amostrados se encontram.

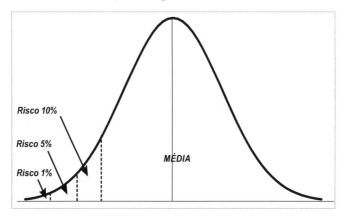

Figura 5.2 – Patamares de risco da distribuição normal.

Conforme apresentado nessa figura, o VaR geralmente pode ser calculado sobre três áreas de risco: 1%, 5% e 10%. Essas áreas dizem, quando se observam os pontos nas abscissas, quais os valores mais extremos esperados para a distribuição. Como se está sempre interessado nos valores extremos de perdas, o lado esquerdo da média da distribuição é utilizado no cálculo do VaR.

5.2 O CÁLCULO DO VALOR EM RISCO (*VALUE AT RISK*)

Vamos supor uma amostra de dados aleatórios em reais (R$), como a apresentada na Figura 5.3, a partir da qual se deseja estimar o VaR. O valor encontrado vai representar a perda máxima esperada para um evento que segue esse padrão.

O valor em risco

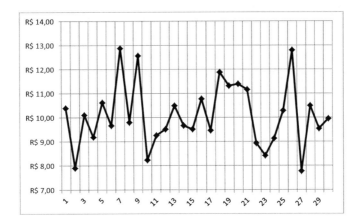

Figura 5.3 – Amostra de dados aleatórios.

Os dados em questão foram gerados com distribuição normal, adotando-se uma média igual a 10 e desvio-padrão igual a 1. Os valores tabelados se encontram na Figura 5.4, a seguir, gerados no Microsoft Excel, colocados na coluna B. Com os dados aleatórios gerados, foram calculados os retornos da coluna B e os resultados colocados na coluna C.

	A	B	C
1	N=	Dados	Retorno
2	1	R$ 10,40	
3	2	R$ 7,91	-0,23957
4	3	R$ 10,11	0,27854
5	4	R$ 9,19	-0,09144
6	5	R$ 10,63	0,15662
7	6	R$ 9,68	-0,08939
8	7	R$ 12,89	0,33221
9	8	R$ 9,80	-0,23976
10	9	R$ 12,57	0,28237
11	10	R$ 8,23	-0,34492
12	11	R$ 9,27	0,12559
13	12	R$ 9,51	0,02636
14	13	R$ 10,51	0,10482
15	14	R$ 9,66	-0,0804
16	15	R$ 9,52	-0,01472
17	16	R$ 10,78	0,13228
18	17	R$ 9,47	-0,12149
19	18	R$ 11,87	0,25314
20	19	R$ 11,33	-0,04558
21	20	R$ 11,38	0,00501
22	21	R$ 11,16	-0,0194
23	22	R$ 8,94	-0,1991
24	23	R$ 8,42	-0,05842
25	24	R$ 9,14	0,08558
26	25	R$ 10,29	0,12586
27	26	R$ 12,80	0,24366
28	27	R$ 7,79	-0,39132
29	28	R$ 10,49	0,34661
30	29	R$ 9,54	-0,09049
31	30	R$ 9,96	0,04406

Figura 5.4 – Valores tabelados da amostra com média 10 e desvio-padrão 1.

O interesse é sempre calcular o VaR do retorno, desde que esses valores sigam a distribuição de probabilidade normal. Como os valores da variável padronizada Z são para a distribuição normal, a premissa básica é que os dados devem seguir essa distribuição. Conforme visto no capítulo anterior, uma boa maneira de verificar o ajuste dos dados de retorno para a distribuição normal seria comparar o histograma de frequência com a curva normal-padrão.

A Figura 5.5 apresenta os dados dos retornos, simulando retornos financeiros de dados gerados com média 10 e desvio-padrão 1. Pode-se observar nesses dados alguns valores extremos, como retornos positivos acima de 30% e negativos abaixo de 40%. Esses valores mostram como as oscilações podem acontecer, e o sentido do VaR é exatamente prevenir o investidor de incertezas como essas.

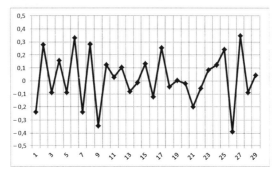

Figura 5.5 – Gráfico dos retornos.

Já a Figura 5.6 apresenta o histograma dos valores de retorno dos dados aleatórios gerados com distribuição normal apresentados no gráfico da Figura 5.5. Apesar de aparentar ser assimétrica, a distribuição dos retornos segue a distribuição normal, sendo isso comprovado pelo gráfico do *Q-Q plot* mostrado no capítulo anterior. O *Q-Q plot* da Figura 5.7 apresenta bom alinhamento dos dados representados pelos círculos em torno da reta $y = x$ com inclinação de 45°. Ambas as Figuras, 5.6 e 5.7, foram obtidas pela geração do *software* STATISTICA, mas podem ser reproduzidas no Microsoft Excel.

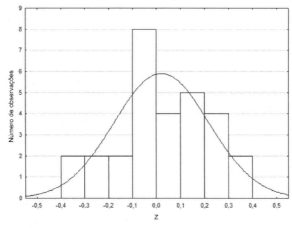

Figura 5.6 – Histograma dos valores de retorno comparado com a distribuição normal.

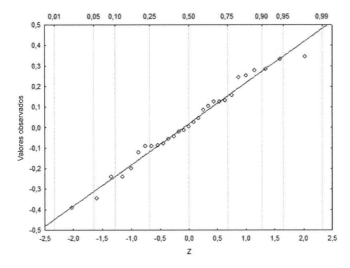

Figura 5.7 – *Q-Q plot* dos dados de retorno.

Sendo então os dados perfeitamente alinhados com a distribuição normal, existe uma boa segurança do cálculo do risco por meio do VaR. Antes do VaR, primeiro se faz necessário encontrar os valores máximo, mínimo, médio e desvio-padrão dos retornos. Os valores dessas medidas estatísticas são obtidos pelas funções do Excel apresentadas antes. Essas estatísticas de retornos são:

E	F
Mínimo (retorno)=	−39,13%
Máximo (retorno)=	34,66%
Média (retorno)=	1,78%
Desvio (retorno)=	19,25%

Conforme apresentado antes na Figura 5.2, o VaR necessita do valor da variável Z padronizada. Com o valor dessa variável Z, tem-se a abscissa do ponto cuja área à esquerda é α%, que indica a probabilidade de valor extremo. A fórmula para o valor em risco (VaR) é:

$$VaR(\alpha) = M\acute{e}dia + desvio \times Z(\alpha)$$

Como, então, encontrar o valor de Z(α)? Para calcular Z(α), basta usar a função do Excel que retorna o valor da abscissa da normal para a probabilidade α. Utilizando a função **Inv.NormP.N(probabilidade)**, tem-se automaticamente o valor de Z. Assim, para encontrar o valor de Z(1%), utiliza-se essa função do Excel:

f_x =INV.NORMP.N(0,01)

em que o valor 0,01 dentro dos parênteses indica que se deseja saber o valor da variável padronizada Z da normal, cuja área à esquerda seja de 1% (0,01). Nesse caso, esse valor é −2,32. Os outros valores para 5% e 10% seguem da mesma maneira, colocando a porcentagem de área à esquerda. Para 5%, o valor de Z é –1,64, e para 10% o valor é –1,28.

Z(1%)	–2,32635
Z(5%)	–1,64485
Z(10%)	–1,28155

De posse de Z, para cada linha desses valores, pode-se encontrar o correspondente valor em risco ou VaR. Assim, os respectivos VaR são:

E	F	G
Mínimo (retorno)=	–39,13%	
Máximo (retorno)=	34,66%	
Média (retorno)=	1,78%	
Desvio (retorno)=	19,25%	
		VAR
Z(1%)	–2,32634	**-43,01%**
Z(5%)	–1,64485	**-29,89%**
Z(10%)	–1,28155	**-22,89%**

ou seja, os cálculos são realizados da seguinte forma:

$$Var(1\%) = 0{,}0178 - 2{,}3263 \times 0{,}1925 = -0{,}4301 \; (-43{,}01\%)$$

A interpretação do VaR é importante como forma de estabelecer o risco do investimento. Para o VaR(1%), interpreta-se que existe uma probabilidade de 1% de ocorrer uma perda de 43% em certo dia nesse investimento. Essa seria a perda extrema, o evento mais extremo e menos esperado. Valores ainda piores que esse teriam probabilidades menores que 1%. O VaR(5%) indica que existe uma probabilidade de 5% de perdas maiores que 29,89%, e o VaR(10%) apresenta uma probabilidade de 10% de perdas mais severas que 22,89%. Esses retornos são vistos como perdas, pois estão à esquerda do retorno médio esperado e, portanto, com sinal negativo.

Mas quanto isso significa em moeda, ou seja, em reais? Qual o valor mínimo que esses preços podem atingir? Para ter um valor monetário, o VaR deve ser multiplicado pelo preço do último dia observado, visto que depende do horizonte de tempo de previsão, que no caso é de um dia. Assim, multiplica-se o VaR pelo último preço do investimento para se obter o caso mais extremo.

$$VaR(\alpha) = (Média + desvio \times Z(\alpha)) \times Preço\_último$$

Para bancos, a avaliação das perdas é diária e, nesse caso, o VaR segue como previsão de perdas severas para o horizonte de um dia à frente (MARSHALL, 2002).

Se o VaR for aplicado sobre o último dia do banco de dados, que é de R$ 9,96, a perda máxima esperada para o dia seguinte seria de R$ 4,28. Significa que, para esse último dia, espera-se que com 1% de chance a perda esperada faça o preço do ativo chegar ao valor de R$ 9,96 – R$ 4,28 = R$ 5,68 no dia seguinte. Com 5% de probabilidade, espera-se que o preço do ativo seja R$ 9,96 – R$ 2,98 = R$ 6,98. E, com 10% de chances, espera-se um preço para o dia seguinte de R$ 9,96 – R$ 2,28 = R$ 7,68.

E	F	G	H	I
Mínimo (retorno)=	−39,13%		último dia =	R$ 9,96
Máximo (retorno)=	34,66%			
Média (retorno)=	1,78%			
Desvio (retorno)=	19,25%			
		VAR		Var(R$)
Z(1%)	−2,32634	−43,01%		−4,28
Z(5%)	−1,64485	−29,89%		−2,98
Z(10%)	−1,28155	−22,89%		−2,28

No caso de bancos, o Comitê da Basileia definiu a probabilidade de risco de 1% para períodos de amostragem de dez dias, em que ao final o resultado do VaR é multiplicado por três, como uma exigência mínima de capital para o cumprimento da regulamentação.

5.3 O VALOR EM RISCO NO MERCADO DE AÇÕES

O VaR é amplamente usado por fundos de investimentos para análise de risco de suas carteiras. Melhor que o desvio-padrão ou variância, a vantagem do VaR é em um único índice incorporar vários ativos que compõem sua carteira. Sua maneira mais correta de uso não é para apenas uma ação ou um único índice, mas sim um conjunto de ativos. Isso pode diminuir os riscos de sobrevalorização do VaR e assumir riscos menores do que realmente são. Como exercício de aplicação do VaR com dados reais do mercado financeiro, pode-se tomar dados e estimar os riscos a que todos os investidores estão sujeitos todos os dias.

O gráfico da Figura 5.8 apresenta os valores de fechamento diário do Ibovespa no ano de 2007. Pode-se observar que esse ano foi bom para investimentos, com o índice iniciando o ano por volta de 45 mil pontos e terminando, em dezembro, em 65 mil pontos. Que risco um investidor estaria correndo naquele ano?

Figura 5.8 – Ibovespa diário em 2007.

Seguindo o que foi comentado na seção anterior, são calculados os retornos diários do Ibovespa. O VaR desses retornos ao nível de 1% mostra qual a probabilidade de certo dia o Ibovespa perder $x\%$, em que x é calculado pelo VaR do Ibovespa. Alguns dados estatísticos do Ibovespa em 2007 podem ser observados a seguir.

E	F
Mínimo (retorno)=	–6,63%
Máximo (retorno)=	4,95%
Média (retorno)=	0,16%
Desvio (retorno)=	1,72%

Naquele ano, o menor valor de retorno foi uma queda de 6,63% e um retorno máximo de 4,95%. A Figura 5.9 apresenta o gráfico "nervoso" dos retornos diários. Pode-se observar que as oscilações se tornam mais frequentes depois de outubro. Nesse mês, especulações internacionais sobre a situação de alguns bancos norte-americanos já circulavam no mercado. O nome do Lehman Brothers começou a despontar como um banco que estava apresentando problema. No final de novembro e começo de dezembro, o índice Hang Seng da China começou a ter baixas seguidas, preocupando o resto do mundo.

O valor em risco

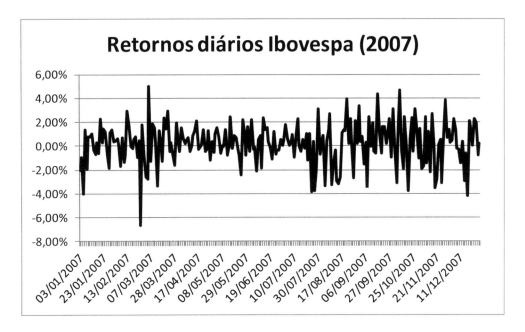

Figura 5.9 – Retornos do Ibovespa diário em 2007.

O cálculo do VaR para o Ibovespa, no entanto, não apresentava grandes chances de perdas excessivas. Na amostra da planilha a seguir, é possível ver que a perda máxima do Ibovespa esperada para um dia era algo em torno de 3,85%, com 1% de probabilidade de ocorrer, ou seja, nada severo para o mercado financeiro. Em termos de pontuação, existia na época uma probabilidade de 1% para uma queda de 2.459 pontos.

E	F	G	H	I	J
Mínimo (retorno)=	-6,63%			último	63886
Máximo (retorno)=	4,95%				
Média (retorno)=	0,16%				
Desvio (retorno)=	1,72%				
		VAR			VAR (monetário)
Z(1%)	-2,32635	-3,85%			-2459
Z(5%)	-1,64485	-2,67%			-1709
Z(10%)	-1,28155	-2,05%			-1309

Considerando 238 dias de negócios no ano de 2007, perdas excessivas em 1% dos dias equivalem a 2,38 dias, isto é, era esperado que perdas maiores que 3,85% ocorressem no máximo em dois dias. Naquele ano de 2007, perdas excessivas superiores ao VaR ocorreram em quatro dias. Apesar de um erro de 100%, ainda assim não parecia tão absurdo.

Porém, o cenário mudou em 2008, culminando com a maior crise financeira desde o ano de 1929. A Figura 5.10 apresenta as pontuações do Ibovespa para o ano de 2008, em que se pode perceber a queda de 73 mil pontos para 29 mil pontos, ocorrida principalmente no segundo semestre.

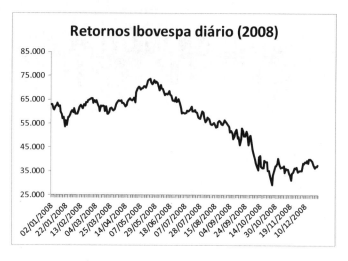

Figura 5.10 – Ibovespa diário em 2008.

O gráfico da Figura 5.11 apresenta os retornos diários do Ibovespa, revelando um cenário caótico do índice no final do ano, com oscilações entre –10% e +10%. Naqueles dias, o mercado financeiro abria em alta com esperança de ganhos rápidos e fortes, mas ao longo do dia o Ibovespa perdia espaço e entrava no terreno negativo com notícias ruins sobre mercado sendo comentadas em toda a imprensa. Com quebra de bancos, devolução de casas hipotecadas e falência de grandes empresas norte-americanas, rapidamente os investidor mundial percebeu que a contaminação do mercado aumentava dia após dia.

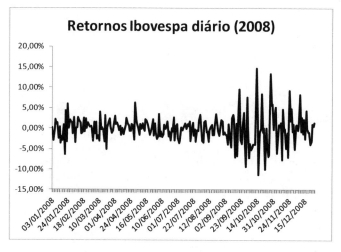

Figura 5.11 – Ibovespa diário em 2008.

O valor em risco   **119**

Apesar de as estatísticas para todo o ano de 2008 do Ibovespa terem aumentado, como mostrado a seguir, quando se calcula o VaR até setembro, os valores nem de perto ficaram próximos da realidade observada diariamente. A maior queda para um dia em todo o ano de 2008 foi de 11,39% e sua máxima, de 14,66%.

Mínimo (retorno)=	-11,39%
Máximo (retorno)=	14,66%
Média (retorno)=	-0,15%
Desvio (retorno)=	3,28%

Figura 5.12 – Estatística para todo o ano de 2008.

Calculou-se, então, a título de exemplo, o VaR até setembro para simular a percepção do mercado para o risco iminente em outubro de 2008. Até 1º de setembro de 2008, a maior queda do Ibovespa havia sido de 6,6% e sua maior alta, de 6,63%. O Ibovespa em setembro já havia atingido o patamar de 55.162 pontos, mas o mercado mantinha esperança de que o pior já havia passado. Em cima deste último valor de setembro de 2008, calculou-se o VaR do Ibovespa. Como pode ser visto na planilha Excel da Figura 5.13, a previsão para 1º setembro de 2008 era de probabilidade de 1% para uma perda máxima de 4,69% em um dia qualquer. Em termos de pontuação, o VaR indicava que existia uma chance de 1% de uma queda de 2.590 pontos em um dia qualquer.

E	F	G	H	I	J	K
Mínimo (retorno)=	-6,60%			último	55162	
Máximo (retorno)=	6,33%					
Média (retorno)=	-0,06%					
Desvio (retorno)=	1,99%					
		VAR			VAR (monetário)	
Z(1%)	-2,32635	-4,69%			-2590	
Z(5%)	-1,64485	-3,34%			-1841	
Z(10%)	-1,28155	-2,61%			-1441	

Figura 5.13 – VaR até 1º de setembro de 2008.

Entretanto, as quedas foram bem superiores aos 4,69%, chegando ao máximo de perdas de 11,39% em um único dia. Em 166 dias de negócios na Bovespa, isso significava que eram esperadas perdas máximas de 4% em apenas 1,6 dia (1% de 166 dias). No entanto, naquele ano de 2008, a perda máxima de 4,69% calculada pelo VaR foi superada em quinze dias no ano todo, ou seja, as quedas foram quinze vezes superiores ao previsto pelo VaR.

O que ocorreu então? Observando o *Q-Q plot* dos dados do início do ano de 2008 até 1º de setembro, vemos que o problema de cauda gorda explicado na seção anterior acabou subvalorizando o valor do VaR até setembro. A cauda gorda da Figura 5.14 prova que a distribuição daquele período não é normal e, portanto, o cálculo da VaR paramétrico não tem valor, pois subestima os verdadeiros riscos. Enquanto a distribuição normal prevê na cauda esquerda o valor teórico de 5% de queda em setembro, o valor real observado já chegava a quase 7%. Isso significa que, já em setembro, o VaR estava estimando errado as perdas máximas do Ibovespa.

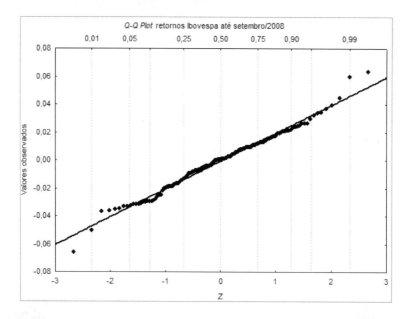

Figura 5.14 – *Q-Q plot* dos retornos do Ibovespa até setembro de 2008.

O que acontece se, em vez de um único VaR em setembro, diversos VaR fossem calculados a cada período e verificados seus acertos e erros? Se for cumprida a resolução da Basileia para os bancos, o erro poderá ser percebido antes? Uma análise pode ser realizada usando o esquema de janelas de tempo. São utilizados dez dias para o cálculo de VaR na janela de cálculo e faz-se a previsão para o dia seguinte utilizando o último valor do período amostrado. O esquema pode ser observado na Figura 5.15.

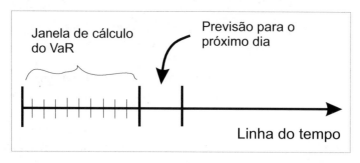

Figura 5.15 – Esquema para a estratégia de cálculo do VaR diário.

Os resultados para o VaR(1%) do Ibovespa são apresentados, mês a mês, para o ano de 2008, nas figuras a seguir.

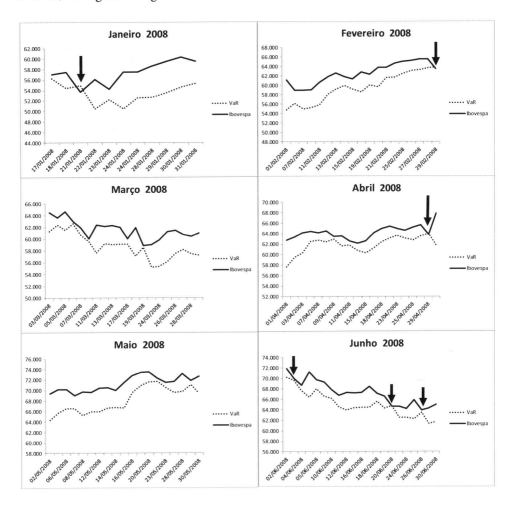

Figura 5.16 – VaR diário, mês a mês, com janela de cálculo de dez dias (janeiro-junho).

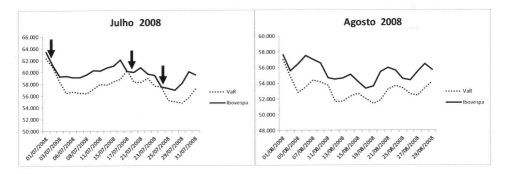

Figura 5.17 – VaR diário, mês a mês, com janela de cálculo de dez dias (julho-dezembro) *(continua)*.

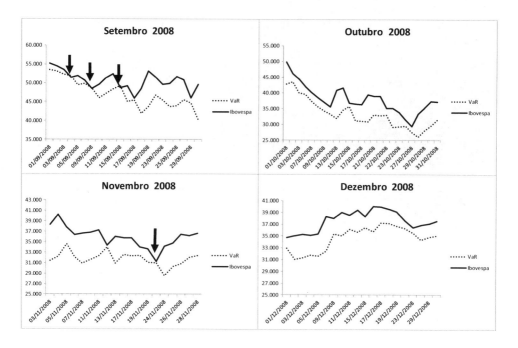

Figura 5.17 – VaR diário, mês a mês, com janela de cálculo de dez dias (julho-dezembro) *(continuação)*.

Pode-se observar na linha tracejada dos resultados o limite de perdas calculado pelo VaR(1%). A cada novo dia, dez dias anteriores são usados para o cálculo do VaR para o dia seguinte do Ibovespa. Verifica-se uma boa melhora nos resultados em comparação ao período todo apresentado nos cálculos da Figura 5.13. Mesmo assim, de janeiro a junho de 2008, o limite de 1% de risco foi ultrapassado seis vezes. Era de se esperar, no máximo, o estouro do limite em apenas dois dias. De julho a dezembro de 2008 o limite foi testado sete vezes, considerando que nos meses de julho e setembro, em três ocasiões, o limite foi ultrapassado. Nesses meses ocorreram a falência do Lehman Brothers e a ameaça de falência de grandes empresas norte-americanas, como AIG, GM, Fannie Mae e Freddie Mac.

A utilização de outras formas de cálculo do VaR, como as do grupo conhecido como não paramétrico, pode refletir um pouco melhor a realidade, e os limites podem ser mais difíceis de serem testados. No entanto, mesmo usando a simulação histórica e o método de Monte Carlo, como ambos se baseiam nos valores passados, os resultados seriam os mesmos erros vistos antes. Se, em vez de adotar a hipótese da distribuição normal, fossem utilizados os valores advindos do histograma do passado, como não existia crise nem variações muito severas (Figura 5.9) dos retornos de 2007, não haveria como prever as mudanças severas e rápidas ocorridas no segundo semestre de 2008.

Pode-se utilizar a inversa da distribuição normal para comparar, em termos de dias, a diferença prevista pelo VaR e o resultado real para uma perda excessiva. Em 2008, ocorreram no Brasil 251 dias de negócios. Para o VaR(1%), esperava-se uma

O valor em risco 123

queda excessiva em 1% dos dias, o que corresponderia a três dias (2,51 dias). O ano de 2008 teve quinze dias em que as quedas foram superiores à previsão do VaR(1%).

Na Figura 5.12, é possivel verificar que em 2008 a queda máxima foi de 11,39%. Se a distribuição dos retornos fosse perfeitamente normal, qual seria a probabilidade de essa queda ocorrer? A função do Microsoft Excel 2010 **Inv.Norm.N(probabilidade, média, desvio)** ajuda a calcular diretamente a probabilidade de obter um VaR de 11,39%, isto é, o valor de *x* sendo VaR(*x*) = –11,39%. O VaR(1%) mostra uma queda máxima de –4,69%. Para um VaR(0,1%), pode-se usar a função do Excel da seguinte maneira:

E	F	G	H
Mínimo (retorno)=	-11,39%		
Máximo (retorno)=	14,66%		
Média (retorno)=	-0,15%		
Desvio (retorno)=	3,28%		=INV.NORM.N(0,001;F3;F4)

Figura 5.18 – VaR de 0,1% para o ano de 2008.

O resultado obtido da função do Microsoft Excel 2010 na Figura 5.18 aponta que o VaR(0,1%) é igual a –10,27%. Como a perda máxima em 2008 foi de 11,39%, basta ir baixando o valor da probabilidade na função **Inv.Norm.N( )** até chegar ao mais próximo da perda máxima. A probabilidade encontrada para se ter uma queda de 11,39% é de 0,0003, como apresentado na fórmula do Excel.

fx =INV.NORM.N(0,0003;F3;F4)

Assim, se a distribuição dos retornos em 2008 fosse normal, a probabilidade da ocorrência da queda máxima de 11,39% era de 0,03%. Isso significa que VaR(0,03%) = –11,39%. Em termos de dias de negócios, essa queda é esperada em:

$$0,0003 \times 251 \; dias = 0,0753 \; dias$$

Logo, usando uma regra de três simples:

Se em cem dias há |--------------------------| *0,0753 dias de queda*

Vai demorar X dias até ocorrer |--------------------| *primeiro dia de queda* = 1

Então,

$$X = \frac{100 \times 1}{0,0753} = 1.328 \; dias$$

Em outras palavras, se os retornos em 2008 fossem distribuídos normalmente, era de se esperar uma queda de 11,39% a cada 1.328 dias. Em termos de anos, uma queda de 11,39% é esperada uma vez a cada cinco anos. No entanto, quedas desse patamar ocorreram mais de uma vez em um mesmo mês de 2008. Se esses cálculos forem realizados com a média e o desvio-padrão de 2007, a função do Excel precisa de uma probabilidade muito mais baixa para obter a previsão de queda de 11,39%.

`fx =INV.NORM.N(0,00000000001;F3;F4)`

Nesse caso, com média de retorno de 0,16% e desvio-padrão de 1,72% em 2007, a probabilidade de uma queda de 11,39%, caso a distribuição fosse normal, seria de 10^{-11}. Em termos de dias, tem-se:

$$X = \frac{100}{10^{-11}} = 10^{13}\, dias$$

Desse modo, em 2007, a probabilidade de haver uma queda de 11,39% usando os dados de retorno era de uma a cada 40 bilhões de anos! Entretanto, ela ocorreu no ano seguinte, pois a distribuição dos retornos não é normal.

CAPÍTULO 6
O RISCO EM FREQUÊNCIAS

6.1 INTRODUÇÃO

Funções matemáticas são utilizadas para avaliar respostas de sistemas quando alguns tipos de entradas são inseridos de forma determinística ou aleatória. A forma de apresentação de uma função matemática é costumeiramente do tipo $y = f(x)$, indicando que, para uma variável x, a resposta é dada pela lei que rege um sistema, traduzida por uma fórmula matemática indicada pela letra f.

Uma expressão como:

$$a_1 + a_2 + \cdots + a_n + \cdots$$

em que os números a_1, a_2, ..., a_n formam uma sucessão infinita se chama série numérica. Essas séries podem gerar outras séries por meio de somas parciais das parcelas ou da subtração de parcelas de uma série com outras parcelas de outras séries, criando sempre novas séries que podem ser convergentes ou divergentes.

Se algumas séries são convergentes, ou seja, se a soma de infinitas parcelas produz um resultado finito, um resultado numérico que converge para um valor cada vez mais acurado, recebem atenções especiais na matemática. Como exemplo de algumas séries numéricas convergentes, podemos destacar:

- $1 + \frac{1}{1!} + \frac{1}{2!} + \frac{1}{3!} + \cdots \frac{1}{n!} + \cdots = e$
- $1 + \frac{1}{2} + \frac{1}{4} + \frac{1}{8} + \cdots + \frac{1}{2^n} + \cdots = 2$
- $1 + \frac{1}{2^2} + \frac{1}{3^2} + \frac{1}{4^2} + \cdots + \frac{1}{n^2} + \cdots = \frac{\pi^2}{6}$

Partindo-se de funções $f(x)$, também é possível chegar a séries numéricas, que expressam, por meio de suas aproximações, características e informações da função original. No cálculo diferencial e integral, utilizando-se expansão em série de Taylor, é possível aproximar uma função por uma soma finita e obter resultados numéricos pelo truncamento dos termos dentro de um erro previamente especificado. Como exemplo, podemos ter algumas séries numéricas que representam funções exponenciais, funções trigonométricas, funções polinomiais, entre tantas outras. A título de exemplo, as seguintes funções podem ser representadas pelas séries:

- $e^x = 1 + \frac{x}{1!} + \frac{x^2}{2!} + \frac{x^3}{3!} + \cdots + \frac{x^n}{n!} + \cdots$
- $\ln(x) = \left[2 \frac{x-1}{x+1} + \frac{(x-1)^3}{3(x+1)^3} + \frac{(x-1)^5}{5(x+1)^5} + \cdots + \frac{(x-1)^{2n+1}}{(2n+1)(x+1)^{2n+1}} + \cdots \right]$
- $sen(x) = x - \frac{x^3}{3!} + \frac{x^5}{5!} - \cdots + (-1)^n \frac{x^{2n\pm1}}{(2n+1)!} \pm \cdots$
- $cos(x) = x - \frac{x^2}{2!} + \frac{x^4}{4!} - \frac{x^6}{6!} + \cdots + (-1)^n \frac{x^{2n}}{(2n)!} \pm \cdots$

As funções trigonométricas são bastante comuns em problemas matemáticos, sendo as mais simples relacionadas ao triângulo retângulo.

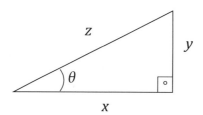

Figura 6.1 – Triângulo retângulo.

As relações trigonométricas para o triângulo da Figura 6.1, por exemplo, são ensinadas de longa data aos estudantes, tendo como funções seno, cosseno e tangente estas fórmulas:

$$sen(\theta) = \frac{y}{z} \quad cos(\theta) = \frac{x}{z} \quad tg(\theta) = \frac{y}{x}$$

Assim, séries e suas diversas variações de composições são utilizadas em vários aspectos para resolver problemas, transformar bases, modificar espaços ou apenas representar uma função complicada de uma maneira mais simples na resolução de algum tipo de equação.

Outros tipos de séries recebem nomes especiais na matemática, como as séries de Fourier, que extraem informações aproximando funções periódicas e apresentando informações sobre seus harmônicos. Essas séries são trigonométricas, formadas por somas de funções senos e cossenos, cujas amplitudes podem ser determinadas para certos sinais de entrada com variável *x*. A forma padrão de uma série de Fourier é:

$$f(x) = a_0 + a_1 cos(x) + a_2 cos(2x) + a_3 cos(3x) + \cdots b_1 sen(x) + b_2 sen(2x) + \cdots \quad (6.1)$$

Nessa forma, a função *f(x)* tem um incrível poder de representação de sinais que apresentam algum tipo de repetição periódica. Uma série de Fourier pode representar uma onda com forma de geração desconhecida, apenas pelo aumento nos termos da soma de senos e cossenos. Quanto mais termos forem adicionados, melhor a representação do sinal de entrada e melhor seu poder de previsão (HOWELL, 2001; SHIAVI, 2007; BEERENDS et al., 2003; JAMES, 2011).

Cada ciclo de repetição usa a nomenclatura "harmônico" para um caso especial em que é possível representar sinais com periodicidade. Assim, um sinal que tenha apenas uma repetição dentro de um intervalo de observação é dito sinal com um harmônico. Se, dentro do mesmo intervalo, dois ciclos aparecem, o sinal é denominado segundo harmônico; se três ciclos aparecem, são chamados de terceiro harmônico, e assim sucessivamente, conforme pode ser visto na figura.

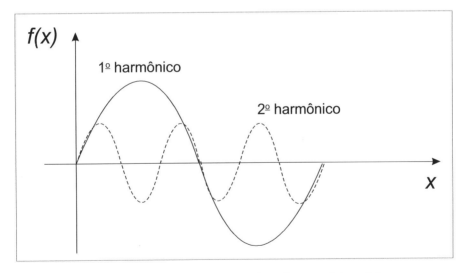

Figura 6.2 – Série harmônica com o 1º harmônico e o 2º harmônico.

As séries de Fourier tornam-se especiais, pois, dependendo do número de harmônicos, uma boa representação de um sinal com função desconhecida pode ser obtida. Sendo obtida uma representação, essa função pode ser bastante útil para previsões de acontecimentos futuros com os eventos relacionados com o sinal amostrado.

No século XVIII, Daniel Bernoulli reconheceu que funções de séries trigonométricas podiam aproximar outras funções apenas com a composição correta dos harmônicos. Porém, foi Jean Baptiste Joseph Fourier que, no século XIX, demonstrou o verdadeiro poder dessa técnica resolvendo diversos problemas práticos. No início, Fourier recebeu várias críticas, até mesmo do maior matemático da época: Lagrange.

Entretanto, diante da resolução de problemas práticos do cotidiano e de problemas que envolviam materiais bélicos, ele chamou a atenção de Napoleão, que o colocou como governador do Egito (BOYER, 1974).

Assim, o problema da série de Fourier, representada pela Equação (6.1), é como encontrar os coeficientes adequados de a_0, a_1, a_2, ..., b_1, b_2, b_3, ...? A resposta está na transformada rápida de Fourier (*fast Fourier transform*, FFT).

6.2 A TRANSFORMADA DE FOURIER

Para encontrar os termos da série de Fourier (6.1), faz-se uso da técnica conhecida como transformada rápida de Fourier (FFT), ou simplesmente transformada de Fourier. A FFT não apenas determina os coeficientes a_0, a_1, a_2, ..., b_1, b_2, b_3, ... como também estabelece algo ainda mais importante: a frequência e o período em que o sinal amostrado se repete.

Por exemplo, a onda original da Figura 6.3 é, na realidade, uma soma de ondas com variações em frequência. Um ciclo de repetição medido por unidade de tempo em segundos (ciclos/seg) é representado pela unidade de hertz ou Hz. Apesar de parecer aleatória no primeiro gráfico do topo da Figura 6.3, a onda é uma decomposição de outras ondas com frequências 0,1 Hz, 0,5 Hz, 1 Hz e 2 Hz. Ou seja, somando-se as ondas mais lentas e mais rápidas 1, 2, 3 e 4, formamos a onda original do topo da figura.

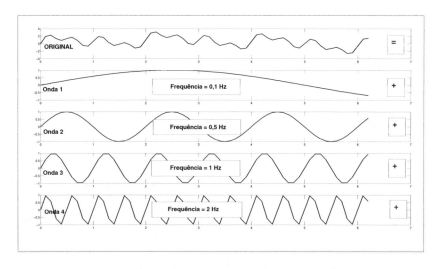

Figura 6.3 – Decomposição da onda original em ondas com frequências diferentes.

É possível utilizar a FFT no Microsoft Excel para identificar os coeficientes dos harmônicos da Equação (6.1). Antes, porém, a planilha do Excel precisa ser preparada de modo adequado para que a FFT seja inserida em uma coluna. Alguns passos importantes e necessários são descritos a seguir (CAETANO, 2011).

- Passo 1

Fazer a aquisição de N pontos de $x(t)$ e colocar na coluna B, com o tempo de amostragem (t) na coluna A.

	A	B
1	tempo	x(t)
2		
3		
4		
5		
6	0	1
7	0,1	0,309017
8	0,2	-0,80902
9	0,3	-0,80902
10	0,4	0,309017

No caso do exemplo anterior, utilizou-se a série $x(t) = \cos(2\pi f t)$ com o valor da frequência $f = 2$ Hz (ciclos/s), isto é, a série colocada na coluna B do Excel é $x(t) = \cos(4\pi t)$.

- Passo 2

Deve-se, então, descobrir o incremento da frequência em ciclos usando $\Delta f_k = \dfrac{1}{Nt}$, em que N deve ser o valor mais próximo de 2^N e t_k na forma definida antes.

- Passo 3

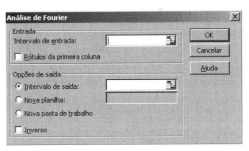

É preciso usar a ferramenta do Excel para fazer a FFT da coluna B. Depois, deve-se colocar o resultado na coluna C. A ferramenta está no caminho nas abas acima do Excel em **Dados → Análise de dados → Análise de Fourier**. A tela de uso é mostrada ao lado.

A entrada é a coluna em que está $x(t)$ e a saída é uma coluna qualquer. No caso do exemplo, a entrada é a coluna B e a saída, a coluna C.

	A	B	C
1	tempo	x(t)	FFT
2			
3			
4			
5			
6	0	1	-0,309016994374918
7	0,1	0,309017	-0,313610094809409+4,93524943245246E-002i
8	0,2	-0,80902	-0,327738028857723+0,10033526431566i
9	0,3	-0,80902	-0,352514294673256+0,154788202533349i
10	0,4	0,309017	-0,390045662883922+0,215029971658421i

Com o resultado, pode-se observar que os coeficientes da transformada aparecem com números complexos na forma $y = a + bi$. Nesse caso, a letra i significa um número imaginário. Para descobrir a magnitude dos coeficientes, é preciso tomar o módulo do número complexo obtido por $\|y\| = \sqrt{a^2 + b^2}$.

- Passo 4

Para obter o módulo, deve-se usar a função **IMABS( )** do Excel. Essa função está na aba **Inserir função → Engenharia**, como mostrado na tela ao lado.

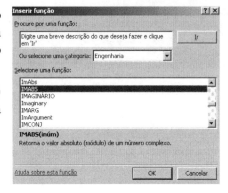

Para o exemplo, o resultado de **IMABS( )** deve ser colocado na coluna D, mostrando a magnitude dos coeficientes.

	A	B	C	D
1	tempo	x(t)	FFT	Modulo
2				sendo y=a+bi
3				raizq(a^2+b^2)
4				
5				
6	0	1	-0,309016994374918	0,309016994
7	0,1	0,309017	-0,313610094809409+4,93524943245246E-002i	0,317469621
8	0,2	-0,80902	-0,327738028857723+0,10033526431566i	0,342752653
9	0,3	-0,80902	-0,352514294673256+0,154788202533349i	0,385000929
10	0,4	0,309017	-0,390045662883922+0,215029971658421i	0,44539141

- Passo 5

Para preparar o eixo x do gráfico da FFT, deve-se descobrir as frequências em ciclos/s. Para criar tal eixo, utiliza-se a regra:

$$f_1 = f_0 + \frac{1}{N.t_0}$$

$$f_2 = f_1 + \frac{1}{N.t_1}$$

$$f_3 = f_2 + \frac{1}{N.t_2}$$

...

em que t_0, t_1, t_2... etc. são os tempos de amostragem de $x(t)$ que estão na coluna A. Para o exemplo, pode-se reparar que os tempos são 0,1; 0,2; 0,3 etc., ou seja, um intervalo de

O risco em frequências   131

0,1 segundo. Cada frequência f_0, f_1, f_2 etc. deve ser colocada na coluna E e vai ser o eixo x do gráfico FFT, como indica a célula a seguir:

f_x =E6+1/(64*(A8-A7))

- Passo 6

Agora, é preciso achar as frequências angulares usando $\omega = 2\pi f$, sendo f calculada no passo anterior. Depois, coloca-se o resultado na coluna F.

| 0,00 | 0,00 |
| 0,16 | =2*PI()*E7 |

- Passo 7

É bastante importante encontrar o período de repetição dos eventos. O período com maior magnitude de FFT é o dominante do evento. Obtém-se o período com $T = 1 / f$; f está na coluna E já calculada.

94	0,00	0,00	0,00
21	0,16	0,98	=1/E7
53	0,31	1,96	3,20

Como resultado, obtêm-se os seguintes gráficos nas Figuras 6.4 e 6.5. O gráfico de $x(t)$ é construído pela coluna A e pela coluna B.

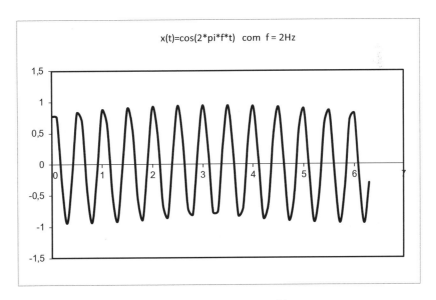

Figura 6.4 – Sinal original $x(t)$.

Sendo a série $x(t) = \cos(2\pi.2.t)$, sabe-se que $f = 2$ e que o gráfico de FFT deve dar um valor mais frequente e expressivo para essa frequência. Esse gráfico é feito colocando--se no eixo horizontal as frequências da coluna E, com a magnitude da coluna D no eixo vertical (Figura 6.5).

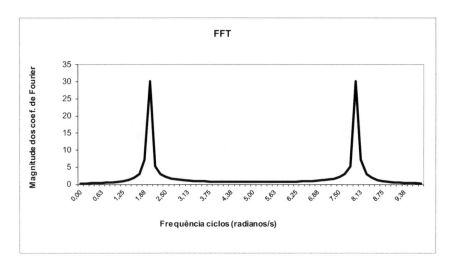

Figura 6.5 – FFT em Hz do sinal $x(t)$.

Pode-se reparar na figura que existe um pico exatamente no valor 2 na coluna da frequência em ciclos. Se não fosse conhecido que a frequência seria $f = 2$, pelo gráfico teríamos condições de saber que esse fenômeno se repete com essa frequência. A frequência angular aparece no gráfico da mesma forma, mas com o eixo em radianos e não mais em rad/s (Figura 6.6).

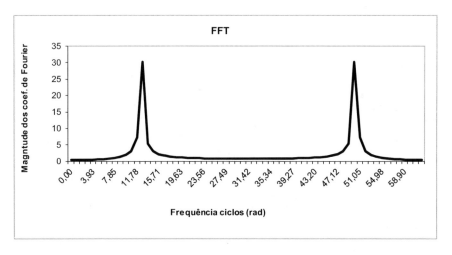

Figura 6.6 – FFT em radianos do sinal $x(t)$.

Nesse caso, o valor de pico no eixo é de $\omega = 2.\pi.2 = 4\pi \approx 12{,}56$. Por fim, para encontrar o período que domina a repetição do evento, o gráfico mostra o mesmo pico, mas agora aparecendo no eixo x como $T = \frac{1}{f} = \frac{1}{2} = 0{,}5$ segundo. Ou seja, uma frequência de 2 ciclos/s significa que esse fenômeno se repete a cada 0,5 segundo. Se o ciclo fosse amostrado em minutos, a resposta para o período seria em minutos.

O risco em frequências

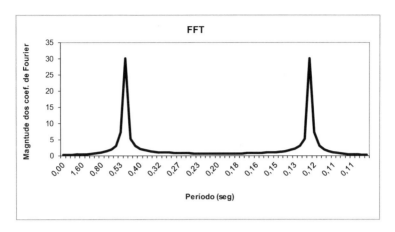

Figura 6.7 – Período de repetição do sinal x(t).

Outra função importante para a FFT é a filtragem de ruídos que podem estar presentes no sinal observado $x(t)$. Utilizando a função **SE( )** do Excel, pode-se escolher alguns coeficientes particulares de forma que filtrem fortes oscilações de $x(t)$. A Figura 6.8 apresenta dois tipos de gráficos: o sinal original $x(t)$ acrescido de ruído para perturbar os valores originais (linha tracejada) e um sinal filtrado de $x(t)$ (linha contínua). O sinal $x(t)$ com ruído pode ser simulado numericamente com a função **ALEATÓRIO( )** do Excel na forma:

$$=COS(2*PI()*2*A6)+(-1+2*ALEATÓRIO())$$

Por exemplo, pode-se fazer um corte na magnitude das frequências geradas pela FFT, zerando todos os valores abaixo de 10 na Figura 6.6, após a transformada do sinal com ruído de $x(t)$. Criando-se uma coluna de cálculo H com a fórmula **SE( )**, pode-se instruir o Excel a colocar zero em H para todos os valores abaixo de 10 e valor 1 na coluna, em caso contrário.

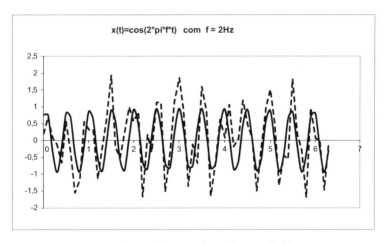

Figura 6.8 – Filtragem do sinal original x(t).

A coluna H vai ser composta apenas de 0 e 1, conforme mostrado na Figura 6.9 com a utilização da função **SE( )**. Pode-se observar que apenas a linha com a magnitude do sinal igual a 30 passou pela função **SE( )**. As demais células possuem número zero, pois os valores da magnitude na coluna D estão abaixo de 10.

H19 | f_x =SE(D19>10;1;0)

	D	E	F	G	H	I
1	*Módulo*	*Freq. ciclos (seg)*	*Freq. angular*	*Periodo (seg)*	*Filtro*	
2	sendo y=a+bi					
3	raizq(a^2+b^2)	f(i) = f(i-1) + 1/(T*deltat)	w(i)=2*Pi*f	T=1/f		
4		onde T=N pts amostrados				
5		proximos de 2^N				
6	0,309016994	0,00	0,00	0,00	0	0
7	0,317469621	0,16	0,98	6,40	0	0
8	0,342752653	0,31	1,96	3,20	0	0
9	0,385000929	0,47	2,95	2,13	0	0
10	0,44539141	0,63	3,93	1,60	0	0
11	0,527137394	0,78	4,91	1,28	0	0
12	0,63681074	0,94	5,89	1,07	0	0
13	0,786789745	1,09	6,87	0,91	0	0
14	1,000800702	1,25	7,85	0,80	0	0
15	1,328378104	1,41	8,84	0,71	0	0
16	1,890526407	1,56	9,82	0,64	0	0
17	3,07783051	1,72	10,80	0,58	0	0
18	7,234753364	1,88	11,78	0,53	0	0
19	30,18589807	2,03	12,76	0,49	1	24,4884870374741-17,649431865132i
20	5,240930169	2,19	13,74	0,46	0	0
21	2,974868043	2,34	14,73	0,43	0	0

Figura 6.9 – Planilha para filtragem de $x(t)$.

A coluna I é criada para a escolha dos coeficientes da FFT que passam pelo filtro. Ou seja, na coluna I há apenas os coeficientes da coluna C, cujos valores na coluna H não são nulos. Basta usar novamente a função **SE( )** do Excel, escolhendo o coeficiente de C, cujo valor é 1 na coluna H. Na linha 19 da Figura 6.9, pode-se observar o coeficiente *24,48 - 17,64 i*. Esse é o coeficiente a ser usado para recuperar o sinal de $x(t)$.

Agora que já sabemos quais coeficientes devem ser usados para a Equação (6.1), podemos obter novamente o sinal de $x(t)$, mas apenas com os harmônicos dos coeficientes não nulos. Para tanto, utilizamos novamente a função **Análise de Fourier**, mas com a caixa de diálogo **Inverso** escolhida (Figura 6.10). Isso permite recuperar o sinal de $x(t)$ já filtrado.

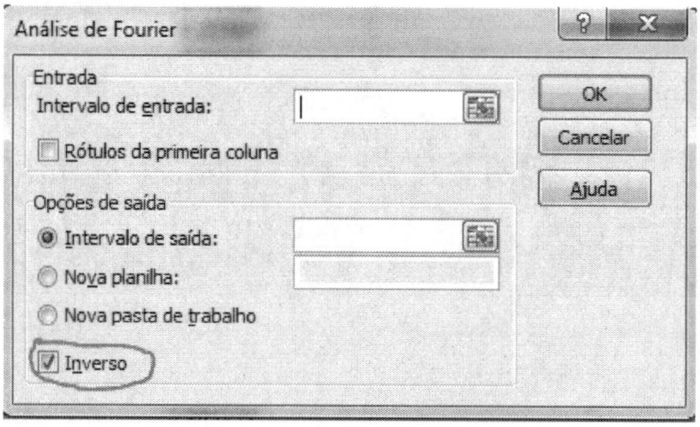

Figura 6.10 – Inversa da FFT na função Análise de Fourier do Excel.

O risco em frequências 135

Forma-se então a coluna J do Excel com esse resultado. No intervalo de entrada na caixa estão todos os elementos da coluna I (0 e coeficientes). No intervalo de saída estão todas as células da coluna J. O resultado da inversa da FFT está na coluna J da Figura 6.11, com os novos valores de $x(t)$ agora filtrados pelos coeficientes eliminados na coluna I. No caso desse filtro, a recuperação não resultou em elementos imaginários. Porém, dependendo da escolha dos coeficientes, o sinal de $x(t)$ pode apresentar valores imaginários do tipo $a + bi$. Para transformar esses valores em números reais, quando isso ocorrer, o ideal é somar a parte real de cada componente desse número imaginário. Por exemplo, pode-se criar uma coluna K com o comando nas células da seguinte forma: = **IMREAL( ) + IMAGINÁRIO( )**, em que os parênteses devem ser preenchidos com as células da coluna J.

Para a linha 6, a coluna K tem na célula o comando:

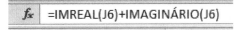

Finalmente, o gráfico da Figura 6.8 é obtido ao se colocar no eixo horizontal os valores da coluna A e, no eixo vertical, os valores da coluna J (ou de K, se tiver números imaginários). Obtêm-se, então, o sinal ruidoso original $x(t)$ e o sinal filtrado pelo corte nas frequências da transformada de Fourier, seguindo os passos anteriores.

	H	I	J
1	FILTRO		
2			
3			
4			
5			
6	0	0	0,765265219921067
7	0	0	0,749940181582043
8	0	0	-0,329872932779675
9	0	0	-0,941454297235905
10	0	0	-0,216706580866228
11	0	0	0,815641097464563
12	0	0	0,69024280633218
13	0	0	-0,414907276937861
14	0	0	-0,931125256285049
15	0	0	-0,125675512070508
16	0	0	0,858161905364696
17	0	0	0,623898015532238
18	0	0	-0,495945837207745
19	1	24,4884870374741-17,649431865132i	-0,911828970111327
20	0	0	-3,34341193923255E-002

Figura 6.11 – Sinal recuperado da inversa da FFT.

6.3 PREVISÕES COM SÉRIE DE FOURIER

O interessante da FFT é realmente encontrar os coeficientes da série (6.1) e, com isso, possibilitar projeções para o futuro. Há limitação, pois, se a série de dados reais não é periódica, a previsão fica errada. Ainda pode ocorrer de a série real mudar sua tendência e a previsão não se concretizar.

Assim, vamos imaginar que temos a série formada pela equação:

$$x(t) = cos(2t) + cos(5t) + cos(9t) \qquad (6.2)$$

Ao inserir os dados gerados pela Equação (6.2) na FFT, é preciso tomar os coeficientes e substituir na Fórmula (6.1). Então, pode-se expandir o tempo final para alguns valores futuros, a fim de prever como o sinal se comporta.

Por exemplo, pode-se gerar pontos da série (6.2) de $t = 1$ até $t = 8$, conforme apresentado na Figura 6.12. Os círculos com linha tracejada indicam os pontos reais advindos da Equação (6.2). Então, utilizando-se a FFT, tem-se os coeficientes a_0, a_1, a_2, ..., b_1, b_2, b_3, ... e pode-se gerar os resultados com a Equação (6.1). Na Figura 6.12, a linha contínua indica o resultado da Equação (6.1) da série de Fourier. Porém, em vez de parar a simulação em $t = 8$, o tempo final é expandido até $t = 11$. Percebe-se que o primeiro período de periodicidade é repetido de $t = 8$ e $t = 11$, pois a FFT identificou esse período como repetitivo.

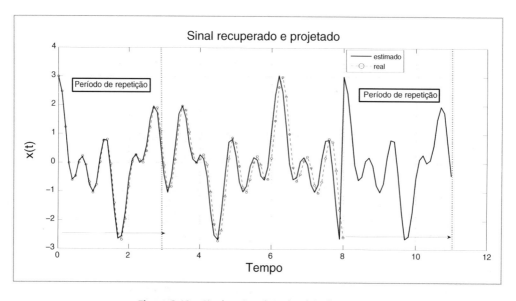

Figura 6.12 – Sinal projetado pela série de Fourier.

Esse tipo de resultado também pode ser gerado no ambiente de programação do *software* Matlab. Ele é melhor para programação do modelo de previsão que o Excel, pois as funções da FFT e da inversa da FFT estão codificadas no *software* e a projeção pode ser programada para diversos períodos diferentes com muita facilidade. As linhas a seguir indicam como a Figura 6.12 foi gerada a partir de um pequeno código no Matlab.

PROGRAMA DO MATLAB PARA FFT E GERAÇÃO DE PREVISÃO

```
%=========================================================
% GERAÇÃO DOS PONTOS
clear all
clc
delta=0.1;
FINAL=8;
t=0:delta:FINAL;
x=cos(2*t)+cos(5*t)+cos(9*t);

subplot(211)
plot(t,x,'-k','Linewidth',2)
xlabel('tempo')
ylabel('x(t)')
title('Sinal Original')
grid


%=========================================================
% FOURIER FFT
ysin=fft(x);
y=ysin;
n=length(y);
y(1)=[];

%restaura o sinal

subplot(212)

M = floor((n+1)/2);
a0 = ysin(1)/n;
an = 2*real(ysin(2:M))/n;
```

```
bn = -2*imag(ysin(2:M))/n;

tempo = 0:delta:FINAL+3;

G = 1:length(an);


yp = a0 + an*cos(2*pi*G'*tempo/FINAL) ...

 + bn*sin(2*pi*G'*tempo/FINAL);


plot(tempo,real(yp),'-k','Linewidth',2)


hold on

plot(t,x,'--ok')

xlabel('tempo')

ylabel('x(t)')

legend('estimado','real')

title('Sinal recuperado e projetado')

grid
```

Nesse código, a série é gerada por x, e os coeficientes de Fourier são a0, an e bn. Os valores projetados são gerados pela série de Fourier (6.1) identificada no código como yp. A variável tempo é gerada até o tempo final = FINAL + 3, pois se tem a projeção dos dados reais para três valores à frente. Nesse exemplo, a projeção é muito boa porque a série original é periódica e bem definida.

Pode-se testar também como seria o desempenho da série de Fourier para um sinal com componentes de ruído. Por exemplo, o sinal de $x(t)$ pode ser formado por cosseno adicionado ao ruído aleatório ω com média zero e desvio-padrão 1, ou seja:

$$x(t) = cos(2t) + \omega \quad (6.3)$$

O resultado para a série de Fourier é apresentado na Figura 6.13, em que a seta indica o período utilizado para a previsão. Pode-se perceber, conforme esperado, que o resultado está bem diferente do sinal real de $x(t)$. Porém, a componente do cosseno ainda se mantém, indicando a tendência de oscilação do ruído.

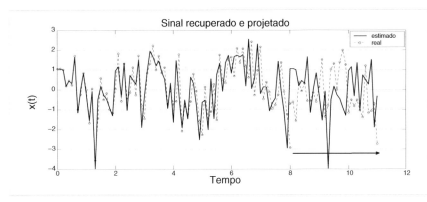

Figura 6.13 – Sinal projetado pela série de Fourier para um sinal com ruído.

Se um sinal possuir componente que indique sazonalidade ou repetição em ciclos, a FFT pode ser uma ferramenta bem interessante de previsão com identificação dos coeficientes dos harmônicos que compõem a série original. Entretanto, caso o sinal analisado não possua qualquer tipo de ciclo, a previsão de nada serve para análises sobre a periodicidade do fenômeno.

6.4 SÉRIE DE FOURIER JANELADA PARA A BOVESPA

O uso da FFT para ativos, sobretudo para ações em bolsas de valores, depende essencialmente de ciclos contidos no sinal observado. Como visto na seção anterior, caso o sinal não possua nenhum ciclo que possa ser encontrado por meio dos coeficientes dos harmônicos, a previsão pode estar sujeita a muitos erros.

A Figura 6.14 apresenta os dados coletados para o índice que representa a bolsa de valores de São Paulo, o Ibovespa. Esse índice é uma composição ponderada das ações mais negociadas na bolsa de valores. Os valores foram observados de 25 de junho de 1998 a 5 de dezembro de 2002.

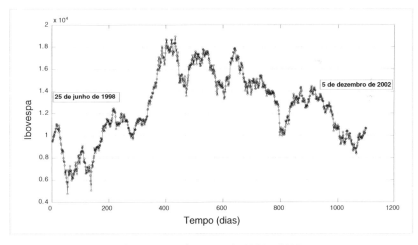

Figura 6.14 – Ibovespa de 1998 a 2002.

O primeiro passo é encontrar as frequências e observar a repetição dos padrões em determinados ciclos. A Figura 6.15 apresenta o gráfico para os diversos ciclos de repetições encontrados pela FFT. O ciclo mais dominante e mais preponderante nesses quatro anos de observações foi o de 183,5 dias. Isso corresponde a pouco mais de seis meses, implicando algum tipo de sazonalidade explicado nesse período. Por exemplo, a repetição pode ser virtude dos relatórios e balanços obrigatórios divulgados a cada trimestre, o que pode ocasionar uma repetição no padrão de especulação do índice Ibovespa.

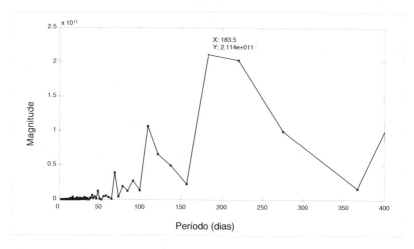

Figura 6.15 – Ibovespa: período de repetição em ciclos de dias entre 1998 e 2002.

Além de identificar o período, a FFT encontrou os coeficientes que compõem a série de Fourier. Com esses coeficientes, é possível fazer uma projeção e comparar os resultados reais do Ibovespa. A Figura 6.16 apresenta os dados do passado e cinquenta dias de projeção, comparando os resultados com os dados reais do Ibovespa. Após o dia 5 de dezembro de 2002, a projeção foi feita utilizando os coeficientes estimados pela FFT, e uma previsão foi realizada até o dia 24 de fevereiro de 2003.

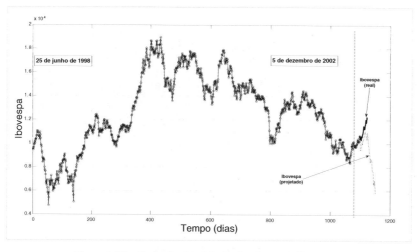

Figura 6.16 – Projeção da série de Fourier para Ibovespa.

A Figura 6.17, a seguir, mostra uma comparação entre os dados reais e a projeção com os coeficientes de Fourier. Pode-se observar que a série de Fourier projetou um ganho para o Ibovespa até o dia 14 de janeiro de 2003, mas indicou um risco de mudança de tendência após esse dia. Os valores reais e estimados não são idênticos, entretanto, o padrão de altas para o Ibovespa segue próximo ao padrão estimado.

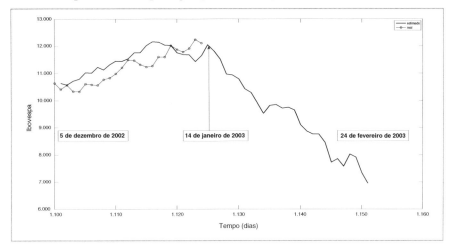

Figura 6.17 – Comparação dos primeiros dias de projeção com dados reais do Ibovespa.

A partir disso, pode-se perguntar se existia um risco de mudança de tendência para o Ibovespa, conforme o ciclo da série de Fourier previa. Uma comparação apresentada na Figura 6.18 mostra que, realmente, uma queda ocorreu conforme a projeção da série de Fourier. Isso significa dizer que coincidentemente com os primeiros períodos de observação de quatro anos antes, a série real do Ibovespa repetiu um padrão de queda. A queda, no entanto, não foi tão acentuada, como indicado na projeção, mas o dia de mudança de tendência foi muito próximo ao projetado. O dia 14 de janeiro de 2003 foi um marco divisor entre o período de alta e de baixa da Bovespa para o ano de 2003.

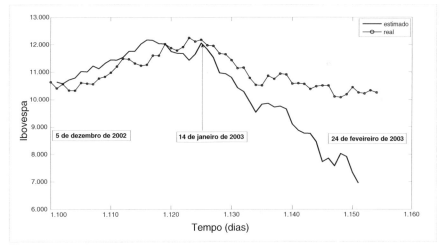

Figura 6.18 – Comparação com dados reais para todo o período de projeção.

Outros períodos do Ibovespa podem ser observados e comparados com as projeções da série de Fourier e os dados reais. A Figura 6.19 apresenta os dados reais do Ibovespa abrangendo o período entre 16 de julho de 2002 e 13 de dezembro de 2006. Os dados mostram na linha tracejada que a projeção, aparentemente, foi muito diferente dos valores reais. Isso ocorre porque, como a série vai repetir os ciclos para sua projeção, o início do período de quatro anos antes tinha um valor de pontuação muito mais baixo para o Ibovespa. Logo, a série vai partir sua projeção do valor de quatro anos antes. Os dois círculos desenhados na figura apresentam exatamente a repetição da série para os valores de quatro anos antes. A título de observação do padrão, pode-se somar essa diferença de pontuação aos dados projetados. Quando se soma essa diferença de pontuação para trazer os pontos mais próximos dos valores reais do Ibovespa, a concordância torna-se interessante.

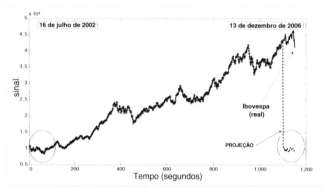

Figura 6.19 – Projeção para cinquenta dias após 13 de dezembro de 2006.

A Figura 6.20, a seguir, apresenta os dados reais em comparação com os dados projetados e ajustados para a pontuação mais atual do Ibovespa real. Os padrões de altas e baixas tornam-se semelhantes, porém quantitativamente diferentes. O importante é que as datas indicadas pelos períodos de reversão da série de Fourier praticamente se repetem nos cinquenta dias de previsão. Em particular, nas datas de 12 janeiro de 2007, 6 de fevereiro de 2007 e 22 de fevereiro de 2007, ocorreram as reversões previstas pela série ajustada pelos coeficientes de Fourier por meio da FFT.

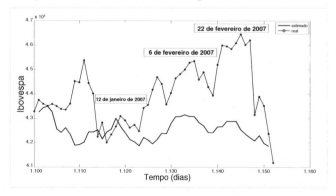

Figura 6.20 – Comparação com dados reais e projeção para cinquenta dias após
13 de dezembro de 2006.

Um último período foi observado para o Ibovespa, entre 6 de agosto de 2010 e 12 de janeiro de 2015, para ajustar uma série de Fourier. O período de previsão foi de 24 dias à frente, comparado aos resultados.

Depois de adicionar a diferença entre os dados reais atuais e os dados reais do início da série quatro anos antes, o resultado obtido é apresentado na Figura 6.21. Para 25 dias depois da projeção, de 12 de janeiro de 2015 até 13 de fevereiro de 2015, o padrão de oscilação mostrou-se bastante semelhante. Novamente, conforme comentado antes, o valor exato não foi observado, mas as oscilações em ciclos e as datas previstas para a reversão do Ibovespa são muito próximas.

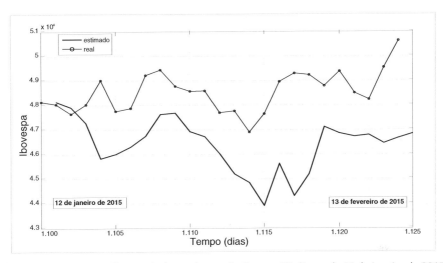

Figura 6.21 – Comparação com dados reais e projeção para 25 dias após 12 de janeiro de 2015.

Esse tipo de comparação entre oscilações ou ciclos passados e projeção de sua repetição para o futuro foi objeto de estudo de Willian Delbert Gann, inventor de técnicas grafistas de *trader*, como Quadrado de 9, Hexágono e Círculo 360. Aos 13 anos de idade, Gann resolveu trabalhar vendendo jornais e lanches nos trens do Texas, nos Estados Unidos. Arrumou um emprego de atendente em uma escola de negócios em 1901 e casou-se no mesmo ano, aos 23 anos. Em 1903, mudou-se para Nova York e começou a ter mais contato com o mercado financeiro. Por conhecer a plantação de algodão da família, um artigo chamou a atenção de Gann em 12 de setembro de 1905 porque tratava da oscilação dos preços. Estudando bastante o artigo, teve um enorme lucro em 1907 na crise dos bancos, prevendo o pânico nas ações e a queda no preço das *commodities*. Não vamos aqui discutir sua veracidade, mas essa é a história que nos chega sobre ele.

Finalmente, em 1908, Gann inventou a técnica do fator do tempo mestre (*Master Time Factor*) para prever a tendência das ações e das *commodities*. Afirmava que essa técnica previa meses e anos à frente altas e baixas no mercado de ações. Em 1909, começou a ganhar fama depois que um artigo exaltou seus lucros e sua técnica. O artigo sobre Gann foi intitulado "William D. Gann. An Operator whose Science and Ability Place him in the Front Rank. His Remarkable Predictions and Trading Record".

Nos anos 1920, dizia-se que ele acertava 85% das previsões, incluindo o término da Primeira Guerra Mundial.

Suas técnicas envolviam geometria, astronomia e até astrologia para medir ângulos e relacionar movimentos dos planetas com as oscilações do mercado. Conta a história que ele até previu a Segunda Guerra Mundial e o ataque do Japão aos Estados Unidos. O mais importante de todas essas histórias sobre Gann é que sua técnica tinha um fundo de verdade e percepção correta do mercado: as oscilações em ciclos.

O gráfico da Figura 6.22 é uma projeção feita por Gann para o índice Dow Jones entre 1919 e 1926, comparando-o com os valores reais. Ele utilizou seus métodos para a construção da previsão. Pode-se reparar que, em vez de querer acertar os valores de Dow Jones, Gann gostava de observar o padrão das tendências.

Figura 6.22 – Gráfico de Gann comparando sua projeção e o valor real do índice Dow Jones.

Exatamente como apresentado nesta seção, Gann utilizava FFT e série de Fourier, mesmo sem saber que estava realizando esse tipo de operação, para ajustar termos dos coeficientes das séries. Observou a série toda que dispunha sobre Dow Jones nos anos 1920 e projetou, com base nas oscilações passadas ajustadas aos valores mais recentes, os possíveis valores do índice Dow Jones entre 1919 e 1926.

6.5 PREVISÕES CURTAS COM SÉRIE DE FOURIER PARA AÇÕES

Essa análise da FFT e da consequente série de Fourier para previsões de alguns passos no futuro torna-se interessante quando aplicada a ações. Para o mercado futuro, a análise anterior seria interessante com seu uso na compra e na venda dos índices, como o Ibovespa futuro.

Como um exercício de aplicação, vamos analisar o mercado de ações da Bovespa, mas considerando negociações intradiárias. Foram tomados dados a cada 15 minutos de algumas ações. Primeiro, utilizamos a FFT para descobrir o período dominante da série de preços da ação. Com base nesse período, usamos os dados como uma janela de treinamento para a FFT e consequente projeção para alguns dados à frente. A previsão de trinta dados à frente equivale a um dia de negócios, com observação a cada 15 minutos na Bovespa correspondendo a aproximadamente 7 horas de pregão.

A Figura 6.23 apresenta o gráfico da Petrobras (PETR4) para o período completo entre 20 de agosto de 2013 e 9 de outubro de 2013.

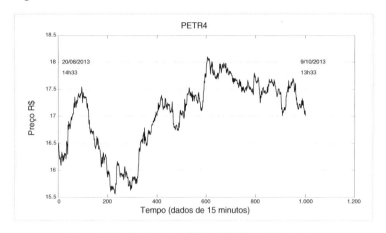

Figura 6.23 – Dados intradiários PETR4 de 15 minutos.

Para esse conjunto completo de dados, foi utilizada a FFT para encontrar possíveis ciclos entre as duas datas. Diversos períodos de repetição foram observados, como mostra a Figura 6.24. O período com maior importância encontrado pela FFT foi o ciclo de 250 dados. Sendo cada dado uma aquisição de 15 minutos, a FFT mostra um ciclo dominante de repetição dos preços da PETR4 a cada 3.650 minutos (62,5 horas), ou o equivalente a 8 dias e 6 horas. Lembrando sempre que cada dia de negócio corresponde a 7 horas de pregão. Assim, entre as datas analisadas para quase três meses de dados, os preços da Petrobras (PETR4) repetiram um padrão de comportamento a cada 8 dias.

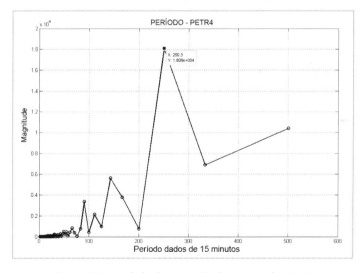

Figura 6.24 – Período de repetição dos preços da PETR4.

Pode-se, então, realizar dois testes diferentes e observar a precisão da resposta. O primeiro teste é, após o último dado utilizado para análise da FFT, calcular os coeficientes e a série de Fourier para previsão de 31 dados à frente com todos os dados passados. A previsão é feita sem o conhecimento dos dados futuros, entre 13h33 de 9 de outubro de 2013 e 14h35 de 10 de outubro de 2013.

A Figura 6.25 apresenta o resultado da previsão usando os mil dados passados e a comparação com os dados reais da ação PETR4, 7 horas antes dos acontecimentos.

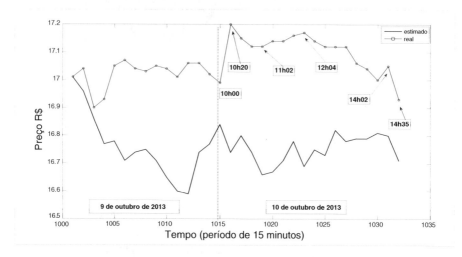

Figura 6.25 – Comparação entre previsão 7 horas antes e dados reais PETR4 (coeficientes com base de dados completos).

Os valores são diferentes, mas o padrão é bem similar ao previsto na série de Fourier. Por exemplo, no último preço de negociação do dia 9 de outubro estimado pela previsão, existe uma indicação de alta forte no dado seguinte. Essa alta é verificada às 10h20 do dia 10 de outubro. Outro "vale de queda" é previsto, e pode-se observar que realmente aparece às 11h02; depois há outro padrão de alta às 12h04, às 14h02. Por fim, a queda prevista é verificada no último dado às 14:35. O ciclo de repetição encontrado pela FFT na ação da Petrobras (PETR4) reconheceu um bom padrão de comportamento dos preços, obviamente com valores não próximos aos realizados no pregão.

Porém, para uma análise de risco, o alerta importante é se vai ocorrer alguma forte mudança na tendência de alta ou de baixa e, ainda mais importante, quanto tempo antes. A Figura 6.25, já apresentada, fornece bons indicativos de que estratégias com reconhecimento de ciclos podem antecipar o padrão de negociação.

O segundo teste é não usar todos os dados completos para o cálculo dos coeficientes de Fourier. Como o período encontrado foi de oito dias, qual vai ser o resultado se a nova série for calculada com os novos coeficientes de apenas oito dias passados (250 dados passados, pois esse é o ciclo mais importante)? A Figura 6.26 apresenta o resultado desse segundo teste.

O risco em frequências 147

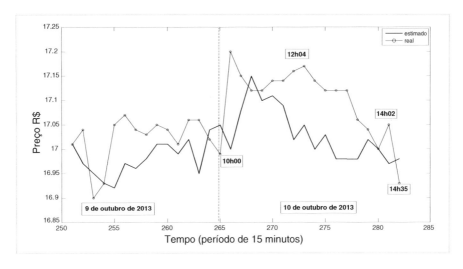

Figura 6.26 – Comparação entre previsão 7 horas antes e dados reais PETR4 (coeficientes dos últimos 250 dados).

O resultado utilizando apenas os últimos 250 dados da série inicial mostrou-se ainda melhor que a base toda. Aproveitando os dados com a quantidade referida na análise do período, os últimos 250 dados refletiram não apenas o padrão de formação dos preços como também preços muito próximos daqueles do pregão. Os padrões de altas e baixas, além dos horários, foram muito similares aos previstos sete horas antes dos preços executados no pregão da Bovespa.

Outra empresa com grande volume de negociações na Bovespa é a Companhia Vale do Rio Doce, cujo código é VALE5. A Figura 6.27 apresenta os dados da VALE5 entre 20 de agosto e 9 de outubro de 2013. Os dados são intradiários, assim como os da PETR4, e tomados a cada 15 minutos.

Figura 6.27 – Dados intradiários VALE5 de 15 minutos.

O período encontrado pela FFT para a VALE5 foi um pouco mais longo que o período de maior magnitude da PETR4. O período de maior importância foi de 333 dados, ou 11 dias e 6 horas. O gráfico do período de maior importância para a VALE5 está na Figura 6.28. Existem outros períodos bastante importantes, abaixo de 200 dados, mas o período de 333 dados reflete um comportamento de período mais longo.

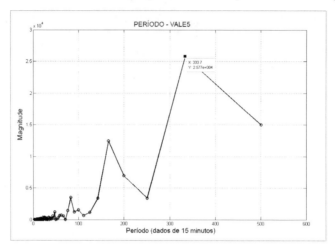

Figura 6.28 – Período de repetição dos preços da VALE5.

Conforme visto anteriormente, é mais interessante e promove resultados mais acurados se, em vez de usar todo o conjunto de dados, os coeficientes são calculados sobre os últimos dados com a dimensão do período encontrado. Sendo assim, para os cálculos dos coeficientes, foram utilizados os últimos 333 dados antes de 9 de outubro de 2013 para a estimativa dos 31 dados seguintes, até o dia 10 de outubro de 2013.

Novamente, assim como na PETR4, os dados indicam um bom padrão para a VALE5, principalmente nos horários indicados na Figura 6.29. Por exemplo, o pico da ação às 16h20 do dia 9 foi indicado na estimativa, apesar de o horário estar defasado e antecipado em uma hora. O pico das 10h20 do dia 10 de outubro foi estimado um pouco depois.

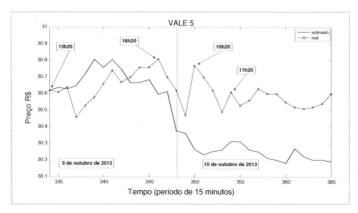

Figura 6.29 – Comparação entre previsão 7 horas antes e dados reais VALE5.

O risco em frequências 149

Outras ações podem ser testadas utilizando o coeficiente de Fourier para gerar previsões; o resultado vai ser que o mesmo padrão se repete. Ou seja, em acurácia de valores reais nos preços do pregão, a série de Fourier fica longe de ser de ótima qualidade. Porém, se for observado o padrão de altas, baixas e, o mais importante, quando mudanças podem ser arriscadas aos investimentos, o resultado é interessante.

Na Figura 6.30, são apresentados os resultados de outras quatro ações negociadas na Bovespa: Cielo (CIEL3), Banco do Brasil (BBAS3), Itaú (ITUB4) e Gerdau (GGBR4). Talvez o resultado mais impressionante seja o da CIEL3, com uma previsão não apenas muito boa em termos de padrão como também em acurácia dos preços. É possível ver na figura que, 7 horas antes do dia 9 de outubro para o dia 10 de outubro de 2013, a previsão acertou a tendência e os valores da ação.

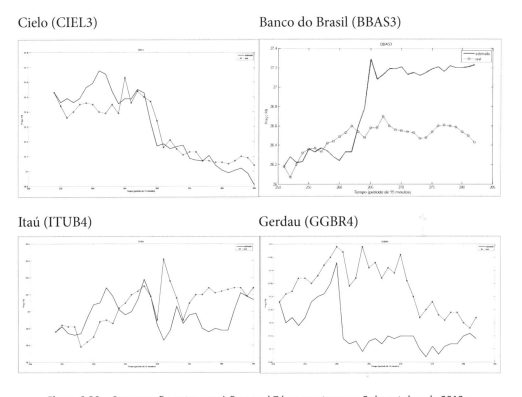

Figura 6.30 – Comparação entre previsão e real 7 horas antes para 9 de outubro de 2013 e 10 de outubro de 2013.

6.6 RESSALVAS SOBRE A FFT PARA AS PREVISÕES

Apesar dos resultados interessantes, a FFT e a série de Fourier têm dois problemas. O primeiro é que o fator tempo não está presente na série, e coeficientes ajustados para dados do passado podem resultar em um mesmo harmônico para diversos dados completamente diferentes. O segundo problema é que somente podem ser ajustados harmônicos com senos e cossenos. Se uma base de dados possui configurações que nem de longe lembram senos e cossenos, a série de Fourier projeta valores e padrões muito desiguais e não em conformidade com a natureza que realmente se observa.

Voltando à Equação (6.2) representada na Figura 6.12, vamos recortar um pequeno retângulo e iniciar a projeção. O que aconteceria à série de Fourier se, em vez de começar em $t = 0$ até $t = 8$, a aquisição dos dados ocorresse no intervalo $t = 1$ a $t = 2$? A Figura 6.31 ilustra uma amostra do conjunto original dos dados.

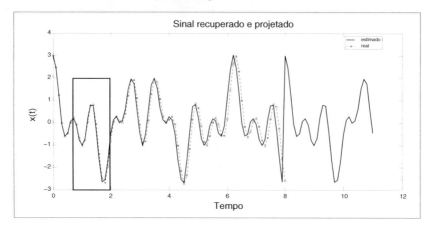

Figura 6.31 – Escolha de uma região dos dados originais observados.

A FFT ainda encontra os mesmos coeficientes de Fourier, pois o sinal original é o mesmo. Apenas uma amostra menor de dados em um intervalo de tempo menor foi coletada. Entretanto, a geração dos dados ainda é feita por meio da Equação (6.2). Como o tempo, não faz parte da transformada de Fourier. Apesar de usar os mesmos coeficientes, a série de Fourier não tem o poder de saber se determinado coeficiente é adequado ao tempo que está projetando ou se deve esperar mais alguns passos para usá-lo. E como a série de Fourier usa os coeficientes em sua ordem de cálculo da FFT, a série fornece valores completamente diferentes e errados dos valores reais observados. O resultado dos erros está na Figura 6.32.

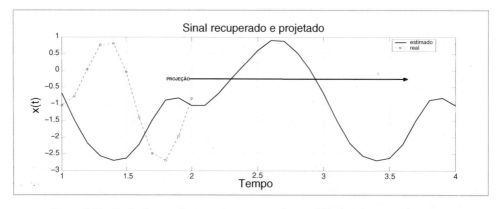

Figura 6.32 – Projeção errada mesmo com o uso dos coeficientes de Fourier corretos.

O risco em frequências

Apesar de encontrar os coeficientes corretos, a série de Fourier não consegue distinguir o tempo exato em que os coeficientes foram ajustados. No caso do Ibovespa, mesmo encontrando os ciclos de repetição corretos, se é tomada uma amostra pequena de um tempo não coincidente para os harmônicos existentes, a série não consegue determinar se deve usar a forma encontrada dos harmônicos para $t = 1$, $t = 100$ ou $t = 1.000$. Se o início da série não coincide com o início dos harmônicos determinados, o resultado fornece valores errados.

Outro problema com a FFT é distinguir curvas no tempo quando se obtém a mesma frequência no espectro. Por exemplo, ao tomar novamente o sinal gerado pela Equação (6.2) e analisar sua FFT, são encontradas exatamente as frequências angulares $f = 2$, $f = 5$ e $f = 9$, ou seja, os valores que multiplicam os cossenos.

A Figura 6.33 apresenta o sinal de $x(t)$ e seu respectivo espectro de frequências. Os picos de maior magnitude no espectro aparecem em $f = 2$, $f = 5$ e $f = 9$.

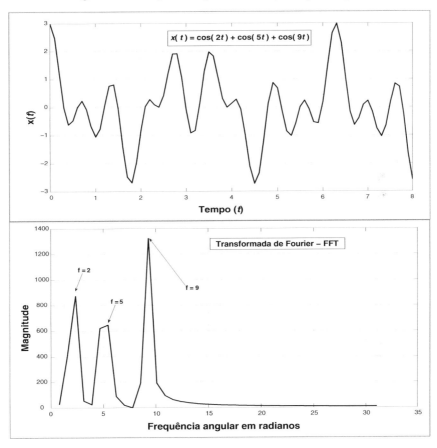

Figura 6.33 – FFT para a Equação (6.2).

A partir disso, levanta-se a questão: o que acontecerá com o espectro se dividirmos o tempo em três partes iguais, considerando que na primeira porção do tempo igual ao (tempo final)/3 aplicamos o cosseno com frequência angular $f = 2$, na segunda parte usamos o cosseno com a frequência $f = 5$ e, na porção final, utilizamos o cosseno com a frequência $f = 9$? Em termos matemáticos, a equação final seria a mesma, mas dividida em três tempos diferentes, da seguinte forma:

$$x(t) = cos(2t_1) + cos(5t_2) + cos(9t_3) \tag{6.4}$$

em que $t_1 = 1 \ldots \dfrac{Final}{3}$; $t_2 = \dfrac{Final}{3} \ldots \dfrac{2*Final}{3}$; $t_3 = \dfrac{2*Final}{3} \ldots \dfrac{Final}{3}$.

O valor de $x(t)$ seria um valor com frequência cada vez mais rápida para cada porção de tempo diferente, como se vê na Figura 6.34. Olhando apenas para o espectro de frequências, não temos como decidir se o sinal de $x(t)$ vai ser o apresentado na Figura 6.33 ou na Figura 6.34. Apesar de muito diferentes em suas características e distribuição no tempo, o sinal $x(t)$ para os dois casos tem a mesma representação no campo das frequências.

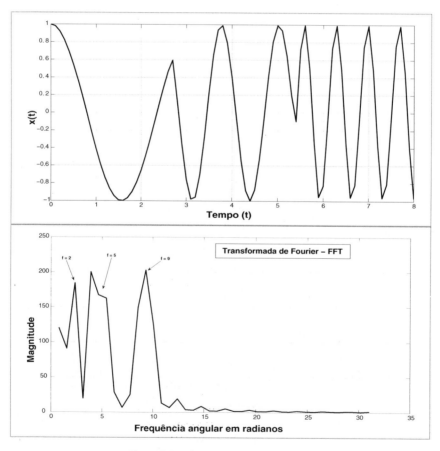

Figura 6.34 – FFT para a Equação (6.4).

Por isso, o fator tempo deve entrar no ajuste da série para uma análise com mais precisão sobre riscos futuros. Também formas diferentes de funções devem fazer parte para alongar, estreitar, ampliar, encaixar a função da melhor maneira possível no universo dos dados amostrados. Nesse caso, a série de Fourier deixa o cenário de análise e dá lugar a wavelets ou *ondaletas*. As wavelets têm um poder muito superior ao da série de Fourier para ajustar não apenas funções periódicas como também famílias de funções, que podem ser modificadas para acertar dados reais e ajudar a prever melhor os eventos relacionados aos dados originais.

CAPÍTULO 7
RISCO EXTREMO DE MUDANÇAS ABRUPTAS CALCULADO COM WAVELETS

7.1 INTRODUÇÃO

Nos anos 1930, vários matemáticos desenvolveram a noção de espaços para a correlação entre frequência, amplitude e disposição dos dados no tempo. Entre 1960 e 1980, com o advento de computadores que suportavam maior capacidade de processamento, a teoria de wavelets passou a ser implementada por meio de algoritmos computacionais. Tiveram início, então, os primeiros processamentos de dados usando, por exemplo, fotos, imagens de satélites na área de astronomia e a compactação de dados.

Desde o início, cada wavelet foi sendo desenvolvida e estudada por matemáticos, físicos e engenheiros e, dependendo das aplicações novas, wavelets-mães foram sendo construídas. Cada pesquisador que encontrava uma nova forma de onda dava uma nomenclatura, podendo ser seu próprio nome ou nomes de matemáticos famosos, como Gauss. Assim, quando se trabalha com transformada wavelet, primeiro precisa-se escolher qual wavelet-mãe se pretende usar, como: Gauss, Chapéu Mexicano, Morlet etc. Então, escolhendo uma wavelet-mãe, pode-se tentar ajustar curvas ao conjunto de dados. Para aperfeiçoar o ajuste, utiliza-se compressão e expansão da escala (ou frequências) de forma que os dados sejam enquadrados da melhor maneira possível. Além da expansão e da contração, é possível ainda deslocar as wavelets no tempo.

Para cada tipo de problema ou série envolvendo dados reais, uma wavelet-mãe ajusta-se perfeitamente ou não. A técnica de expandir ou contrair é importante, pois, se a série original não se adapta aos dados, com uma expansão, pode perfeitamente representar uma parte da curva original. A noção de expandir e contrair uma função para se adaptar a dados coletados como fonte de algum evento real é muito interessante e constitui a base do sucesso e da adaptação da teoria das wavelets para diversas aplicações (WALKER, 1999; MERTINS, 1999; BALEANU, 2012; MALLAT, 1999).

Um sistema fez aquisição de dados das ações da Petrobras (PETR4) na Bovespa a cada 15 minutos, como apresentado na Figura 7.1.

Figura 7.1 – Ação da Petrobras (PETR4) com dados intradiários.

Segundo a teoria das wavelets, existe uma função que descreve alguns trechos desse conjunto de dados. Essa função seria a wavelet-mãe, e, ao alongá-la ou comprimi-la, pode-se prever com boa precisão eventos futuros. Ou, ainda, com essa função mãe esticada ou reduzida, é possível filtrar um sinal ruidoso.

Na Figura 7.2, a seguir, são apresentados os mesmos dados originais da Figura 7.1 com uma sobreposição de uma wavelet-mãe no canto superior esquerdo com gráfico de linhas e círculos. Observa-se, nessa figura, um bom ajuste no início do intervalo. Mas o que aconteceria se uma expansão ocorresse com essa wavelet? Já a Figura 7.3 mostra que a wavelet expandida permite uma adaptação para um período ainda maior. Ela ajusta-se quase perfeitamente aos dados da ação, permitindo até mesmo certa previsão dos preços. Quedas, picos e vales se repetem com bom comportamento partindo do período de observação inicial.

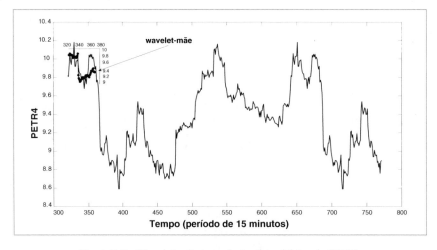

Figura 7.2 – Wavelet-mãe para dados intradiários da PETR4.

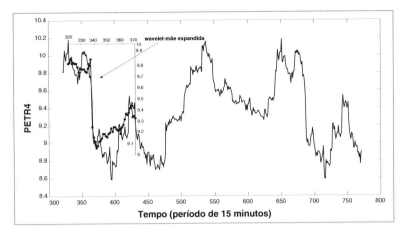

Figura 7.3 – Wavelet-mãe expandida para a PETR4.

Uma compressão da wavelet serve para ajustes a períodos menores ou intradiários de minutos. Quanto menor a wavelet, mais os ajustes e previsões se revelam em uma escala de tempo diminuta. Uma combinação entre expansão e contração, com seu deslocamento no tempo, faz a wavelet filtrar ou prever eventos futuros com certa precisão. Isso, obviamente, acontece se o sinal apresentar algum tipo de ciclo de repetição, o que ocorre com os preços das ações ligadas constantemente às notícias do dia.

A Figura 7.4 apresenta apenas uma translação da wavelet, que foi expandida no início do período de observação. Em um tempo futuro, parece que o mesmo evento ocorrido dias atrás volta a repetir-se. Já na Figura 7.5 é apresentada uma combinação entre compressão e translação da wavelet. É possível ver que uma wavelet que se ajustou muito bem dias atrás para uma data adapta-se também muito bem dias à frente. Os mesmos picos e vales obtidos para o sinal da PETR4 uma semana ou duas semanas antes são observados quando se desloca a wavelet-mãe pelo conjunto de dados. Parece existir um bom ciclo de picos e vales que podem ser capturados pelas wavelets. O passado do evento sempre retorna de forma impressionante no futuro.

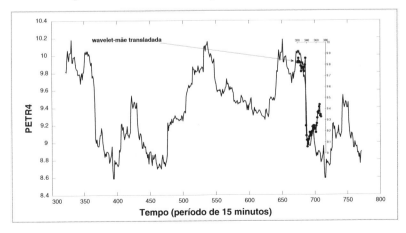

Figura 7.4 – Wavelet-mãe transladada para a PETR4.

Figura 7.5 – Wavelet-mãe comprimida e transladada para a PETR4.

No entanto, em vez de escolher uma wavelet qualquer, existem as chamadas wavelets-padrão (Figura 7.6), em que propriedades como continuidade e integrabilidade garantem boa precisão de resultados e proporcionam, também, soluções analíticas sem a necessidade de usar um computador para determinados trechos da amostra. Entretanto, atualmente, o importante são as soluções numéricas para realizar aplicações e previsões para grandes bancos de dados em diversas áreas de estudo. Por isso, usar as wavelets-padrão garante melhores resultados, e elas já estão programadas em diversos *softwares* de análise de dados e imagens.

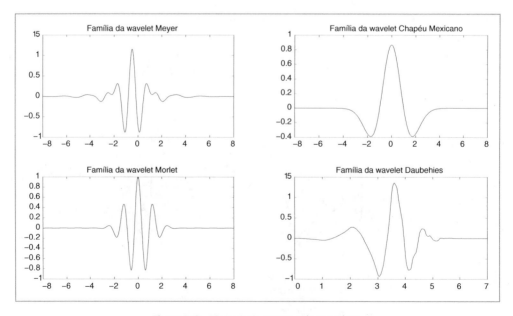

Figura 7.6 – Tipos mais comuns de wavelets.

7.2 A SIMPLES WAVELET HAAR

A conhecida onda quadrada é original da função Haar, que mantém o valor da constante do sinal por um período e zera para valores fora do intervalo desejado. A função Haar tem algumas modificações, mas basicamente possui dois tipos que são derivados um do outro.

$$\psi(x) = \begin{cases} 1, & 0 \leq x \leq 1 \\ 0, & caso\ contrário \end{cases}$$

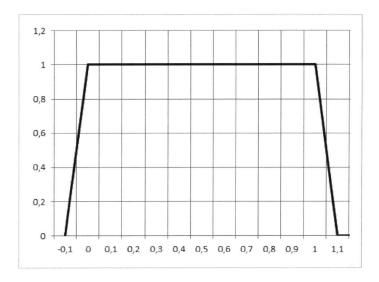

$$\psi(x) = \begin{cases} 1, & 0 \leq x < 1/2 \\ -1, & 1/2 \leq x < 1 \\ 0 & caso\ contrário \end{cases}$$

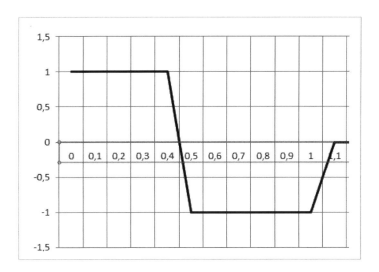

Para que a Haar se adapte ao sinal observado, as expansões e contrações apresentadas na seção anterior precisam de coeficientes que reconfigurem o comportamento da wavelet. A função Haar é uma das wavelets-mães bastante utilizadas em sinais discretos por conta de sua facilidade em representar ondas quadradas. Os coeficientes para expansão (compressão) ou translação no tempo são representados pela função Haar ψ, com valores que vão sendo alterados para deslocar ou comprimir a wavelet. Os coeficientes da wavelet Haar são:

$$\psi_{jk}(x) = 2^{-\frac{j}{2}}\psi(2^{-j}x - k) \tag{7.1}$$

em que o termo 2^{-j} representa a escala de compressão ou expansão da wavelet Haar e k é a translação da wavelet no tempo.

A reconstrução de uma função desconhecida $y(x)$, conhecida apenas pela amostragem de sinais, pode ser obtida da seguinte maneira:

$$f(x) = \sum_{j=0}^{n} \sum_{k=0}^{2^j-1} 2^{-\frac{j}{2}}\psi\left(2^{-j}x - k\right)y(x)\phi(x) \tag{7.2}$$

As variáveis da função recuperada $f(x)$ são estas: n é o nível de escala (expande ou contrai); k representa a janela de deslocamento no tempo; 2^{-j} significa a escala que indica tipo de frequência do sinal; $\Phi(x)$ é a escala para dimensionar as amplitudes.

Por exemplo, escolhendo-se um nível de escala, que indiretamente representa o número de coeficientes de $f(x)$, com $n = 2$, o desenvolvimento fica da seguinte forma:

$$f(x) = \{2^0\psi(2^0x - 0) + 2^{-\frac{1}{2}}\psi(2^{-1}x - 0) + 2^{-\frac{1}{2}}\psi(2^{-1}x - 1) + 2^{-1}\psi(2^{-2}x - 0) + \\ +2^{-1}\psi(2^{-2}x - 1) + 2^{-1}\psi(2^{-2}x - 2) + 2^{-1}\psi(2^{-2}x - 3)\}y(x)\phi(x) \tag{7.3}$$

Supondo que a escala de amplitude esteja correta, pode-se assumir que $\Phi(x) = 1$. Então, a função $f(x)$ vai ser:

$$f(x) = \left\{\psi(x) + \frac{1}{\sqrt{2}}\psi\left(\frac{x}{2}\right) + \frac{1}{\sqrt{2}}\psi\left(\frac{x}{2} - 1\right) + \frac{1}{2}\psi\left(\frac{x}{4}\right) + \frac{1}{2}\psi\left(\frac{x}{4} - 1\right) + \frac{1}{2}\psi\left(\frac{x}{4} - 2\right) + \\ + \frac{1}{2}\psi\left(\frac{x}{4} - 3\right)\right\}y(x) \tag{7.4}$$

É possível escolher como wavelet-mãe a Haar do segundo tipo apresentado, em que os argumentos de x, $x/2$, $(x/2-1)$, $x/4$, $(x/4-1)$, $(x/4-2)$ e $(x/4-3)$ são substituídos na função:

$$\psi(x) = \begin{cases} 1, & 0 \leq x < 1/2 \\ -1, & 1/2 \leq x < 1 \\ 0 & \text{caso contrário} \end{cases} \tag{7.5}$$

Os argumentos da wavelet ψ indicam se a função está comprimida dentro do intervalo [0,1] ou expandida para valores fora do intervalo. Quando o argumento de ψ é menor que 1, a onda quadrada é mais alongada, ou seja, tem oscilação longa e lenta. Para valores maiores que 1 no argumento de ψ, a onda se comporta de maneira rápida, com oscilação curta. Por exemplo, quando a wavelet precisa se ajustar a movimentos de alta frequência, os argumentos podem ser ψ(2x), ψ(3x) etc. Quando a wavelet precisa se ajustar a um movimento mais longo, utilizam-se ψ(x/2), ψ(x/3) etc. Uma combinação das wavelets com esses diversos tipos de argumento faz a aproximação de uma função *f(x)* com os dados de *y(x)*.

Quem indica o grau de precisão é a escolha do número de escalas *n*, em que quanto maior o valor de *n*, mais termos são calculados para aproximar uma função aos dados originais *y(x)*. A Figura 7.7 apresenta as diversas ondas para o exemplo com *n* = 2 desenvolvido anteriormente. Quando as diversas ondas da figura são somadas e multiplicadas por $2^{-j/2}$, indicam como a curva resultante se aproxima dos dados. Baixos valores de escalas não produzem bons resultados de aproximação. Diversas operações de soma, subtração, expansão e contração podem ser realizadas com as ondas dessa figura, mas, para obter um resultado com maior acurácia, apenas o valor *n* = 2 wavelets não consegue captar as alterações de uma função contínua e não linear. Um número muito maior de ondas é necessário para uma representação com boa precisão do sinal amostrado. E com o aumento no número de ondas, consequentemente aumenta-se o número de coeficientes das wavelets, o que torna o cálculo mais moroso e impreciso caso seja realizado de forma analítica, sem computador.

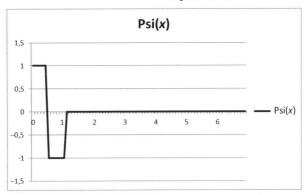

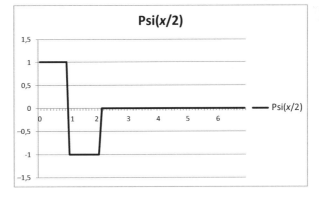

Figura 7.7 – Diversas configurações da wavelet Haar *(continua)*.

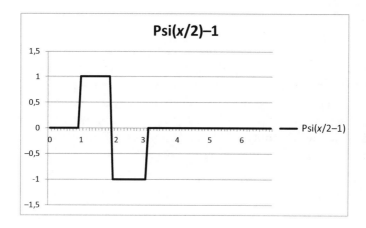

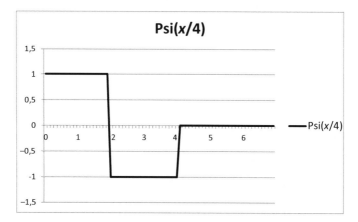

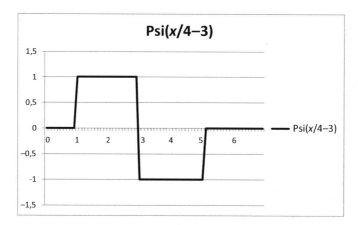

Figura 7.7 – Diversas configurações da wavelet Haar *(continuação)*.

Por exemplo, pode-se supor que se pretende aproximar a função $y(x) = sen(x)$ no intervalo $[0,\pi]$, utilizando $n = 2$. Para $n = 2$, tem-se apenas 7 wavelets para representar a função seno. O resultado pode ser visto na Figura 7.8.

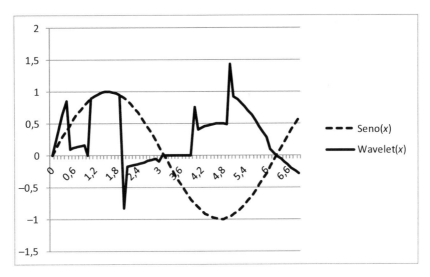

Figura 7.8 – Aproximação da wavelet para $y(x) = sen(x)$.

Para melhorar a aproximação da função seno na Figura 7.8, são necessários muito mais termos de ondas Haar, para que os coeficientes consigam captar as baixas frequências e, com a ponderação dos termos, no final a soma ser bem próxima do valor real. Uma boa melhora é obtida quando se escolhe $n = 6$, correspondendo a 63 (ou seja, $2^6 - 1$) wavelets Haar, ou 63 coeficientes que expandem e contraem na wavelet-mãe $\psi(x)$.

A Figura 7.9 apresenta o resultado para 63 coeficientes, em que é possível constatar a boa aproximação do seno utilizando apenas uma combinação de ondas quadradas estreitas e alongadas do tipo Haar. No entanto, outro fenômeno interessante pode ser observado nas wavelets de qualquer tipo básico. Esse é o padrão de aparecimento dos coeficientes. A ligação entre as matrizes que compõem os coeficientes e o fenômeno natural observado por meio dos sinais indica se em determinado valor de x existe alta frequência dominante ou baixa frequência. O inverso da escala $2^{-j/2}$ significa o valor da frequência que está ocorrendo no valor específico de x.

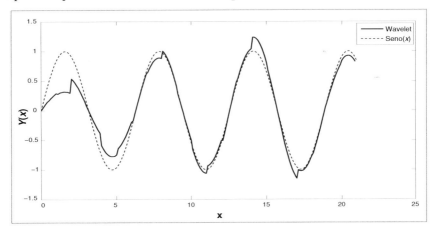

Figura 7.9 – Aproximação da wavelet para $y(x) = sen(x)$ utilizando $n = 63$ coeficientes.

No sentido de observar o comportamento dos coeficientes e sua representação matricial, vamos voltar à Equação (7.4) com $n = 2$ escalas. Assim, analisamos quais os resultados de $f(x)$ para os valores $x = 0$, 1 e 2.

- Para $x = 0$:

$$f(0) = \psi(0) + \frac{1}{\sqrt{2}}\psi(0) + \frac{1}{\sqrt{2}}\psi(-1) + \frac{1}{2}\psi(0) + \frac{1}{2}\psi(-1) + \frac{1}{2}\psi(-2) + \frac{1}{2}\psi(-3)$$

Substituindo os valores da wavelet para cada argumento na função Haar (7.5), tem-se:

$$f(0) = 1 + \frac{1}{\sqrt{2}} + 0 + \frac{1}{2} + 0 + 0 + 0 = 2,2$$

Os coeficientes para $x = 0$, então, são H = $\{1, \frac{1}{\sqrt{2}}, 0, \frac{1}{2}, 0, 0, 0\}$.

- Para $x = 1$:

$$f(1) = \psi(1) + \frac{1}{\sqrt{2}}\psi\left(\frac{1}{2}\right) + \frac{1}{\sqrt{2}}\psi\left(-\frac{1}{2}\right) + \frac{1}{2}\psi\left(\frac{1}{4}\right) + \frac{1}{2}\psi\left(-\frac{3}{4}\right) + \frac{1}{2}\psi\left(-\frac{3}{4}\right) + \frac{1}{2}\psi\left(-\frac{11}{4}\right)$$

Então,

$$f(1) = -1 + \frac{1}{2} = -0,5$$

em que os coeficientes são H = $\{-1, 0, 0, \frac{1}{2}, 0, 0, 0\}$.

- Para $x = 2$:

$$f(2) = \psi(2) + \frac{1}{\sqrt{2}}\psi(1) + \frac{1}{\sqrt{2}}\psi(0) + \frac{1}{2}\psi\left(\frac{1}{2}\right) + \frac{1}{2}\psi\left(-\frac{1}{2}\right) + \frac{1}{2}\psi\left(-\frac{3}{2}\right) + \frac{1}{2}\psi\left(-\frac{5}{4}\right)$$

Então,

$$f(2) = -\frac{1}{\sqrt{2}} + \frac{1}{\sqrt{2}} = 0$$

em que os coeficientes são H = $\{0, -\frac{1}{\sqrt{2}}, \frac{1}{\sqrt{2}}, 0, 0, 0, 0\}$.

Então, partindo de $x = 0$ até $x = 2$, os coeficientes formam a seguinte matriz de coeficientes wavelets:

$$H = \begin{bmatrix} 1 & 1/\sqrt{2} & 0 & 1/2 & 0 & 0 & 0 \\ -1 & 0 & 0 & 1/2 & 0 & 0 & 0 \\ 0 & -1/\sqrt{2} & 1/\sqrt{2} & 0 & 0 & 0 & 0 \end{bmatrix} \quad (7.6)$$

Pode-se observar que os coeficientes vão mudando de localização dentro dessa matriz, em que as colunas j são as escalas para $n = 1, 2, 3$ etc. e as linhas são os valores de $x = 1, 2, 3, 4$ etc. Os valores dentro dessa matriz são conhecidos como coeficientes de wavelet e, quanto mais positivos ou mais negativos, indicam que naquela escala (frequência) o coeficiente dá fortes valores para o argumento da wavelet $\psi(x)$. Uma representação espacial indica o deslocamento desses coeficientes à medida que o valor de x se altera.

Na Figura 7.10 é possível observar, em sua parte superior, a matriz H anterior para valores de $x = 0$ até $x = 21$, utilizando a função da Equação (7.2) com $n = 6$ termos e função amostrada $y(x) = sen(x)$. Quanto mais significativos os valores para as escalas altas, na borda superior direita da matriz da figura, há mais indicação de que os termos de baixa frequência dominam o sinal. Caso a magnitude mais aparente estivesse na parte de baixo do gráfico de H, mais dominante seriam os termos de alta frequência. Valores mais à direita de H indicam coeficientes mais próximos dos últimos pontos amostrados. Quanto mais à esquerda, os indicativos são de coeficientes mais distantes e menos importantes do ponto amostrado atual.

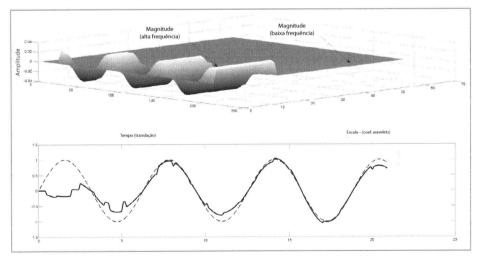

Figura 7.10 – Coeficientes de wavelet para a função seno com $n = 6$.

Nessa figura, pode-se observar que os valores mais à esquerda no gráfico do topo em três dimensões estão mais próximos de um plano. Esse fato indica que, para valores muito distantes do último tempo amostrado, os coeficientes são nulos. Quanto mais claros os valores de magnitudes, mais positivos os coeficientes; quanto mais escuros, mais negativos eles são.

A Figura 7.11 apresenta a transformada wavelet usando Haar para a função $y(x)$, que vai acelerando para cada novo intervalo de x (Equação 7.7). Pode-se observar que, como os valores mais frequentes da função $y(x)$ ocorrem em tempos mais próximos do final, o gráfico dos coeficientes de wavelet mostra valores mais fortes do lado direito, incluindo negativos, e valores mais fracos próximos de zero no lado esquerdo.

$$y(x) = cos(2x) + cos(5x) + cos(15x) \qquad (7.7)$$

Uma vez que a frequência vai ficando cada vez mais alta, os coeficientes mais baixos de $2^{-j/2}$ tornam-se sempre mais importantes para j mais próximo de zero. Quanto mais distante os coeficientes ($j >> 0$), mais valores nulos aparecem na matriz, formando os planos vistos na figura.

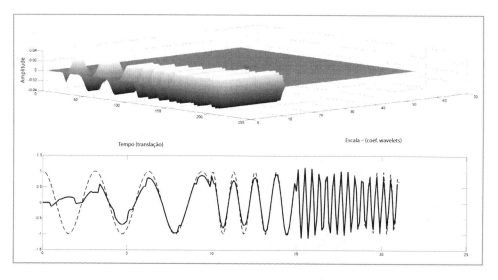

Figura 7.11 – Wavelet para a função $y(x) = cos(2x) + cos(5x) + cos(15x)$.

7.3 PROGRAMAÇÃO DE COMPUTADOR PARA WAVELETS

Com o advento do computador, o cálculo de wavelets tornou-se mais preciso e rápido, aumentando sua aplicabilidade em diversas áreas de estudo. Além das wavelets de uma dimensão como apresentadas neste texto, as wavelets bidimensionais proporcionaram filtros para o processamento de imagens.

Dentre as diversas formas de programação, o uso da planilha eletrônica do Excel é muito difundido e amplamente utilizado. No entanto, o exercício de aplicar wavelets nas células do Excel serve apenas como aplicação didática, para funções mais simples e com poucos coeficientes e poucos wavelets. Quanto maior o nível de wavelets, maior o número de coeficientes e muito maior a quantidade de cálculos necessários nas células.

Por exemplo, na função $y(x) = sen(x)$, utilizando $n = 2$, são necessárias as colunas apresentadas na Figura 7.12 para a wavelet-padrão Haar. A coluna A representa o eixo das abscissas (x) com valores iniciando em zero e alterando com passo de 0,1 a partir das células do Excel A2, A3, A4 etc. A coluna B da figura representa a função **SEN(A2)**, **SEN(A3)** etc.

	A	B	C	D	E	F	G	H	I	J
1	x	f(x)=sen(x)	Psi(x)	Psi(x/2)	Psi(x/2-1)	Psi(x/4)	Psi(x/4-1)	Psi(x/4-2)	Psi(x/4-3)	Wavelet
2	0	0	1	1	0	1	0	0	0	0
3	0,1	0,099833417	1	1	0	1	0	0	0	0,220343
4	0,2	0,198669331	1	1	0	1	0	0	0	0,438484
5	0,3	0,295520207	1	1	0	1	0	0	0	0,652245
6	0,4	0,389418342	1	1	0	1	0	0	0	0,859488
7	0,5	0,479425539	-1	1	0	1	0	0	0	0,099292
8	0,6	0,564642473	-1	1	0	1	0	0	0	0,116941

Figura 7.12 – Wavelet Haar no Excel para a função $y(x) = sen(x)$.

Para a programação da Equação (7.4), as funções Haar $\psi(x)$ precisam ser calculadas nas colunas seguintes. Assim, na coluna C, a função Haar deve ser programada com o uso da função **SE( )** do Excel, como mostrado a seguir. A célula C2 da Figura 7.12 deve conter a função que retorna os valores –1, 0 ou +1.

$\Psi(x)$: f_x `=SE(A2<0;0;SE(A2>1;0;SE(A2<0,5;1;-1)))`

Na coluna D, deve ser inserida da função Haar com o parâmetro $(x/2)$, em que x está contido nas células da coluna A. A programação da célula D2 vai ser:

$\Psi(x/2)$: f_x `=SE(A2<0;0;SE(A2>2;0;SE(A2<1;1;-1)))`

Na coluna E, a função Haar é deslocada de 1, e a programação na célula E2 é:

$\Psi(x/2-1)$: f_x `=SE(A2<1;0;SE(A2>3;0;SE(A2<2;1;-1)))`

O mesmo raciocínio segue para os outros termos da Equação (7.4). A soma total deve ser inserida na coluna J, onde o resultado da programação da célula J2 é:

f_x `=(C2+1/RAIZ(2)*D2+1/RAIZ(2)*E2+0,5*F2+0,5*G2+0,5*H2+0,5*I2)*B2`

O resultado para $x = 0$ até $x = 2$ pode ser visto na Figura 7.13.

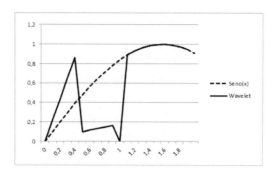

Figura 7.13 – Resultado no Excel para *n* = 6 e wavelet Haar.

A solução completa para *x* = 0 até *x* = 2π foi mostrada na Figura 7.8, comprovando que para apenas *n* = 2 o resultado não é bom. Porém, aumentar o número de coeficientes nas células do Excel (aumento no nível *n* de escala) torna o processo lento e moroso, com boas condições de erros de programação.

Uma solução ao considerar wavelets discretas e simples como a função Haar é a programação das células por meio de macros, dentro da área do Visual Basic for Application (VBA), que está contido no Microsoft Excel. Apesar de a wavelet com o uso de Haar ser muito simples e mais indicada para sinais discretos no tempo, ainda assim, com grande quantidade de termos, é possível uma aproximação boa, mesmo com VBA-Excel.

A seguir, são apresentadas as linhas de programação em VBA para testar a wavelet com Haar e *n* = 6 para o seno. A primeira parte da programação serve para alimentar as células da coluna A com o tempo (*x*) e as da coluna B com o sinal do seno. Com as colunas A e B, a segunda parte utiliza as células armazenadas em A e B para gerar a aproximação com wavelet. Pode-se observar no programa que a função Haar é chamada dentro da rotina da macro. A função de chamada é **Haar (2^j, *x*−*k*, *k*)**, que testa para cada valor de *x* o retorno de Haar (−1, 0 ou +1).

```
Sub wavelet()
'============ Dimensionamento das variáveis =======
Dim i As Integer
Dim m(500) As Single
Dim dad(500) As Single
Dim H(300, 300) As Single
Dim w As Single
Dim x As Single
Dim soma As Single
Dim k As Integer
Dim j As Integer
Dim n As Integer
Dim PHI As Single
'=============== número de coeficientes da wavelet =======
n = 6
'================ Fator de ajuste =====================
PHI = 0.25
'================ geraçao do sinal amostrado ===========
m(1) = 0
dad(1) = Sin(m(i))
Cells(1, 1) = m(1)
Cells(1, 2) = dad(1)
i = 1
Do While m(i) <= 20
i = i + 1
    m(i) = m(i - 1) + 0.1
    dad(i) = Sin(m(i))
    Cells(i, 1) = m(i)
    Cells(i, 2) = dad(i)
Loop
'=========================================================
```

```
'                    Construção da Wavelet
cont = 1
i = 1
y = dad(1)
x = 0
linha = 0
Do While x <= 20
    If x > m(cont) Then      '+++ compara se x muda de rampa +++
        cont = cont + 1
        y = dad(cont)
    End If

    soma = 0
    linha = linha + 1

    For j = 0 To n
    coluna = 0
        For k = 0 To (2 ^ j) - 1
        coluna = coluna + 1
                                 '++++ calcula os coeficientes da wavelet

        H(linha, coluna) = 2 ^ (-j / 2) * haar(2 ^ (-j), x - k, k)

                             '++++ calcula a wavelet chamando HAAR
        soma = soma + H(linha, coluna) * y * PHI
        Next k
    Next j
    Cells(i, 3) = soma
    x = x + 0.1
    i = i + 1
Loop
```

A função Haar é chamada pela sub-rotina wavelet e verifica em qual intervalo se encaixa o valor de *x*, para retornar à sub-rotina –1, 0 ou +1 nas linhas seguintes. Se a função Haar estiver na forma padrão para o intervalo [0,1], o valor de *s* na programação a seguir vai ser 1. Quando os pontos de *x* estão sendo transladados para valores crescentes e maiores que 1, o valor de *k* e de *s* varia de forma que Haar sempre retorne para a sub-rotina os resultados –1, 0 ou +1.

```
Function haar(s, x, k) As Single
'============== Função HAAR - wavelet padrão ========

Dim z As Single
If k = 0 Then
        If x >= 0 And x < (0.5 / s) Then
        z = 1
        ElseIf x >= (0.5 / s) And x < (1 / s) Then
        z = -1
        Else
        z = 0
        End If
Else
        If x >= (1 / k) And x < (0.5 / s) Then
        z = 1
        ElseIf x >= (0.5 / s) And x < (1 / s) Then
        z = -1
        Else
        z = 0
        End If
End If
haar = z

End Function
```

A programação também pode ser feita de forma semelhante em Matlab, conforme mostrado a seguir. Primeiro, programa-se a **function waveb**, que vai chamar outra **function** com a função Haar.

```
function waveb
clc
clear all
%============== ENTRADA DO SINAL REAL AMOSTRADO ========
m=0:0.1:21;
dad=sin(m);
```

As linhas anteriores mostram o início do programa, com a criação de dois vetores para armazenar os valores da abscissa x e os valores do seno, que nesse programa são nomeados de **dad**. Com esse vetor **dad**, o programa procura em todo momento qual das Haar (sem atrasos e com atrasos) deve calcular os valores de retorno.

As linhas seguintes são continuação das linhas de programação anterior, em que a função Haar nessa programação se chama H (2^j, x-k, k). Os valores de H multiplicados pela função amostrada do $sen(x)$ e pelo parâmetro de ajuste Φ fornecem a aproximação da wavelet. Os resultados são os mesmos já apresentados na Figura 7.10.

```
n=6;
%=======================================================
%                Ponto inicial no tempo
x=0;
%+++++++++++++++++++++++++++++++++++++++++++++++++++++++
%                Fator de escala
PHI=0.25;

%+++++++++++++++++++++++++++++++++++++++++++++++++++++++
i=1;
cont=1;
y=dad(1);
linha=0;
while x<=21
    %++++++++++++++ Dado real da funcao amostrada ++++
    if x>m(cont);
        cont=cont+1;
        y=dad(cont);
    end
    %+++++++++++++++++++++++++++++++++++++++++++++++++
    soma=0;
    %++++++++++++++ Reconstituicao Wavelet da Funcao Real
        linha=linha+1;
    for j=0:n
        coluna=0;
        for k=0:2^j-1
            coluna=coluna+1;
            H(linha,coluna)=2^(-j/2)*psi(2^(-j),x-k,k)*y*PHI;       % coeficiente wavelet
            soma=soma+2^(-j/2)*psi(2^(-j),x-k,k)*y*PHI;  % Psi - wavelet mae
        end
    end
    %+++++++++++++++++++++++++++++++++++++++++++++++++++
```

```
        t(i)=x;
        f(i)=soma;
            if x>=2
        figure(1)
        subplot(211)
    surf(H')
    xlabel('Tempo(TRANSLAÇÃO)')
    ylabel('ESCALA - (coef. wavelets)')
    zlabel('AMPLITUDE')
    colormap gray
    shading interp
    view(46,44)
    subplot(212)
    plot(t,f,'-k')
    pause(0.05)
        end
    x=x+0.1;
    i=i+1;
    end
    plot(t,f,'-k')
    hold on
    plot(m,dad,'--r')
    hold off
    figure
    surf(H')
    xlabel('Tempo(TRANSLAÇÃO)')
    ylabel('ESCALA - (coef. wavelets)')
    zlabel('AMPLITUDE')
    colormap gray
    shading interp
    view(46,44)
```

A função Haar é chamada por meio dessa **function** do Matlab apresentada a seguir.

```
%///////////////////////// Funcao Wavelet Haar Mae /////////////////
function dx=psi(s,x,k)

    if (x>=1/k) && (x<0.5/s)
        z=1;
    elseif (x>=0.5/s) && (x<1/s)
        z=-1;
    else
        z=0;
    end
dx=z;
%///////////////////////////////////////////////////////////////////
```

7.4 PACOTE WAVELET NO MATLAB

A função Haar é muito simples, como já mencionado, e, mesmo assim, as linhas de programação tornam-se longas apenas para alguns termos de coeficientes. Para outros tipos de wavelet-padrão, o Matlab oferece *toolbox* interessante de rotinas pré-programadas. As wavelets contínuas necessitam de integração numérica para cada novo intervalo amostrado, diferentemente de wavelets discretas, como a função Haar. Algumas funções são bem mais complexas, como a função Chapéu Mexicano e a função Gaussiana.

O pacote do Matlab oferece a rotina **Continue Wavelet Transform** (CWT), que calcula os coeficientes das wavelets-padrão com boa precisão. Além disso, a programação é extremamente fácil e pequena quando se compara com as três programações (Excel, VBA, Matlab com algoritmo). As linhas a seguir descrevem a execução do programa.

```
clear all
clc
%=========== Geração do sinal de amostragem =====
  x=0:0.1:8*pi;
  y=sin(x);
%================================================
%           Nivel de escala da wavelet (coeficientes)
   f = scal2frq(0.1:0.1:2*pi,'haar',1);
%========== Matriz de coeficientes da wavelet ========
  c=cwt(y,f,'haar','abslvl');
%============ GRAFICO DA WAVELET E DO SINAL
  subplot(212)
  plot(x,y)
  subplot(211)
  surf(c)
xlabel('Tempo(TRANSLAÇÃO)')
ylabel('ESCALA - (coef. wavelets)')
zlabel('AMPLITUDE')
colormap gray
shading interp
view(46,44)
%====================================================
```

A qualidade do resultado também é muito melhor, visto que a dimensão da escala e o número de coeficientes calculados fornecem, como visto antes, uma acurácia maior. A Figura 7.14 apresenta a transformada wavelet para a função seno, conforme utilizado nos exemplos anteriores, $y(x) = sen(x)$.

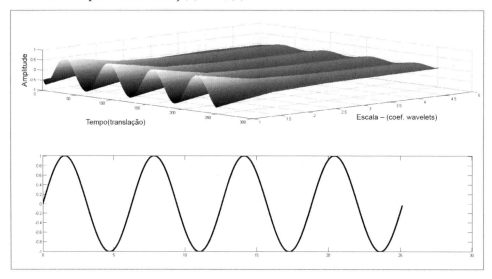

Figura 7.14 – Transformada wavelet com o pacote CWT do Matlab.

Quando se compara a solução dessa figura com as Figuras 7.8 e 7.10, fica evidente a melhor acurácia da resposta. Claro que se nas programações anteriores fosse aumentado o número de coeficientes *n*, o resultado seria o mesmo. Entretanto, do ponto de vista do esforço computacional, o Excel tem um tempo de execução mais longo.

A Figura 7.15 apresenta o resultado da transformada wavelet para a mesma função de entrada da Figura 7.11. É possível verificar como a alta frequência aparece no eixo do tempo e sua amplitude em escala. Quando o gráfico da transformada wavelet, no topo da Figura 7.15, sofre uma rotação de 90°, é possível ver a projeção da transformada no plano de duas dimensões. Fica bastante aparente na Figura 7.16 o modo como se interpreta o espectro das frequências na transformada wavelet. Valores mais fortes e claros na Figura 7.16 identificam no espectro frequências dominantes em escala e no tempo de translação do sinal.

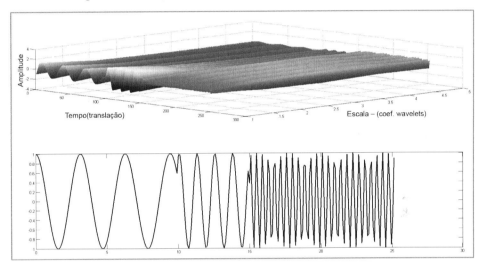

Figura 7.15 – CWT do Matlab para *cos*(2*x*) + *cos*(5*x*) + *cos*(15*x*).

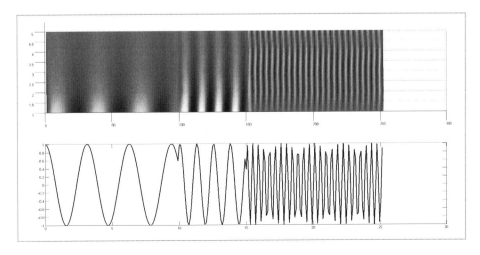

Figura 7.16 – CWT do Matlab para *cos*(2*x*) + *cos*(5*x*) + *cos*(15*x*) com visão do topo.

Na verdade, o espectro da transformada wavelet é um gráfico em três dimensões, achatado em duas dimensões para observação. A altura significa a importância dos coeficientes das wavelets, ou seja, a importância de cada ponto da escala (eixo y) em determinado momento no tempo (eixo x). Em outras palavras, a altura mede qual frequência mais aparece no conjunto de dados naquele exato momento do eixo x.

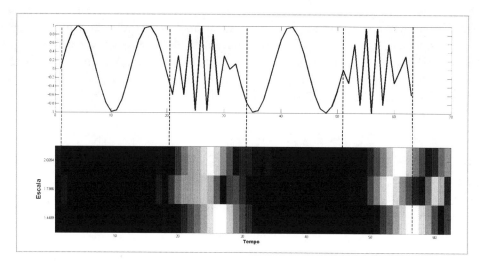

Figura 7.17 – Transformada wavelet para diferentes frequências.

Nessa figura, um sinal senoidal foi dividido em períodos de baixa frequência (movimentos mais lentos) e alta frequência (movimentos mais rápidos). A parte de baixo apresenta o resultado analisado pela transformada wavelet. Nos momentos mais lentos, os coeficientes das wavelets que se encaixam no sinal são baixos. O espectro apresenta cor escura, denotando esses valores mais baixos. Nos momentos de maior agitação, os coeficientes saltam para valores muito altos, revelando que naquele período as wavelets precisam ter coeficientes de alta frequência. No eixo da ordenada, quanto menor o valor chamado escala, mais rápido o sinal.

7.5 TRANSFORMADA WAVELET NO MERCADO FINANCEIRO

Conforme mencionado antes, a matriz H de coeficientes da transformada wavelet apresentada em (7.6) representa a disposição e a importância dos coeficientes para os valores da função $\psi(x)$, que se ajusta aos dados reais. Ao passo que os dados reais vão sendo amostrados, o valor dos coeficientes e suas posições dentro da matriz H vão se alterando. Essa alteração cria um padrão gráfico desses coeficientes para determinados valores atrasados de tempo k em relação ao último tempo de observação e para determinadas escalas ou frequências de sinais amostrados. O padrão do espectro apresentado nas Figuras 7.16 e 7.17 vai alterando e mudando com novas informações.

Em outros trabalhos (CAETANO; YONEYAMA, 2007 e 2009), mostramos como esse padrão pode trazer informações importantes a respeito do mercado financeiro.

A construção de um índice no trabalho publicado em 2009, com análise de épocas históricas de crises financeiras, mostrou um grau de precisão que permite alertar sobre riscos de mudanças abruptas nos preços e nos valores dos índices de bolsas no mundo. De forma mais aprofundada, discutimos os resultados, a metodologia e a aplicação do índice de mudanças abruptas (IMA) para o mercado financeiro em *Mudanças abruptas no mercado financeiro: modelos, métodos e previsões*, de 2013. A discussão nesse livro permite ao leitor entender os passos para os alertas de risco de mudança no cenário de ações, opções ou *commodities* com bom período de antecedência.

Para o mercado de ações, mostramos que é possível ter um alerta de risco confiável dois a três meses antes do evento de *crash*. No caso de dados intradiários, os alertas de risco podem ser confiáveis entre dois e três dias antes de o fato ser confirmado. A precisão do alerta é de cerca de 90%, como pode ser conferido no *site* www.mudancasabruptas.com.br.

Neste texto, a discussão sobre IMA aborda a análise de risco de determinados tipos de dados ligados ao mercado financeiro. Por exemplo, para a construção do IMA, antes do uso da transformada wavelet, é necessária a retirada de todo tipo de tendência.

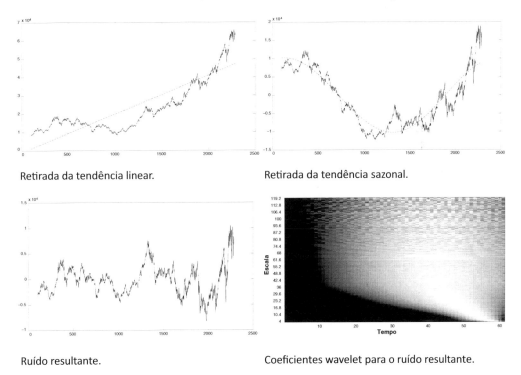

Figura 7.18 – Transformada wavelet no Ibovespa.

Essa figura apresenta a sequência de procedimentos de adequação dos dados para a transformada wavelet. Os dados apresentados são referentes aos valores de cotação do Ibovespa entre 26 de janeiro de 1999 e 28 de maio de 2008, dados, portanto, de fechamento diário do Ibovespa. O primeiro quadro (acima, à esquerda) mostra o ajuste de uma reta aos dados do Ibovespa. O segundo quadro da Figura 7.18 (retirada da tendência sazonal) apresenta o resultado obtido quando se subtrai a reta ajustada do primeiro quadro aos dados do Ibovespa. A segunda operação, então, é o ajuste de uma função cosseno ou seno aos dados resultantes da retirada linear. Com esse ajuste, repete-se uma nova subtração entre os dados e a função trigonométrica ajustada. O resultado é apresentado no terceiro quadro da figura (ruído resultante), em que se vê um ruído de fundo do Ibovespa, sem tendência e preparado para a transformada wavelet. De posse desse sinal, faz-se a transformada wavelet desses dados, observando a disposição dos coeficientes wavelets do mesmo tipo da matriz H (7.6). Isso, porém, é feito de forma gráfica onde os valores mais importantes positivos são mais brancos e os mais negativos mais importantes são mais pretos. O último gráfico da Figura 7.18 nada mais é que o mesmo gráfico em três dimensões da Figura 7.19, a seguir.

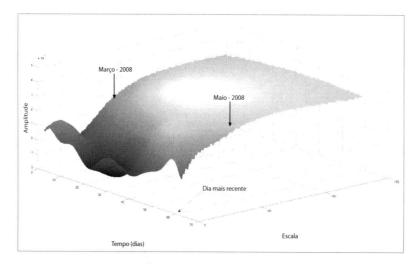

Figura 7.19 – Transformada wavelet no Ibovespa.

Diferentemente da transformada de Fourier, os coeficientes da transformada wavelet mudam de valores e de importância com o decorrer do tempo. Suas alterações não implicam apenas melhor ou pior ajuste da função wavelet-mãe aos dados amostrados, mas indicam importantes alterações futuras nos eventos associados aos dados.

A Figura 7.20 mostra que, no intervalo de três meses, os coeficientes alteraram bastante em grau de importância, em amplitude e em sua disposição na matriz H. O padrão de cores mais brancas se desloca por toda a matriz de coeficientes. Em dias mais nervosos no mercado financeiro, a mudança não leva apenas meses, mas sim dias. Em questão de uma semana para a outra, a alteração muda completamente a disposição dos coeficientes. Conforme explicamos no livro *Mudanças abruptas no mercado financeiro: modelos, métodos e previsões* (CAETANO, 2013), o padrão "tufão" branco no lado direito do espectro dos coeficientes wavelet revela que todos os coeficientes para todas as frequências têm mesma importância e relevância. Em termos de mercado financeiro, indica com boa probabilidade alto risco de mudança abrupta para um forte *crash* no sinal observado.

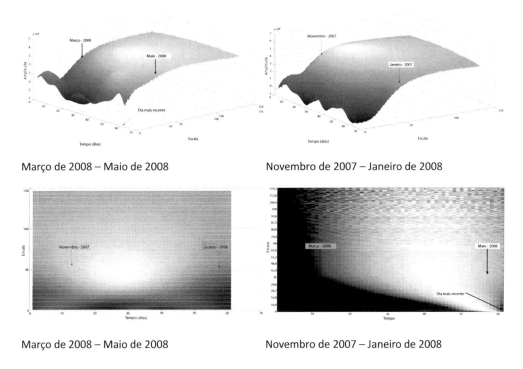

Março de 2008 – Maio de 2008   Novembro de 2007 – Janeiro de 2008

Figura 7.20 – Mudança de padrão no tempo nos coeficientes wavelets.

Em dados históricos observados sobre a crise de 1929, sobre a forte queda do índice Dow Jones em 1987, sobre o *crash* de 1907 no índice Dow Jones e sobre todos os índices mundiais em 2008, sempre o padrão wavelet de "tufão" branco alertou para risco iminente de *crashes* financeiros em nossos estudos.

A construção do IMA é uma maneira interessante de olhar os coeficientes wavelets da matriz H como a matriz em (7.6). Analisamos a última linha da matriz H varrendo todas as colunas de coeficientes. Uma normalização, como mostrada no livro já citado de 2013, permite captar um sinal quantitativo que pode ser traduzido em gráfico entre valores zero e um. Assim, em vez de olhar o espectro representado em imagem, como nas Figuras 7.18, 7.19 e 7.20, é possível verificar o risco de um *crash* em um gráfico em linha como na Figura 7.21, adiante.

Como apresentado no artigo "A new indicator of imminent occurrence of drawdown in the stock market" (CAETANO; YONEYAMA, 2009) e no livro *Mudanças abruptas no mercado financeiro: modelos, métodos e previsões* (CAETANO, 2013), a probabilidade de essa medida de risco acertar uma forte queda é de 90%. Em sinais captados no mercado financeiro, o índice de acerto nessa medida de risco tem sido o mesmo para dados intradiários ou diários.

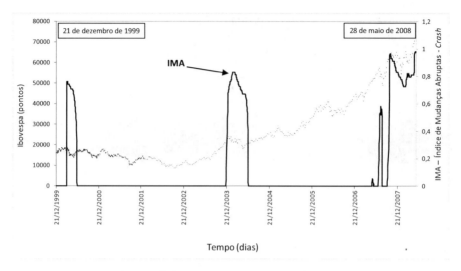

Figura 7.21 – Alerta do Índice de Mudanças Abruptas (IMA) para o Ibovespa.

Nessa figura, podemos perceber que, no dia 28 de maio de 2008, o IMA estava em seu máximo nível de alerta de risco. O risco de um *crash* na Bovespa era extremo, com probabilidade de 90% de acerto. O alerta foi emitido antes de uma possível queda e sem o IMA saber sobre os dados futuros, que não são levados em consideração. Como se sabe, foi o último dia, desde então, que o Ibovespa ultrapassou a barreira dos 73 mil pontos na bolsa brasileira.

Desde esse máximo, como pode ser visto na Figura 7.22, o Ibovespa caiu até 29 mil pontos. Enquanto o índice estava em trajetória de queda, o IMA também diminuiu seu valor até atingir zero no mesmo mês em que o Ibovespa e todo o resto do mundo pararam de cair por conta do pacote financeiro dos Estados Unidos para os bancos norte-americanos envolvidos na crise. Além de medidas diárias de fechamento, os coeficientes wavelets por meio do IMA podem alertar sobre riscos iminentes de *crashes* ou mudanças de trajetórias para altas em dados intradiários.

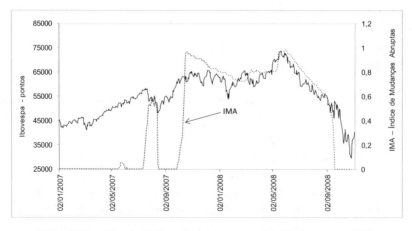

Figura 7.22 – Crise de 2008 no Ibovespa e a medida de risco com o IMA.

Para dados obtidos em intervalo de 15 minutos, durante os últimos cinco anos, sem interrupção, os coeficientes wavelets foram medidos e traduzidos na forma do IMA para alertas de riscos de *crashes* ou momentos de entrada para compra de ações no *site* www.mudancasabruptas.com.br.

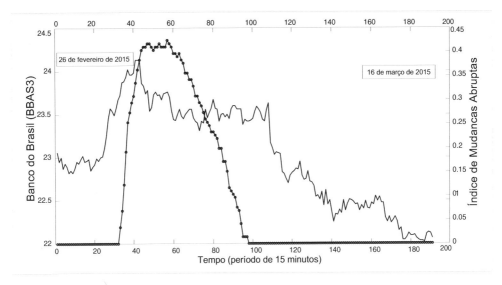

Figura 7.23 – IMA para a ação do Banco do Brasil (BBAS3) com intradiário de 15 minutos.

À medida que o mercado avança, para cada novo dado *on-line*, imediatamente em 5 minutos os coeficientes wavelets são calculados e um alerta de risco é emitido pelo IMA. As avaliações são feitas no momento da leitura do dado, com alguns exemplos apresentados nas Figuras 7.23, 7.24 e 7.25, em datas e horários diferentes para as ações BBAS3, CSNA3 e CMIG4.

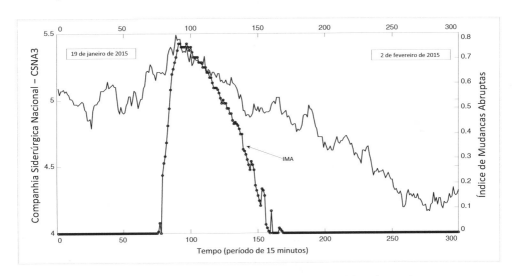

Figura 7.24 – IMA para a ação da CSN (CSNA3) com intradiário de 15 minutos.

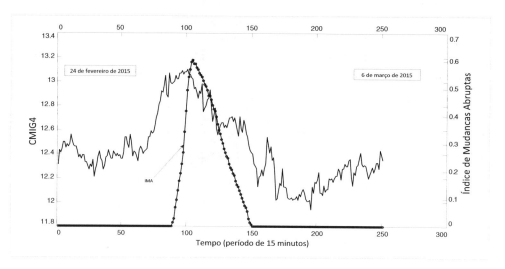

Figura 7.25 – IMA para a ação CMIG4 com intradiário de 15 minutos.

Outro fato interessante dos coeficientes wavelets para o IMA é que conseguem captar com extrema velocidade uma mudança de cenário, mesmo para empresas mais voláteis, caso da Petrobras entre o segundo semestre de 2014 e o primeiro semestre de 2015. A Figura 7.26 apresenta os dados da Petrobras com sua ação preferencial PN, a PETR4, acompanhada entre os dias 3 de fevereiro de 2015 e 9 de fevereiro de 2015.

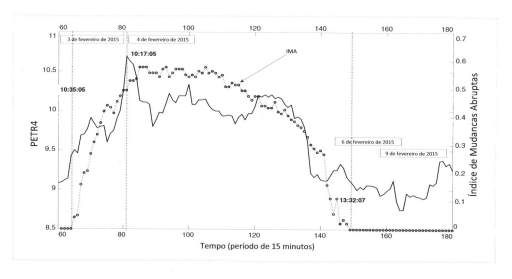

Figura 7.26 – IMA para a ação PETR4 com intradiário de 15 minutos.

É possível notar que, com um rápido crescimento nos preços da PETR4, a partir de 10h35 de 3 de fevereiro, o IMA começou a aumentar o risco extremo de uma possível mudança abrupta na tendência da ação. Às 10h17 do dia 4 de fevereiro, o IMA alcançava seu valor de 0,6 (varia entre 0 e 1). Sempre que o IMA ultrapassa 0,8, há 90% de chance de uma queda forte acontecer. Mesmo com um IMA acima de 0,5, sempre existe um perigo associado de reversão da tendência da ação. Os coeficientes wavelets tornam-se em sua maioria importantes e relevantes, indicando alta frequência na oscilação dos preços. A Figura 7.26 apresenta exatamente isso, quando, a partir das 10h17, a PETR4 começou a cair e não se recuperou mais enquanto o IMA não se anulou, no dia 6 de fevereiro a partir das 13h32.

Mesmo realizando alterações rápidas no preço das ações com notícias boas ou ruins para determinadas empresas, a avaliação de risco é rápida com o IMA. No caso da Companhia Vale do Rio Doce e sua ação VALE5, no período de 30 de janeiro a 6 de março de 2015, muitas notícias sobre o preço do minério de ferro, sobre o crescimento da China e sobre possíveis alterações na taxa de juros chinesa foram divulgadas na mídia.

A Figura 7.27 mostra que, com as notícias, a captura das wavelets é muita boa, com rápida resposta à alteração na tendência da ação. Nesse período, três altas fortes ocorreram na VALE5 e três alertas de risco extremo foram emitidos. No último, uma queda de 5,78% iniciou outras sequências de quedas rápidas e duradouras na VALE5.

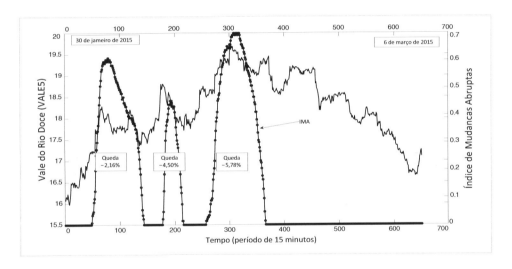

Figura 7.27 – IMA para a ação VALE5 com intradiário de 15 minutos.

A avaliação de risco utilizando o IMA e as wavelets é bem interessante e tem boa precisão. Entretanto, uma associação ainda importante se faz necessária. A união entre as wavelets por meio do IMA e da volatilidade fornece um mapa perfeito da iminência ou não de aumento do risco extremo da ação que está sendo acompanhada. Aumento de volatilidade significa aumento de estresse e nervosismo no mercado, com oscilações rápidas ao sabor das notícias. Essa associação é apresentada no próximo capítulo, em um mapa de risco para eventos extremos no mercado financeiro.

CAPÍTULO 8
MAPA DE RISCO

8.1 INTRODUÇÃO

Conforme mencionado no primeiro capítulo quando se tratou da estatística, tão importante quanto o valor médio de um conjunto de dados é como se dispersa. A dispersão é parte importante de qualquer análise de dados. No mesmo capítulo, foi apresentada uma das formas de medir a dispersão dos dados, também conhecida como medida de volatilidade. O desvio-padrão foi apresentado em fórmula e comandos do Microsoft Excel.

Uma boa medida de risco é aquela em que, além de alertar para possíveis mudanças de tendências, relaciona a probabilidade de acertos e erros. No capítulo anterior, foi estudada uma medida que relaciona possíveis quedas em índices ou ações no mercado financeiro com a medida de frequência por meio dos coeficientes wavelets. O Índice de Mudanças Abruptas (IMA) construído com os coeficientes wavelets mostra bom comportamento, como visto nos exemplos.

Ficaram as perguntas: como medir a força do índice com as oscilações diárias do mercado financeiro? Como relacionar as probabilidades de acertos ou erros conforme os alertas são emitidos? No segundo capítulo foi discutida a importância do entendimento da teoria de probabilidades, suas distribuições e formas de medir tipos de distribuições com as amostragens dos dados. Após 5 mil horas de aquisição de dados, estudou-se como era a relação entre os alertas do IMA e a dispersão deles. Antes, porém, verificou-se o nível de alerta com o número de quedas reais que aconteceram durante essas 5 mil horas, tomadas a cada 15 minutos.

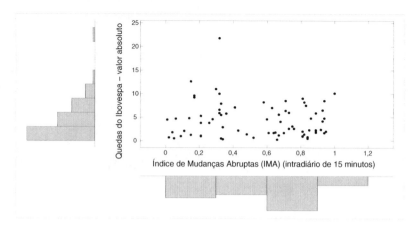

Figura 8.1 – Relação entre número de quedas no Ibovespa e IMA no intradiário (15 minutos).

A figura apresenta um resumo estatístico de distribuição dos alertas do IMA que começam em zero e têm seus valores máximos em 1. O eixo vertical relaciona as quedas no Ibovespa. É possível notar duas concentrações de quedas em torno do nível 0,2 e do nível 0,8 do IMA. Fica a pergunta: qual a severidade dessas quedas?

8.2 PROBABILIDADE CONDICIONAL PARA QUEDAS NO MERCADO E IMA

Verificar o número de queda e relacioná-lo com o risco de queda não fornece uma informação importante sobre o "nervosismo" do mercado e o que um índice de risco alerta. Uma segunda estatística importante em relacionar os alertas de risco do IMA com o estresse do mercado é visualizar a relação entre IMA e volatilidade.

A Figura 8.2, a seguir, apresenta os *clusters* formados pelos diversos valores das volatilidades do Ibovespa e o nível de alerta de risco do IMA. Mostra, por exemplo, o alto nível de volatilidade quando o IMA está acima de 0,8, quando o IMA formado pelos coeficientes wavelets captura que a volatilidade do mercado está aumentando e, com isso, elevando também o risco.

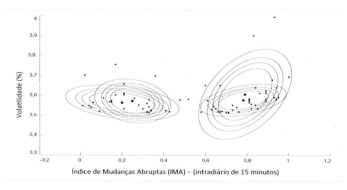

Figura 8.2 – Relação entre volatilidade (%) e IMA do Ibovespa intradiário (15 minutos).

Mapa de risco 185

De posse dos cálculos dessa figura, é possível levantar algumas perguntas. Como relacionar essa volatilidade com as quedas reais do mercado financeiro? Como a adição do IMA e da volatilidade seria interpretada em termos de valores reais para a bolsa de valores? Diante disso, é muito interessante avaliar a representação IMA e volatilidade da maior crise de todos os tempos, que começou nos Estados Unidos em 1929.

Cada uma das figuras a seguir apresenta um cenário. Na primeira, os dados diários de fechamento do índice Dow Jones foram analisados pelo IMA com os coeficientes wavelets, como apresentado no capítulo anterior. Esses dados foram avaliados a partir do dia 29 de agosto até o dia 19 de setembro de 1929. Esse período foi escolhido, porque são os dias imediatos à "sexta-feira negra" e à "segunda-feira negra" de 1929, quando Dow Jones caiu de forma abrupta e causou pânico mundial.

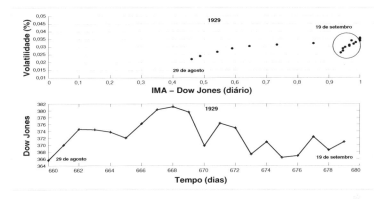

Figura 8.3 – IMA e volatilidade (%) do índice Dow Jones antes do *crash* de 1929.

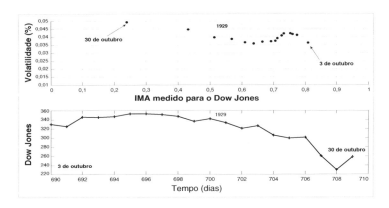

Figura 8.4 – IMA e volatilidade (%) do índice Dow Jones após o *crash* de 1929.

A primeira parte da análise está na Figura 8.3, cujo topo apresenta o gráfico entre IMA e volatilidade de Dow Jones e cuja parte inferior mostra pontuação diária correspondente aos valores verificados no gráfico logo acima. Pode-se perceber que os valores percorrem o lado direito do eixo horizontal. Isso significa que, à medida que o IMA aumentava, alertando sobre o crescente risco de queda, a volatilidade também crescia em 1929.

A Figura 8.4 apresenta o resultado do que aconteceu depois que a crise teve início, após o dia 3 de outubro de 1929. Como mostra o gráfico no topo dessa figura, uma vez iniciada a crise, o IMA começou a caminhar para o lado esquerdo do eixo horizontal, caindo dos valores próximos a 1,0 em 19 de setembro para 0,2 em 30 de outubro.

Uma visão geral dos acontecimentos pode ser observada na Figura 8.5, que apresenta a relação direta entre Dow Jones e IMA antes, durante e depois da queda.

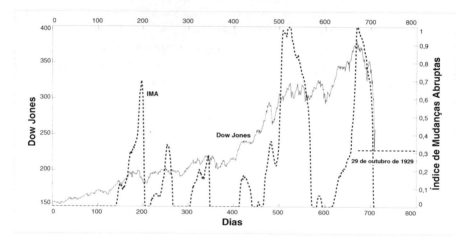

Figura 8.5 – IMA para o índice Dow Jones no período da crise de 1929.

Além de dados históricos de crises muito marcantes na história, esse tipo de análise entre IMA e volatilidade também oferece bons resultados em dados mais recentes. Quando observados os dados da crise que teve mais destaque na era moderna dos mercados mundiais, essa relação de risco também fornece um bom alerta. Na crise de 2008, por exemplo, já em abril, a relação entre IMA e volatilidade alertava mostrando os dados bem à direita do gráfico de risco.

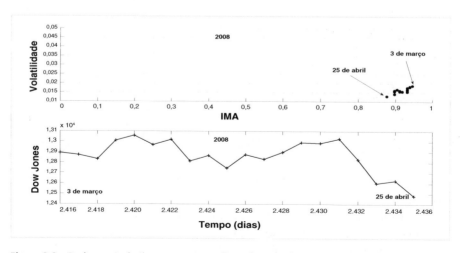

Figura 8.6 – Dados reais do Ibovespa em um dia após o *crash*, com nível de alerta diminuindo.

Mapa de risco 187

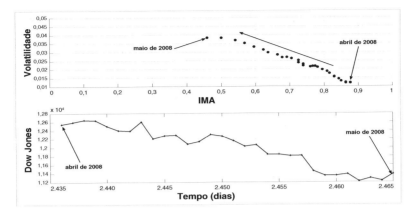

Figura 8.7 – Dados reais do Ibovespa em um dia após o *crash*, com nível de alerta diminuindo.

Essas figuras mostram como se comportava o IMA e a volatilidade do índice Dow Jones entre os dias 3 de março e 25 de abril. A Figura 8.6 apresenta IMA com alto nível de risco extremo e alta volatilidade. Na Figura 8.7, quando a crise mundial tem início com a falência do Lehman Brothers, os pontos começam a caminhar para o lado esquerdo do gráfico, indicando que a queda já começara.

Diante dessa relação entre IMA e volatilidade como medida de risco, é interessante obter informações entre a probabilidade de quedas acima de certo percentual e o IMA indicado quando essas quedas de fato ocorreram. Com 5 mil dados amostrados do Ibovespa intradiário (15 minutos), é possível construir uma tabela e relacionar o alerta de risco do IMA, as probabilidades de quedas fortes e, por fim, a probabilidade de esse cenário acontecer.

A Tabela 8.1, a seguir, descreve a probabilidade para dez níveis de alerta de risco do IMA e as chances de o índice Ibovespa cair mais que um relativo percentual. A leitura da tabela acompanha a pergunta: dado que o IMA é x, qual a probabilidade de o Ibovespa cair mais de [porcentagem]?

Tabela 8.1 – Probabilidade condicional de quedas do Ibovespa

Probabilidade de o Ibovespa cair mais de...	0,5%	1%	1,5%	2%	3%	5%
IMA = 0,1	95%	91%	86%	82%	72%	53%
IMA = 0,2	95%	91%	87%	83%	73%	55%
IMA = 0,3	95%	91%	87%	83%	74%	55%
IMA = 0,4	95%	91%	87%	83%	73%	54%
IMA = 0,5	95%	91%	86%	81%	71%	51%
IMA = 0,6	94%	90%	85%	80%	70%	49%
IMA = 0,7	94%	90%	85%	80%	69%	48%
IMA = 0,8	94%	90%	85%	80%	69%	48%
IMA = 0,9	94%	90%	85%	80%	69%	48%
IMA = 1,0	95%	90%	85%	80%	70%	49%

A partir dos dados da tabela, caso se tome o valor do IMA como 0,8 e se queira saber a probabilidade de uma queda do Ibovespa acima de 1,5%, em termos matemáticos obtém-se:

$$P\ (queda > 1,5\%\ |\ IMA = 0,8) = \mathbf{85\%}$$

Seria possível, ainda, verificar a probabilidade de o Ibovespa apresentar queda acima de 5%, dado que o IMA está em 1,0.

$$P\ (queda > 5\%\ |\ IMA = 1,0) = \mathbf{49\%}$$

Com essa tabela e os dados amostrados, é possível construir outras tabelas para realizar uma distribuição conjunta e acumulada nos níveis de queda do Ibovespa para os níveis de alerta do IMA. Com a distribuição conjunta, pode-se descobrir a distribuição marginal das quedas para cada valor do IMA. No final, essas informações podem ser condensadas em um gráfico, como mostra a Figura 8.8.

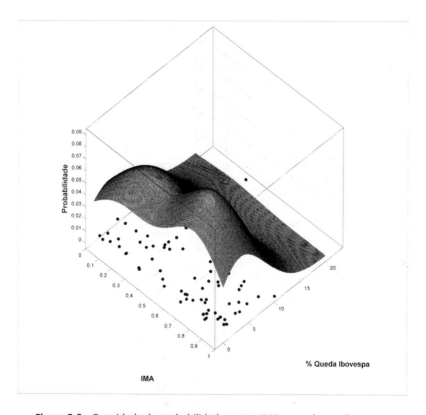

Figura 8.8 – Densidade de probabilidade para o IMA e quedas no Ibovespa.

Pode-se reparar, a partir da figura, que a distribuição bivariada tem dois picos, sendo, portanto, um tipo de distribuição bimodal. A distribuição parece um pouco a distribuição de probabilidade normal em cada um dos picos. Entretanto, como um todo, tem características próprias. Os dois picos observados são exatamente como os visualizados na Figura 8.2, relacionados com os valores mais frequentes quando as quedas são observadas. Nesse caso, os valores do IMA quando as quedas aconteceram com mais frequência foram 0,2 e 0,8.

Esse tipo de distribuição permite a construção de curvas de níveis para identificar o risco pelo qual o sinal observado está passando e verificar a probabilidade de um forte *crash* nas observações seguintes. A representação dessas curvas de níveis é mostrada na Figura 8.9. Foram apresentadas no primeiro capítulo deste livro e agora pode-se perceber quanto são importantes para a avaliação de um risco antes do *crash*.

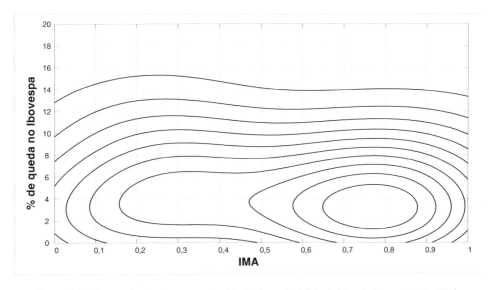

Figura 8.9 – Curvas de níveis para a densidade de probabilidade bivariada para IMA × % de queda no Ibovespa.

8.3 NÍVEIS DE RISCO PARA ATIVOS DO MERCADO FINANCEIRO

As curvas de níveis para o alerta de risco extremo são mais interessantes de entender que uma visão em três dimensões da distribuição de probabilidade, como mostrado na Figura 8.8. Essa representação em curvas de nível foi apresentada no primeiro capítulo, acompanhada do procedimento de utilização. Assim como visto antes no caso do índice Dow Jones de 1929, o grau de risco vai sempre aumentar da direita para a esquerda, com o IMA atingindo valores mais próximo de seu máximo ponto, que é igual a 1,0. Se os pontos de alerta caminharem para a direita e dirigirem-se para cima, no eixo vertical, pode-se entender que, além de arriscado, o mercado está muito volátil, o que leva a uma queda ainda mais forte.

Como exemplo, a Figura 8.10 representa dados reais do Ibovespa em determinado dia de alta volatilidade antes do *crash*, com os valores amostrados a cada 15 minutos. O ponto (1) na figura é o nível máximo e mais central dentro do mapa de risco. O mesmo ponto (1) é representado no gráfico embaixo da mesma figura, com o Ibovespa em quase 60 mil pontos.

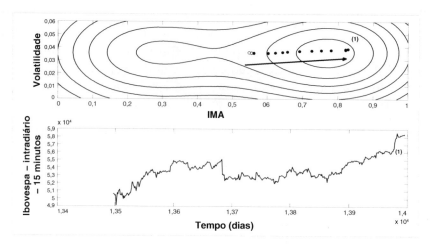

Figura 8.10 – Dados reais do Ibovespa em um dia antes do *crash*, com nível de alerta aumentando.

O resultado desse alerta pode ser comprovado na Figura 8.11. Nela, verifica-se que, em questão de uma hora, com apenas quatro pontos de amostra de 15 minutos, o Ibovespa intradiário iniciou sua queda de 7%, ou quase 4 mil pontos, indo de (1) para (2). É possível observar os valores do mapa de risco caminhando da direita para a esquerda, com volatilidade por volta de 4%, no gráfico no topo da Figura 8.11.

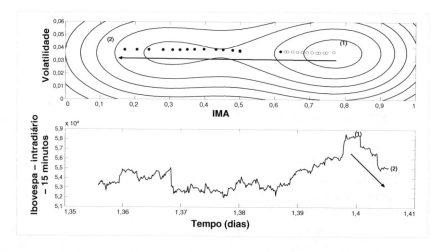

Figura 8.11 – Dados reais do Ibovespa em um dia após o *crash*, com nível de alerta diminuindo.

Não se pode deixar de lembrar que o IMA capta os coeficientes wavelets que se ajustam aos dados reais. Eles informam ainda o momento em que altas frequências e baixas frequências assumem caráter importante na série de dados. A mesma amplitude dos coeficientes de alta frequência e baixa frequência torna o IMA cada vez mais alto, alertando para possíveis *crashes* à frente do último sinal amostrado. Quanto mais próximo de 1,0, mais os coeficientes são proeminentes, formando a figura-padrão de "tufão branco" no espectro wavelet. Com a adição das curvas de níveis, não apenas um alerta de risco extremo pode ser emitido como também um alerta quantitativo de probabilidade de quedas fortes e seu nível de acerto ou de erro. Por isso, o mapa de risco completa os alertas emitidos pelas wavelets representados pelo IMA.

CAPÍTULO 9
CÁLCULO DE ITÔ

9.1 INTRODUÇÃO

Em 1915, a ilha de Honshu, no Japão, ganhava um novo filho que um dia seria ilustre. Na área de matemática pura e, mais recente, na área de matemática financeira, Kiyoshi Itô é muito conhecido pelo lema que leva seu nome: lema de Itô (MCKEAN, 1969; ARNOLD, 1973; KRISHNAN, 1984; CHUNG; WILLIANS, 1990; ALLEN, 2007; OKSENDAL, 2013). Falecido em 2008, Itô tornou-se doutor em Matemática na Universidade de Tóquio. Entre 1938 e 1945, publicou trabalhos na área de processos estocásticos e probabilidade. Esses processos são eventos que se desenvolvem no tempo, mas que sofrem perturbações que os retiram da trajetória determinística. Um automóvel na rodovia muitas vezes não anda em linha reta ao trafegar em virtude do atrito dos pneus, das rajadas de vento da natureza ou dos caminhões que cruzam próximo ao veículo.

Vamos imaginar que estamos em determinado dia com amigos em um bar, nos deliciando com um bom refrigerante gelado. Olhamos para as bolhas que saem do fundo do nosso copo. Elas começam a subir em linha reta, mas alguns centímetros acima do fundo começam a fazer zigue-zague. Na parte de cima de seu copo, a cada momento, aquela pequena bolha que surgiu lá embaixo estaciona em um lugar e outra, que estava próxima, estaciona em outro lugar completamente diferente. Seria possível prever a trajetória dessas bolhas? Elas surgem graças ao gás liberado no processo de engarrafamento da bebida.

Essa pergunta sobre bolhas foi feita de uma maneira diferente pelo biólogo Robert Brown. Trabalhando inicialmente na Marinha britânica, Brown coletava diversas espécies em suas viagens para catalogação e arquivamento para o acervo do governo britânico. Em 1827, quando examinava suspensão aquosa de grãos de pólen, erroneamente achou que era uma nova espécie em movimento. A trajetória da "nova espécie" no microscópio intrigou o biólogo, que resolveu pesquisar mais sobre partículas de pó.

Reparou, então, que também nas partículas mortas de sujeira o movimento sempre ocorria no microscópio, mas não conseguiu explicar a causa. Mesmo assim, cunhou o termo "movimento browniano", usado até os dias atuais.

A descrição matemática surgiu pela primeira vez em 1880 com Thorvald N. Thiele, que, por sua vez, foi seguido por Louis Bachelier, em 1900, e por Mattew Fontaine M. Osborne, ambos conhecidos nas finanças atuais (OSBORNE, 1959).

É possível fazer previsões de fenômenos que seguem movimentos brownianos utilizando o computador. Assim, pode-se encontrar numericamente (método de Monte Carlo) soluções de qualquer ordem e estimar com certa segurança qual a probabilidade de o evento estar em lugares predefinidos (DANÍELSSON, 2011). Na época de Itô, computadores existiam apenas em órgãos de guerra, governos ou empresas de grande porte. A preocupação de todo pesquisador é descobrir a solução "fechada", ou seja, a intenção é sempre descobrir uma fórmula que, alimentada com alguns valores, fornece uma previsão sobre o futuro.

A fórmula a seguir é tradicional e descreve o movimento aleatório de qualquer evento. A letra grega σ (lê-se sigma) indica uma variabilidade do fenômeno no tempo e a letra também grega μ (lê-se mi) aponta a direção média a ser seguida. O termo "dt" representa uma variação no passo de observação no tempo. O termo "dB_t" indica como a perturbação aleatória atrapalha o movimento.

$$dX_t = \mu dt + \sigma dB_t \tag{9.1}$$

Conhecendo-se as duas letras gregas, é possível saber o caminho do evento denominado X_t. O problema que surge é que, se a letra grega sigma que está no segundo termo for algo que dependa da trajetória de X_t, a previsão é impossível em muitos casos. Na verdade, a solução é impossível, mas numericamente conseguimos estimar onde X_t vai estar. A equação diferencial (9.1) é uma representação simplificada de uma integral estocástica, cujo aprofundamento foge do escopo deste livro. A título de conhecimento, a Equação (9.1) representa a integral a seguir:

$$X(t) = X(0) + \int_0^t \mu(X(s))\,ds + \int_0^t \sigma(X(s))\,dB(s)$$

Nessa equação, os incrementos diferenciais $dB(s)$ são números infinitesimais e aleatórios, o que torna a resolução analítica da integral bastante complicada. Para se ter uma ideia, a diferença de $X(t)$ entre dois instantes é um número aleatório que depende da distribuição de probabilidade normal:

$$\Delta X = X(t + \Delta t) - X(t) \sim N(0, \sqrt{\Delta t})$$

Em termos de simplificação, vamos adotar X_t em vez de $X(t)$, para evitar o uso repetitivo dos parênteses. A grande ideia de Itô foi descobrir como a trajetória do evento X_t podia afetar outros processos que dependiam dele utilizando a equação a seguir, conhecida como lema de Itô. Dada uma função $f(x,t)$, duas vezes continuamente diferenciável em x, com x pertencente ao conjunto dos reais $[0, +\infty) \times (0, +\infty)]$, o processo estocástico definido pela função f é um processo de Itô e a equação integral estocástica a ele associada pode ser escrita em equação diferencial seguindo a forma:

$$df = \left(\mu \frac{\partial f}{\partial x} + \frac{\partial f}{\partial t} + \frac{1}{2}\sigma^2 \frac{\partial^2 f}{\partial x^2}\right)dt + \sigma \frac{\partial f}{\partial x}dB \tag{9.2}$$

Ao manipular matematicamente esses outros processos, não X_t, Itô conseguiu eliminar muitas dependências do próprio processo desconhecido X_t. Trata-se de algo como: "eu não conheço a direção em que o vento futuro vai afetar meu automóvel, mas sei que, se ficar entre alguns prédios, ele vai me afetar de frente". Itô descobriu a relação entre os edifícios e o vento. Quando possível, as soluções de Itô são muito interessantes e bastante elegantes. O resultado final é sempre belo, no sentido de produzir *insights* sobre o fenômeno.

9.2 PROCESSOS ESTOCÁSTICOS

O nome vem do termo *stochastic*. Também são conhecidos como processos aleatórios, isto é, fotografias de eventos que mudam conforme o decorrer do tempo. A probabilidade e a estatística convencional, curso introdutório para a maioria das áreas, fazem uma análise e projeções de eventos que já aconteceram e sobre os quais, naquele instante, não se tem mais controle. As técnicas de processos estocásticos são, apesar de teoricamente trilhar os passos da probabilidade e da estatística, mais abrangentes uma vez que são preparadas por meio de teoremas matemáticos para medir conjuntos de variáveis de múltiplas dimensões. Assim, conceitos diferentes, mas por outro lado bem parecidos com os conceitos estatísticos básicos, proporcionam maneiras mais seguras e precisas de medir e interferir em um processo que se desenvolve com o passar do tempo.

O conhecimento matemático é fundamental, principalmente na área de cálculo, para entender e desenvolver o raciocínio lógico matemático que envolve os processos aleatórios. Já para simulação, faz-se necessário o conhecimento de cálculo numérico e suas diversas ferramentas do ponto de vista de desempenho computacional, bem como um bom conhecimento de algoritmos e maneiras de programar um computador para simular o mais próximo da realidade do evento, ou seja, modelos matemáticos simplificados.

Não há como tratar nem apresentar processos estocásticos sem um bom conhecimento de métodos numéricos. Com os computadores cada vez mais rápidos na realização de cálculos, esses métodos permanecem em um degrau elevado em comparação com outras teorias. No caso de processos estocásticos, aproximação de funções, interpolações, zero de funções e, principalmente, resolução numérica de equações diferenciais, os computadores são fundamentais no estudo de um processo estocástico.

Um modelo matemático é um conjunto de equações que tenta descrever de maneira representativa situações e eventos relacionados com a realidade. Assim, podemos ter modelos de redes computacionais, de sistemas de gerenciamento, de doenças, de dispersão de poluição, de trajetórias de ações na bolsa de valores etc. Esses modelos podem falhar. Como já explicado, são apenas representações abstratas da realidade, que proporcionam uma maneira de estudar e compreender as relações entre as variáveis envolvidas. Assim, sua confiabilidade está diretamente relacionada com a qualidade com que os dados do problema foram coletados e, principalmente, com estatísticas realizadas na obtenção das taxas. Não apenas as médias e variâncias são importantes no contexto de um modelo, mas a estatística como um todo, no sentido de análises e inferências sobre os dados.

Uma simulação de eventos reais tem como componente fundamental a solução numérica de equações diferenciais que, baseadas em modelos representativos, são capazes de prever e controlar situações futuras. Simular um processo estocástico é à primeira vista muito complicado, mas na verdade depende do conhecimento existente sobre métodos numéricos e estatísticas, dois componentes fundamentais.

Em finanças, uma vez que o retorno financeiro sobre o preço y de um ativo pode ser representado pela relação diferencial dy/y, um modelo de processo estocástico utilizado com frequência para estudo de preços é o seguinte (UGUR, 2008; MORINI, 2011):

$$dy = \mu y dt + \sigma y dW_t \qquad (9.3)$$

em que y representa o preço de um ativo, μ é o retorno esperado, σ^2 significa a variância e W_t é um processo que representa ruído aleatório conhecido como processo de Wiener. Trata-se de um modelo baseado na formulação de termodinâmica cuja equação é:

$$dv = -\beta v dt + \sqrt{D} dB_t \qquad (9.4)$$

Nesse modelo termodinâmico, o termo β é o coeficiente de fricção linear para flutuações em equilíbrio, o termo $D = \beta kT$ representa uma constante de flutuação possível apenas para oscilações próximas do equilíbrio e B_t é o processo estocástico que representa o movimento browniano.

A teoria geral que Itô desenvolveu, partindo da Equação (9.3), procurou encontrar soluções analíticas para descobrir a lei que governava a variável $v(t)$ da Equação (9.4). Assim, se dy for a variação do preço de um ativo, o $y(t)$ encontrado por meio de um processo especial de integração será seu preço, teoricamente, para qualquer valor assumido pelo tempo no futuro.

Cálculo de Itô **197**

9.3 SOLUÇÕES ANALÍTICAS PARA MODELOS ESTOCÁSTICOS

Como exemplo de aplicação do cálculo de Itô, vamos utilizar seu lema, representado pela Equação (9.2), na resolução de modelos estocásticos com a formulação (9.1). A seguir, apresentamos o modelo 1:

$$dx = 2xdt + xdw \tag{9.5}$$

A resolução de Itô para os modelos estocásticos foi a observação do sistema com uma transformação sobre a variável original, de forma que se obtém uma solução mais fácil. Uma vez resolvido o problema para essa variável de transformação, retorna-se para a variável que originou o modelo. No caso de modelos como esse, a transformação ideal é usar uma nova variável y com a forma:

$$y = \ln(x) \tag{9.6}$$

Aplicando o lema de Itô para y, não para a variável original x, tem-se:

$$dy = \left(\frac{\partial y}{\partial t} + \mu \frac{\partial y}{\partial x} + \frac{1}{2}\sigma^2 \frac{\partial^2 y}{\partial x^2}\right) dt + \sigma \frac{\partial y}{\partial x} dw \tag{9.7}$$

Nesse caso, as variáveis μ e σ devem ser substituídas pelos termos que multiplicam, respectivamente, dt e dw em (9.5), ou seja:

$$\mu = 2x$$

$$\sigma = x$$

Assim, as derivadas do lema em (9.7) são:

$$\frac{\partial y}{\partial t} = 0$$

$$\frac{\partial y}{\partial x} = \frac{1}{x}$$

$$\frac{\partial^2 y}{\partial x^2} = \frac{-1}{x^2}$$

Então, substituindo as derivadas em (9.7), obtém-se:

$$dy = \left(0 + 2x\frac{1}{x} + \frac{1}{2}x^2 \frac{(-1)}{x^2}\right)dt + x\frac{1}{x}dw$$

em que são desenvolvidos os termos:

$$dy = \left(2 - \frac{1}{2}\right)dt + dw$$

Chegando-se ao resultado final para dy:

$$dy = \frac{3}{2}dt + dw$$

Agora, a variável auxiliar y pode ser obtida via processo de integração de cálculo diferencial e integral. A integração da equação anterior tem como resultado:

$$y = \frac{3t}{2} + w + y(0)$$

Com o valor da variável auxiliar y, pode-se retornar à Equação (9.6) e, no processo inverso ao logaritmo, obter o valor da variável x do modelo inicial. Assim:

$$x(t) = e^{y(0)} e^{\left(3\frac{t}{2} + w(t)\right)} \tag{9.8}$$

em que $w(t)$ é um ruído aleatório gaussiano com média zero e desvio-padrão que varia com a raiz quadrada do tempo, ou $\sqrt{t}$, conhecido como ruído branco gaussiano. Dessa forma, a solução do processo estocástico com a variação de (9.5) é a lei para $x(t)$ na forma (9.8) anterior. Em um processo estocástico, a visualização de uma simulação é conhecida como uma realização de um processo. Isso porque, graças ao ruído branco, infinitas possibilidades existem para cada simulação do processo. Um bom ambiente de programação para processos estocásticos é o Matlab da Mathworks.

A Figura 9.1 apresenta uma realização de $x(t)$ obtida para a Equação (9.8), com a programação disponível na Figura 9.2. É interessante notar que é possível controlar a semente de geração dos aleatórios por meio do comando de semente na linha 9 da programação. Isso é importante para obter comparações de resultados para os mesmos números aleatórios gerados em diversos casos. Nesse caso foi utilizada a condição $y(0) = 1$ para as simulações.

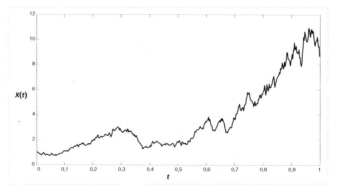

Figura 9.1 – Solução para o processo estocástico $dy = 2xdt + xdw$.

```
1 -    clear all
2 -    clc
3      % Simulacao da Eq. Dif. Est
4      % dx = 2xdt+x.dw
5      % cuja sol: x(t)=x0.exp(1.5t+w(t))
6      % x(0)=1
7      %=======================================
8
9 -    randn('state',100);    % n. aleatorio com semente 100-sempre os mesmos
10 -   T = 1; N =500; dt = T/N;
11 -   t=(dt:dt:T);
12 -   Xzero=1;
13 -   M=1;
14
15 -   dW = sqrt(dt)*randn(M,N);  %  shock do ruido com dispersao sqrt(t)
16 -   W = cumsum(dW,2);          % soma acumulada de dois passos aleatorios
17
18     %========= solucao analitica da Eq. Dif. Est ==========
19 -   x=Xzero*exp(1.5.*repmat(t,[M 1])+W);
20     %=======================================
21 -   Xmed=mean(x);    % media das realizacoes
22
23 -   plot(t,x(1,:),'-r')   % 1 realizacao
```

Figura 9.2 – Programa em Matlab para simulação da solução analítica $x(t) = e^{y(0)} e^{\left(3\frac{t}{2}+w(t)\right)}$.

Para mais realizações do processo, basta alterar o parâmetro M = 20 no programa da Figura 9.2 e, no comando **plot**, alterá-lo para **plot(t, x(:,:),'-r')**. O resultado vai ser como mostrado na Figura 9.3, em que se vê a dispersão do processo graças ao choque de dispersão causado pelo ruído branco na forma $w(t) = \sqrt{t}.v(t)$, em que $v(t)$ são ruídos gaussianos com média zero e desvio-padrão unitário. A linha 15 da programação Matlab na Figura 9.2 apresenta como simular M processos com N dados.

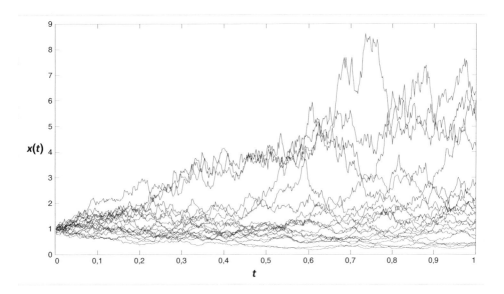

Figura 9.3 – Resultado em Matlab para vinte simulações da solução analítica (Equação 9.8).

Agora, vamos apresentar o modelo 2, que é parecido com o modelo anterior, mudando apenas o fato de o valor de μ ser a metade do valor do mesmo parâmetro anterior x.

$$dx = \frac{x}{2}dt + xdw \quad (9.9)$$

Procedendo da mesma maneira como no modelo 1, é preciso adotar a variável auxiliar como *ln(x)* (Equação 9.6):

$$dy = \left(0 + \frac{x}{2}\frac{1}{x} + \frac{1}{2}x^2\frac{(-1)}{x^2}\right)dt + x\frac{1}{x}dw$$

Como todos os termos em *dt* se cancelam, o resultado é:

$$dy = dw$$

Integrando essa equação, obtém-se:

$$x(t) = e^{y(0)}e^{(w(t))} \quad (9.10)$$

O modelo 3 é um pouco mais complexo do que os modelos estocásticos apresentados anteriormente. Não se deve tentar a mesma mudança de variável utilizando o logaritmo natural. A solução torna-se mais complexa e inviável. Nesse caso, outra mudança de variável simplifica extraordinariamente a resolução do problema.

$$dx = \frac{-x}{1+t}dt + \frac{1}{1+t}dw \quad (9.11)$$

A mudança de variável ideal para esse problema é:

$$y = \frac{x}{1+t} \quad (9.12)$$

Essa transformação é ideal, pois faz com que alguns dos termos dentro da Equação (9.7), que são ligados ao termo *dt*, cancelem-se. Ou seja:

$$dy = \left(\frac{x}{(1+t)^2} - \frac{x}{(1+t)}\frac{1}{(1+t)} + 0\right)dt + \frac{1}{(1+t)^2}dw$$

Simplificando, o resultado fornecido é:

$$dy = (0)dt + \frac{1}{(1+t)^2}dw$$

$$dy = \frac{1}{(1+t)^2}dw$$

Integrando o termo anterior, encontra-se o resultado para a variável auxiliar:

$$y = \frac{1}{(1+t)^2} w$$

Substituindo o valor de y em (9.13), tem-se o resultado final para a solução do processo estocástico:

$$x(t) = \frac{w(t)}{1+t} \tag{9.13}$$

A Figura 9.4 apresenta duas realizações para esse processo estocástico $x(t)$. É um processo que acaba por estacionar-se, pois à medida que o tempo avança o processo é controlado pela divisão do termo $(1 + t)$.

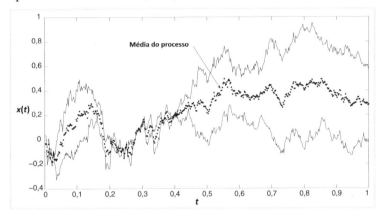

Figura 9.4 – Solução para o processo estocástico $dy = -x/(1+t)dt + 1/(1+t)dw$.

Na programação em Matlab, foi acrescentada a média do processo para entender como o comportamento médio do processo filtra as grandes oscilações e volatilidades inerentes à dinâmica estocástica.

```
1    clear all
2    clc
3    % Simulacao da Eq. Dif. Est
4    % dx = (-x/(1+t))dt+(1/(1+t))dw
5    % cuja sol: x(t)=w(t)/(1+t)
6    %========================================
7
8    randn('state',100);  % n. aleatorio com semente 100-sempre os mesmos
9    T = 1; N =500; dt = T/N;
10   t=(dt:dt:T);
11   M=2;
12
13   dW = sqrt(dt)*randn(M,N); % shock do ruido com dispersao sqrt(t)
14   W = cumsum(dW,2);         % soma acumulada de dois passos aleatorios
15
16   %========= solucao analitica da Eq. Dif. Est =========
17   x=W./(1.+repmat(t,[M 1]));
18   %========================================
19
20   Xmed=mean(x);    % media das realizacoes
21
22   plot(t,x(1:2,:),'-k')   % 2 realizações
23   hold on
24   plot(t,Xmed,'ok')
25   xlabel('t','FontSize',16)
26   ylabel('X(t)','FontSize', 16, 'Rotation',0)
```

Figura 9.5 – Programa em Matlab para simulação da solução analítica $x(t) = \frac{w(t)}{1+t}$.

A Figura 9.6 apresenta o resultado para vinte realizações do processo $x(t)$ apresentado na Equação (9.13). A linha central mais escura mostra os valores obtidos pela média dessas vinte realizações. Pode-se comparar sua convergência para zero, quando se compara com os resultados da (9.4), ao ter apenas duas realizações do mesmo processo estocástico.

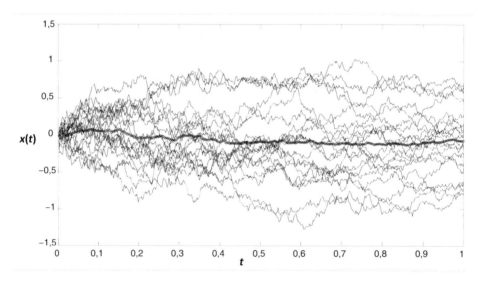

Figura 9.6 – Resultado para vinte simulações da solução analítica (Equação 9.13).

O modelo 4 é outro tipo de mudança de variável necessário. Um modelo com raiz quadrada fornece melhores resultados quando se usa o arco seno do processo $x(t)$ como variável auxiliar. Por simplificação ao longo dos cálculos, vamos eliminar os parênteses e adotar $x(t)$ apenas como x.

$$dx = \frac{-x}{2} dt + \sqrt{1-x^2} dw \qquad (9.14)$$

A mudança de variável mais adequada é:

$$y = arcsen(x) \qquad (9.15)$$

Usando o lema de Itô com essa mudança de variável, tem-se a equação diferencial e suas derivadas:

$$dy = \left(0 - \frac{x}{2} \frac{\partial (arcsen(x))}{\partial x} + \frac{(1-x^2)}{2} \cdot \frac{\partial^2 (arcsen(x))}{\partial x^2}\right) dt + \sqrt{1-x^2} \cdot \frac{\partial (arcsen(x))}{\partial x} dw \qquad (9.16)$$

A primeira derivada do arco seno é:

$$\frac{\partial (arcsen(x))}{\partial x} = \frac{1}{\sqrt{1-x^2}}$$

A segunda derivada do arco seno é:

$$\frac{\partial^2 (arcsen(x))}{\partial x^2} = \frac{x}{(1-x^2)\sqrt{1-x^2}}$$

Então, a Equação (9.16) pode agora ser completada com as derivadas anteriores. Cancelando os termos iguais no denominador e numerador, obtém-se:

$$dy = \left(0 - \frac{x}{2}\frac{1}{\sqrt{1-x^2}} + \frac{\cancel{(1-x^2)}}{2} \cdot \frac{x}{\cancel{(1-x^2)}\sqrt{1-x^2}}\right) dt + \cancel{\sqrt{1-x^2}} \cdot \frac{1}{\cancel{\sqrt{1-x^2}}} dw$$

O resultado final é:

$$dy = dw$$

Após a integração, o resultado final para y é:

$$y = w$$

Porém, como y é apenas uma mudança da variável x realizada em (9.15), aplicando a função inversa do arco seno, tem-se:

$$x(t) = sen(w(t)) \qquad (9.17)$$

A Figura 9.7 apresenta o resultado da simulação do processo representado pela equação (9.17) para t iniciando em zero e terminando em $t = 10$. Cabe lembrar novamente que $w(t)$ é o processo que representa o ruído branco gaussiano. A programação desse processo é apresentada na Figura 9.8.

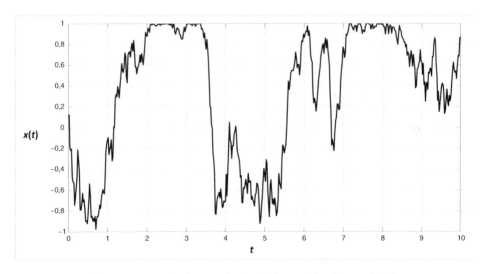

Figura 9.7 – Resultado para simulação do modelo $x(t) = sen(w(t))$.

```
1 -    clear all
2 -    clc
3      % Simulacao da Eq. Dif. Est
4      % dx = -0.5xdt+sqrt(1-x^2))dw
5      % cuja sol: x(t)=sin(w(t))
6      %========================================
7
8 -    randn('state',100);    % n. aleatorio com semente 100-sempre os mesmos
9 -    T = 10; N =500; dt = T/N;
10-    t=(dt:dt:T);
11-    Xzero=0;
12-    M=1;
13
14-    dW = sqrt(dt)*randn(M,N);  % shock do ruido com dispersao sqrt(t)
15-    W = cumsum(dW,2);          % soma acumulada de dois passos aleatorios
16
17     %========= solucao analitica da Eq. Dif. Est =========
18-    x=sin(W);
19     %=====================================
20
21-    plot(t,x(1,:),'-k')    % 1 realizacao
22-    hold on
23-    xlabel('t', 'FontSize',16)
24-    ylabel('X(t)', 'FontSize', 16, 'Rotation',0)
25
```

Figura 9.8 – Código em Matlab para simulação do modelo x(t) = sen(w(t)).

Três simulações do processo (9.17), também chamadas realizações de processos estocásticos, são apresentadas na Figura 9.9.

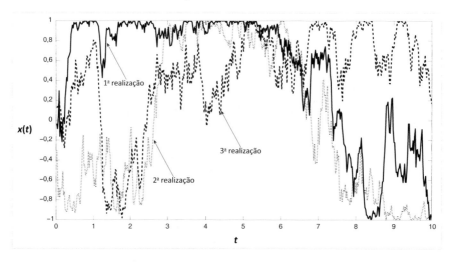

Figura 9.9 – Três realizações do processo x(t) = sen(w(t)).

Mostramos agora o modelo 5, que também pode ter uma mudança de variável em termos do logaritmo natural, mas composto de uma raiz quadrada para a solução analítica.

$$dx = \frac{1-x}{2}dt + (1-x)dw \qquad (9.18)$$

A mudança de variável mais adequada nesse modelo é:

$$y = -\ln(\sqrt{1-x}) \qquad (9.19)$$

Usando o lema de Itô como nos outros modelos, obtém-se:

$$dy = \left(0 + \frac{\cancel{(1-x)}}{4(\cancel{1-x})} + \frac{1}{4}\cdot\frac{\cancel{(1-x)^2}}{\cancel{(1-x)^2}}\right)dt + \frac{\cancel{(1-x)}}{2(\cancel{1-x})}dw$$

Então,

$$dy = \frac{1}{2}dt + \frac{1}{2}dw$$

E o processo de integração:

$$y = \frac{t+w}{2}$$

Como a variável auxiliar y foi definida em (9.19), fazendo o processo inverso temos que $x(t)$ é:

$$\sqrt{1-x} = e^{-y}$$

Substituindo y, encontra-se:

$$\sqrt{1-x} = e^{\frac{-t-w}{2}}$$

Elevando ao quadrado de ambos os lados, tem-se:

$$1 - x = e^{-t-w}$$

Aqui chega-se ao processo:

$$x(t) = 1 - e^{-t-w(t)} \qquad (9.20)$$

A Figura 9.10 apresenta o processo do modelo, mostrando uma fase de crescimento exponencial seguida de uma fase estacionária. A programação em Matlab é apresentada na Figura 9.11 para o tempo final de $T = 3{,}5$.

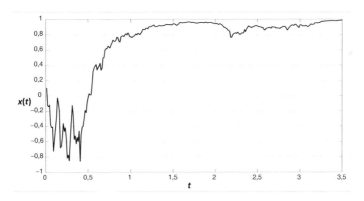

Figura 9.10 – Realização do processo $x(t) = 1 - e^{-t-w(t)}$.

```
1 -     clear all
2 -     clc
3       % Simulacao da Eq. Dif. Est
4       % dx = 0.5(1-x)dt+((1-x)dw
5       % cuja sol: x(t)=1-exp(-t-w(t))
6       %=======================================
7
8 -     randn('state',100);    % n. aleatorio com semente 100-sempre os mesmos
9 -     T = 3.5; N =300; dt = T/N;
10 -    t=(dt:dt:T);
11 -    Xzero=0.1;
12 -    M=1;
13
14 -    dW = sqrt(dt)*randn(M,N);  % shock do ruido com dispersao sqrt(t)
15 -    W = cumsum(dW,2);          % soma acumulada de dois passos aleatorios
16
17      %========= solucao analitica da Eq. Dif. Est ==========
18 -    x=1-exp(-t-W);
19      %=======================================
20
21 -    plot(t,x(1,:),'-k')    % 1 realização
22 -    hold on
23 -    xlabel('t', 'FontSize',16)
24 -    ylabel('X(t)', 'FontSize', 16, 'Rotation',0)
25
```

Figura 9.11 – Código em Matlab do processo $x(t) = 1 - e^{-t-w(t)}$.

O modelo 6 é interessante, pois serve de representação de vários processos semelhantes aos observados no mercado financeiro. Após uma fase de crescimento exponencial, o processo segue uma queda vertiginosa nos valores de *x(t)*, retornando depois para um ponto intermediário. O modelo é:

$$dx = \frac{1 - \sqrt{x}}{4} dt + \sqrt{x} dw \qquad (9.21)$$

A mudança de variável mais adequada nesse modelo é esta:

$$y = \sqrt{x} \qquad (9.22)$$

Usando o lema de Itô como nos outros modelos, tem-se:

$$dy = \left(0 + \frac{1 - \sqrt{x}}{8\sqrt{x}} - \frac{x}{8x\sqrt{x}}\right) dt + \frac{\sqrt{x}}{2\sqrt{x}} dw$$

Ao cancelar os termos, o resultado é:

$$dy = -\frac{1}{8} dt + \frac{1}{2} dw$$

E integrando o diferencial, tem-se:

$$y = \frac{-t}{8} + \frac{w}{2}$$

Fazendo a inversa da transformação de variável da Equação (9.22), obtém-se o processo de *x(t)*:

$$x(t) = \left(\frac{-t}{8} + \frac{w}{2}\right)^2 \qquad (9.23)$$

A Figura 9.12 apresenta a representação desse processo estocástico, já a Figura 9.13 mostra o código da programação em Matlab.

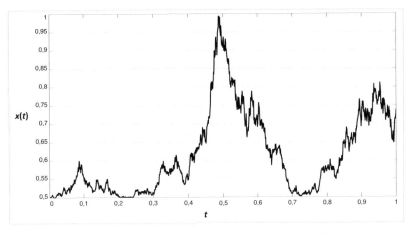

Figura 9.12 – Realização do processo $x(t) = \left(\dfrac{-t}{8} + \dfrac{w}{2}\right)^2$.

```
1    clear all
2    clc
3    % Simulacao da Eq. Dif. Est
4    % dx = 0.25*(1-sqrt(x))dt+ sqrt(x)dw
5    % cuja sol: x(t)=(-t/8 + w/2)^2
6    %========================================
7
8    randn('state',4);    % n. aleatorio com semente 4-sempre os mesmos
9    T =1; N =1300; dt = T/N;
10   t=(dt:dt:T);
11   Xzero=0;
12   M=1;
13
14   dW = sqrt(dt)*randn(M,N);  % shock do ruido com dispersao sqrt(t)
15   W = cumsum(dW,2);          % soma acumulada de dois passos aleatorios
16
17   %========= solucao analitica da Eq. Dif. Est ==========
18   x=0.5+(-t/8+W/2).^2;
19   %=======================================================
20   figure(1)
21   plot(t,x(1,:),'-k')   % 1 realização
22   hold on
23   xlabel('t', 'FontSize',16)
24   ylabel('X(t)', 'FontSize', 16, 'Rotation',0)
```

Figura 9.13 – Código em Matlab do processo $x(t) = \left(\dfrac{-t}{8} + \dfrac{w}{2}\right)^2$.

9.4 SOLUÇÕES NUMÉRICAS DE MODELOS ESTOCÁSTICOS

Os seis modelos estocásticos apresentados na seção anterior são clássicos e suas soluções analíticas são relativamente fáceis ao adotar as mudanças de variáveis sugeridas. No entanto, para modelos mais realísticos e baseados em dados capturados de eventos aleatórios, essas soluções são mais difíceis de serem obtidas ou impossíveis. A solução numérica torna-se, então, mais que uma necessidade. Na verdade, é a única opção existente para estudar o processo por meio das realizações ou simulações numéricas. O método mais antigo e simples de encontrar soluções numéricas de processos estocásticos é o método de Euler, que consiste em discretizar a função do processo em pequenos intervalos de tempo.

Assim, um modelo contínuo na forma:

$$dX_t = \mu dt + \sigma dW_t \qquad (9.24)$$

torna-se:

$$\Delta X = \mu \Delta t + \sigma \Delta W$$

em que a letra grega delta representa uma diferença entre dois tempos distintos para a medida realizada. Nesse caso, a representação para essas diferenças é:

$$\Delta X = X_{i+1} - X_i$$
$$\Delta t = t_{i+1} - t_i$$
$$\Delta W = W_{i+1} - W_i$$

O termo da diferença entre dois tempos Δt é assumido constante nas simulações, não mudando durante todo processo de soma dos valores. Para a diferença entre valores da variável estocástica, ΔX altera-se a cada nova avaliação de medidas e cálculos do processo.

O termo para o ruído aleatório ΔW deve ser a soma aleatória entre dois valores aleatórios, com distribuição de probabilidade gaussiana ou normal, admitindo-se média zero e desvio-padrão $\sqrt{t}$. Esse fato simula a expansão do processo de ruído variando de forma crescente à medida que o tempo avança até o valor final do período T. O processo de soma de W representa a adição numérica do ruído conhecido como ruído branco gaussiano.

O ponto fraco desse método é que o valor de Δt, conhecido como intervalo de integração, deve ser muito pequeno. Porém, dependendo do processo avaliado, se não for um processo estacionário, o método de Euler distancia-se muito da solução analítica, que é sempre a correta. Para processos estacionários, o método funciona de forma adequada e até com razoável precisão.

Outros métodos melhores existem e devem ser pesquisados pelo leitor para processos mais complexos e não estacionários. O mais conhecido dos métodos numéricos é o método da família Runge-Kutta. Com suas crescentes avaliações de derivadas, essa família constitui-se de diferentes formas de construção, dependendo de cada caso. Assim, por exemplo, o Runge-Kutta de 4ª ordem faz quatro avaliações da derivada; o Runge-Kutta de 7ª ordem faz sete avaliações que permitem resultados com acurácia maior que o método de Euler. Também os passos de integração Δt podem ser variáveis nesses métodos de Runge-Kutta, o que o torna um método adaptativo ao processo, reduzindo os tempos Δt de processamento na integração para períodos em que o processo é mais volátil e aumentando o valor para períodos de mais calmaria.

Cálculo de Itô

O método de Euler-Maruyama é formado pela seguinte equação de recorrência:

$$X_{i+1} = X_i + F\Delta t + G\Delta W_i \tag{9.25}$$

Com o intuito de apenas demonstrar o uso da integração numérica, vamos exemplificar como proceder com o método mais simples, que é o método de Euler-Maruyama. Por ser muito simples, essa realização numérica do processo pode ser feita em qualquer tipo de linguagem de programação ou até mesmo em ambiente de planilhas.

Tomando-se novamente o modelo 3, a Figura 9.14 apresenta o resultado para o método de Euler-Maruyama, em que o valor para $X(t)$ está na coluna H. O modelo da planilha na coluna H é:

$$dx = \frac{-x}{1+t} dt + \frac{1}{1+t} dw$$

Na Figura 9.14, as colunas A, B e C são as condições iniciais do processo, representando o tempo final de integração, que é $T = 10$, e o número de pontos avaliados para esse intervalo, que é $N = 500$. Isso culmina no intervalo de integração do processo como $dt = T/N$, colocado na coluna C.

	A	B	C	D	E	F	G	H
1	T	N	dt	distrib. normal	dW	W	t	X
2	10	500	0,02	-0,3002	-0,0425		0	0
3				-1,2777	-0,18069	-0,22315	0,02	-0,21878
4				0,2443	0,03454	-0,14615	0,04	-0,3551
5				1,2765	0,18052	0,21506	0,06	-0,14551
6				1,1984	0,16947	0,34999	0,08	0,18126
7				1,7331	0,2451	0,41457	0,1	0,55485
8				-2,1836	-0,30881	-0,0637	0,12	0,48806
9				-0,2342	-0,03312	-0,34192	0,14	0,17956
10				1,0950	0,15486	0,12174	0,16	0,28142

Figura 9.14 – Resultado do método de Euler para o modelo 3.

A distribuição de probabilidade gaussiana pode ser gerada nas diversas versões do Excel por meio da função **Geração de número aleatório**, geralmente na aba **Análise de dados**. Ao inserir essa função na planilha, como se vê na Figura 9.15, são escolhidos os parâmetros da distribuição como média zero e desvio-padrão um. A correção para o desvio-padrão variando com a raiz quadrada do intervalo de tempo Δt é feita na coluna E, multiplicando-se o resultado obtido dos números aleatórios da distribuição normal da coluna D pelo valor da célula C2 na coluna C. Essa correção é necessária para manter a consistência das hipóteses adotadas no cálculo estocástico com os resultados já demonstrados nas soluções analíticas dos modelos da seção anterior.

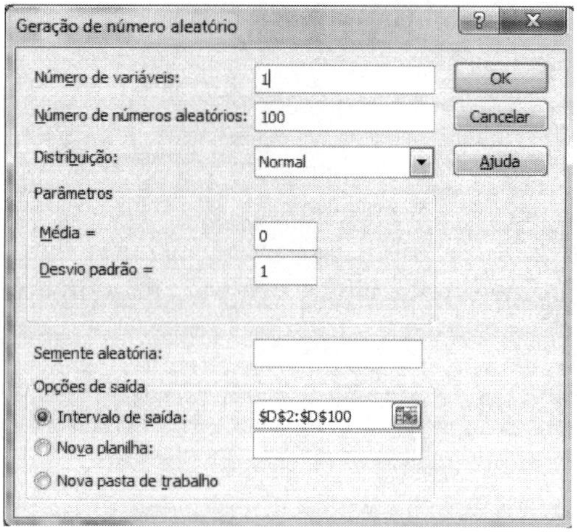

Figura 9.15 – Geração do ruído gaussiano com média zero e desvio-padrão unitário.

A correção para dW é apresentada na Figura 9.16, com os valores das células apresentados acima, na caixa de funções fx do Excel. Na coluna F, é realizada a soma estocástica que representa a relação entre as diferenças de dois ruídos gaussianos, conforme a representação de ΔW_i. A coluna G é apenas a variação do tempo de integração do processo, começando em $t = 0$ e aumentando com o intervalo Δt.

	D	E	F	G
1	distrib. normal	dW	W	t
2	-0,3002	**-0,0425**		0
3	-1,2777	-0,18069	-0,22315	0,02
4	0,2443	0,03454	-0,14615	0,04
5	1,2765	0,18052	0,21506	0,06
6	1,1984	0,16947	0,34999	0,08

E2 fx =RAIZ(C2)*D2

Figura 9.16 – Correção do ruído gaussiano para o desvio-padrão.

Finalmente, a última coluna representa o resultado para $X(t)$, em que o processo de iteração sempre aproveita o valor anterior de X_i para melhorar a estimativa de X_{i+1}, como explicado antes, com a Equação (9.25).

SOMA fx =H2+(-1/(1+G3))*H2*C2+(1/(1+G3))*F3

	A	B	C	D	E	F	G	H	I	J	K
1	T	N	dt	distrib. normal	dW	W	t	X			
2	10	500	0,02	-0,3002	-0,04246	0	0				
3				-1,2777	-0,18069	-0,22315	0,02	=H2+(-1/(1+G3))*H2*C2+(1/(1+G3))*F3			
4				0,2443	0,03454	-0,14615	0,04	-0,3551			
5				1,2765	0,18052	0,21506	0,06	-0,14551			

Figura 9.17 – Método numérico de Euler-Maruyama na coluna H.

Cálculo de Itô

Essa figura apresenta a representação do método numérico de Euler-Maruyama com base em todas as outras colunas, utilizadas para o cálculo iterativo da Equação (9.25). A condição inicial para $X(0)$ está na célula H2, que é usada na célula H3 para o cálculo do primeiro valor de $X(1)$. É importante notar que o intervalo Δt deve ser sempre o mesmo, fixado em \$C\$2. Ao arrastar a fórmula, o resultado é obtido automaticamente na planilha.

Deve-se salientar que, como o ruído branco gaussiano é parte importante do processo, ao gerar resultados com semente da função gaussiana de números aleatórios, os resultados vão ser diferentes dos obtidos nesse exemplo. Uma maneira de assegurar os mesmos resultados sempre é escolher uma semente fixa na hora de avaliá-los. Para esse exemplo, a semente utilizada foi do próprio Excel, sem ser especificada, e o resultado gráfico é o apresentado na Figura 9.18.

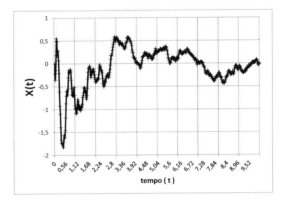

Figura 9.18 – Resultado numérico para o modelo 3.

No Matlab também é possível fazer uma programação simples para o método de Euler-Maruyama. A geração dos números aleatórios gaussianos é ainda mais fácil que no Excel, bastando para isso o comando **randn(M,N)**, em que M é a quantidade desejada de simulações (ou realizações do processo) e N representa o número de pontos amostrados. Tomando-se o mesmo modelo 3 da seção anterior, já programado em Excel, o resultado no Matlab é apresentado nesta figura.

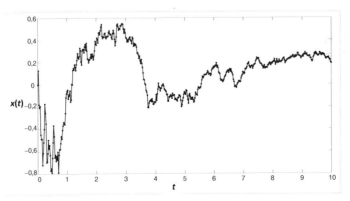

Figura 9.19 – Resultado numérico para o modelo 3.

Como pode ser notado, o resultado é diferente do apresentado no Excel, pois a geração dos números aleatórios pelo Matlab tem melhor precisão, mas, além desse fato, as sementes para a função de geração são diferentes. Por exemplo, no Matlab, a semente, para ter sempre a geração dos mesmos aleatórios, foi fixada em 100 (observar linha 8 da programação).

A Figura 9.20 apresenta o método de Euler-Maruyama no código do Matlab, cujo resultado gráfico está na Figura 9.19, já mostrada.

```
2 -   clc
3     % Simulacao da Eq. Dif. Est
4     % dx = (-x/(1+t))dt+(1/(1+t))dw
5     % cuja sol: x(t)=w(t)/(1+t)
6     %=====================================
7
8 -   randn('state',100);   % n. aleatorio com semente 100-sempre os mesmos
9 -   T = 10; N =500; dt = T/N;
10 -  t=(dt:dt:T);
11 -  Xzero=0;
12 -  M=1;
13
14 -  dW = sqrt(dt)*randn(M,N);  % shock do ruido com dispersao sqrt(t)
15 -  W = cumsum(dW,2);           % soma acumulada de dois passos aleatorios
16
17
18    %======== solucao numerica =============================
19
20 -  R=1; Dt=R*dt; L=N/R;
21 -  Xem=zeros(1,L);
22 -  Xtemp=Xzero;
23 -  for j=1:L
24 -      Winc=sum(dW(R*(j-1)+1:R*j));
25 -      Xtemp=Xtemp+(-1/(1+t(j)))*Xtemp*Dt+(1/(1+t(j)))*Winc;
26 -      Xem(j)=Xtemp;
27 -  end
28
29
30 -  plot(0:Dt:T,[Xzero Xem],'--*k')   % 1 realização
31 -  xlabel('t', 'FontSize',16)
32 -  ylabel('X(t)', 'FontSize', 16, 'Rotation',0)
```

Figura 9.20 – Código em Matlab para o método numérico de Euler para o modelo 3.

Como se tem o resultado analítico, que é sempre o resultado correto para o processo estocástico, pode-se comparar quão acurado é o resultado numérico em relação ao valor exato do processo em cada tempo *t*.

A Figura 9.21, a seguir, apresenta a comparação entre o resultado analítico exato para o modelo 3 da seção anterior e o resultado numérico. Como esse modelo é estacionário, os resultados são tão coincidentes que as diferenças parecem imperceptíveis. O resultado numérico é apresentado no gráfico com "*" e o resultado exato aparece com linha tracejada "---".

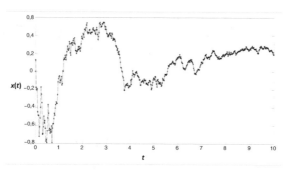

Figura 9.21 – Comparação entre resultado exato (-----) e numérico (****).

As diferenças também não aparecem nos outros modelos simples, quando se compara solução analítica e numérica, como pode ser visto em nosso modelo 1:

$$dx = 2xdt + xdw$$

Nesse modelo, o resultado exato foi obtido na Equação (9.8). O resultado desse processo é uma função exponencial, em que o método de Euler-Maruyama fornece o mesmo resultado numérico.

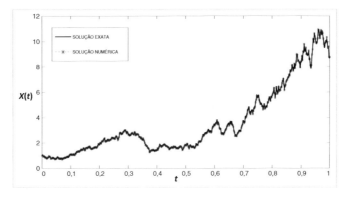

Figura 9.22 – Comparação entre resultado exato (-----) e numérico (****) para o modelo 1.

9.5 IDENTIFICAÇÃO DE PARÂMETROS PARA FORECASTING EM MODELOS ESTOCÁSTICOS

A previsão de um processo pode ser considerada como o cálice sagrado na área de eventos estocásticos. Mesmo conhecendo um modelo de processo $X(t)$, ainda assim é preciso confrontá-lo com dados reais. Saber qual modelo se ajusta aos dados reais de uma base de dados é importante para simulação e estudo de riscos. Estudando e simulando um modelo que teve parâmetros identificados, pode-se criar diversos cenários e analisar qual estratégia tomar para evitá-los.

Para o caso linear, essa identificação é de fácil resolução ao usar diversas técnicas da teoria de sinais. O problema mais complicado é quando se tem modelos contínuos e não lineares ou estocásticos. Nesse caso, até os dias de hoje, esse é um problema que continua demandando muita pesquisa. O que se deseja é obter os parâmetros desconhecidos μ e σ de um modelo estocástico com esta forma:

$$dX_t = \mu dt + \sigma dW_t$$

com base apenas nos dados disponíveis. Assim, surge a pergunta: como estimar os parâmetros $\hat{\mu}$ e $\hat{\sigma}$, que representam o modelo anterior, de maneira que se obtenham com a simulação os resultados mais acurados possíveis?

A solução está em usar de forma correta o método dos mínimos quadrados, que utiliza os dados reais para identificar parâmetros em modelos matemáticos. O problema pode ser dividido em algumas partes, como vemos adiante.

• Parte 1:

Aquisição dos dados

Para começar, uma boa quantidade de dados deve ser observada ou adquirida, para fornecer subsídios quantitativos expressivos para o método dos mínimos quadrados.

• Parte 2:

Identificação como um problema de otimização

Uma vez de posse dos dados reais, deve-se pensar em como identificar o modelo. No caso, um programa de identificação deve encontrar sozinho o valor do parâmetro a, usando apenas um "chute" bem longe do valor real. Vamos usar aqui, como exemplo, o modelo 5 deste capítulo. Porém, nesse caso, não se informa ao computador os parâmetros numéricos do modelo, de forma que ele descubra por meio do método dos mínimos quadrados o melhor valor. O modelo 5 é este:

$$dX_t = \hat{a}(1 - X_t)dt + \hat{b}(1 - X_t)dW_t$$

em que os valores exatos dos parâmetros já são conhecidos na Equação (9.18), sendo respectivamente $\hat{a} = 0,5$ e $\hat{b} = 1$, pois são os valores que multiplicam os termos $(1-Xt)$ na equação.

Pretende-se que a diferença entre os pontos reais e os pontos do modelo identificado seja a menor possível. O que se tem é um problema tradicional de otimização, em que se deseja minimizar a distância entre esses dados reais e os dados simulados, ou seja:

$$Min \ J = \sum_{t=1}^{N} |Real(t) - X(t)|^2$$

Sujeitando-se a:

$$dX_t = \hat{a}(1 - X_t)dt + \hat{b}(1 - X_t)dW_t$$

Para tanto, os valores dos parâmetros devem ser testados até que um limite dessa diferença global mínima seja atingido. O ambiente de programação do Matlab é muito interessante sob esse aspecto, visto que o código de otimização está implementado e sua acurácia é muito boa. O nome do código a ser utilizado no Matlab é **fminsearch.m**. Os passos de um pseudocódigo no Matlab são:

1. "Chute" um valor inicial para os parâmetros $\hat{a}$ e $\hat{b}$.

2. Coloque a função **fminsearch** dentro do programa principal para buscar o mínimo da **function**, onde está J.

3. Dentro da **function** onde está J, antes de calcular J, coloca-se o método de Euler-Maruyama para simular as equações estocásticas com os parâmetros

enviados para teste. Esses parâmetros são enviados pelo Matlab e verificados segundo o grau de distância para os dados reais. Se a distância global é pior que a distância de parâmetros anteriores, são descartados e novos parâmetros são escolhidos. O método de Euler-Maruyama é repetido diversas vezes na **function** até a soma das distâncias ser a menor possível.

4. Depois de o modelo estocástico ser simulado pelo método de Euler-Maruyama, são calculadas as diferenças quadráticas. Nesse ponto, vai surgir o seguinte problema:

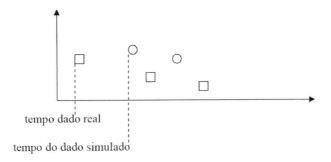

Ou seja, os tempos dos dados simulados e dos dados reais podem ser diferentes, pois a amostragem dos dados pode ser diferente do passo de simulação do método de Euler-Maruyama. Os tempos vão ser desiguais. Nesse caso, o Matlab permite casar esses tempos com a utilização do comando **find** do Matlab.

O programa principal do Matlab começa gerando os dados "reais" ou conhecidos como sintéticos. Eles simulam uma amostra de dados do processo, mas o algoritmo dos mínimos quadrados apenas vai ter os dados para analisar e não o modelo de solução exata. Para o modelo 5, o programa para os dados sintéticos começa como o código a seguir. O tempo final é $T = 3.5$, com amostra de $N = 300$ dados, o que fornece para o método de Euler-Maruyama uma amostragem a cada 0,0117 (ou $dt = T/N$).

```
1    % Programa para identificação de processos estocasticos
2    % dados do livro
3    % modelo: dX(t) = theta1*(1-X(t))*dt+theta2*(1-X(t))*dW(t)
4    %------------------------------------------------------------
5 -  global dados
6 -  global tempo
7 -  global estado
8
9
10 - randn('state',100);   % n. aleatorio com semente 100-sempre os mesmos
11 - T = 3.5; N =300; dt = T/N;
12 - t=(dt:dt:T);
13 - Xzero=0.1;
14 - M=1;
15
16 - dW = sqrt(dt)*randn(M,N);  % shock do ruido com dispersao sqrt(t)
17 - W = cumsum(dW,2);          % soma acumulada de dois passos aleatorios
18
```

Figura 9.23 – Primeira parte do programa principal do método dos mínimos quadrados.

Na parte seguinte desse programa principal, é importante observar que a chamada da função **fminsearch.m** necessita dos primeiros parâmetros para começar sua busca pelos melhores valores. O "chute" inicial foi indicado no vetor de parâmetro u0, mostrando que os primeiros valores dos parâmetros são $\hat{a} = 0,1$ e $\hat{b} = 0,1$.

```
20
21      %==========CHAMADA DA FUNCAO A SER INTEGRADA====
22 -    type Jident2;
23      %==========CONDICOES INICIAIS==================
24
25 -       u0=[0.1 0.1];
26
27 -    OPTIONS = optimset('Display','iter');
28 -    [u,fval]=fminsearch('Jident2',u0,OPTIONS);
29 -    u
30 -    fval
31 -    plot(tempo,estado,'-b')
32 -    hold on
33 -    plot(dados(:,1),dados(:,2),'--b')
```

Figura 9.24 – Segunda parte do programa dos mínimos quadrados.

Dentro da função de otimização, é chamada a função onde vai estar o método de Euler-Maruyama para simular diversas vezes o modelo estocástico escolhido. O nome da função entre apóstrofos '**Jident2**' significa que a função deve procurar na pasta onde está a função com esse nome. Por isso, ao Matlab foi indicado na linha 22 o comando **type**, para alertar que existe uma rotina externa a ser avaliada. A função **Jident2** é construída conforme a Figura 9.25, em que a palavra **function** é obrigatória no Matlab, já que indica que essa função não tem poder de rodar sozinha e deve ser chamada por outra função. A palavra *global* aponta que as variáveis vão ser alteradas diversas vezes e que podem ser utilizadas no programa principal sempre que for necessário. Todas as linhas até a linha 28 são repetições da simulação numérica já utilizada nas seções anteriores, com apenas a alteração de que agora os valores numéricos dos parâmetros foram substituídos pelos chutes que são alterados em todo momento. Essas estimativas são representadas por *a1* e *a2*, colocados dentro do comando de iteração que simula a equação estocástica com o ruído branco gaussiano dW_t. A equação estocástica está na linha 26 dessa função **Jident2.m**.

```
1      function J = Jident2(u);
2 -    global a1
3 -    global a2
4 -    global dados
5 -    global tempo
6 -    global estado
7
8 -    clear Xem
9 -    a1=u(1);
10 -   a2=u(2);
```

Figura 9.25 – Rotina para a otimização, contendo o método de Euler *(continua)*.

```
11
12
13 -    randn('state',100);    % n. aleatorio com semente 100-sempre os mesmos
14 -    T = 3.5; N =300; dt = T/N;
15 -    t=(dt:dt:T);
16 -    Xzero=0.1;
17 -    M=1;
18
19 -    dW = sqrt(dt)*randn(M,N);  % shock do ruido com dispersao sqrt(t)
20
21 -    R=1; Dt=R*dt; L=N/R;
22 -    Xem=zeros(1,L);
23 -    Xtemp=Xzero;
24 -    for j=1:L
25 -        Winc=sum(dW(R*(j-1)+1:R*j));
26 -        Xtemp=Xtemp+a1*(1-Xtemp)*Dt+a2*(1-Xtemp)*Winc;
27 -        Xem(j)=Xtemp;
28 -    end
```

Figura 9.25 – Rotina para a otimização, contendo o método de Euler *(continuação)*.

A última parte dessa função é calcular se os parâmetros que chegaram até ela, com os valores de *a1* e *a2*, realmente estão na direção correta do valor mínimo das distâncias entre os pontos.

Na linha 29 (Figura 9.26) começa a parte da programação que procura os dados reais e verifica qual tempo da simulação está mais próximo do tempo dos dados reais. O comando **find** é utilizado para dizer qual a posição mais próxima dos dados casados; então, faz a diferença quadrática entre o valor real e o valor da simulação pelo método de Euler-Maruyama. A linha 35 dessa função calcula o somatório das diferenças e retorna para a função **fminsearch.m** do Matlab, com a diferença calculada por meio da variável *dif*. Se o valor estiver dentro do erro mínimo estipulado, o programa termina e volta para a tela principal (Figura 9.23).

```
29
30 -    tempo=t;
31 -    estado=Xem;
32 -    dif=0;
33 -    for i=1:length(dados(:,1))
34 -        tsim=find(t>=dados(i,1));
35 -        dif=dif+abs( dados(i,2) - Xem(tsim(1)) )^2;
36
37 -    end
38
39 -        J=dif;
40
```

Figura 9.26 – Última parte da função contendo o método de Euler.

A identificação de parâmetro com os valores iniciais de $\hat{a} = 0,1$ e $\hat{b} = 0,1$ aparece no seguinte formato:

Interation	Func-count	min f (x)	Procedure
0	1	96.5838	
1	3	94.5837	initial simplex
2	5	92.6088	expand
3	7	89.1858	expand
4	9	83.9062	expand
5	11	75.7936	expand
6	13	64.0271	expand
7	15	49.5546	expand
8	17	33.3519	expand
9	19	22.5384	expand
10	21	18.2765	expand
11	22	18.2765	reflect
12	24	18.2765	contract inside
13	26	18.2765	contract inside

Figura 9.27 – Identificação de parâmetros.

No caso desse exemplo do modelo 5, a rotina de mínimos quadrados convergiu com 51 passos, identificando o modelo e fornecendo o resultado para os parâmetros com os valores $\hat{a} = 0,1297$ e $\hat{b} = 1,2224$. O valor da soma total das diferenças foi o mínimo de 0,47. O resultado exato desse modelo é $a = 0,5$ e $b = 1$, pois foi o modelo proposto com esses valores na Equação (9.18). A comparação gráfica do resultado pode ser vista na Figura 9.28, onde se percebe uma boa concordância, caso se considere que apenas os dados eram conhecidos do método dos mínimos quadrados.

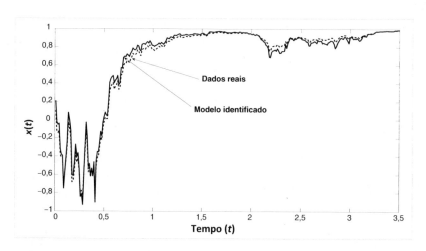

Figura 9.28 – Comparação entre o modelo identificado e o modelo 5 exato (dados reais).

Muitos fatores podem fazer esse resultado melhorar, como o aumento no número de pontos de amostragem, a modificação na rotina de otimização do Matlab para uma tolerância ao erro ainda menor, a inicialização dos parâmetros com outros números e, por fim, um método de integração melhor, utilizando qualquer outro no lugar do método de Euler. Entretanto, considerando o valor total das diferenças, o resultado para esse modelo foi muito bom.

O fato mais importante da identificação é que o modelo deve ser do tipo estacionário, para possibilitar que as rotinas convirjam para parâmetros estimados próximos dos reais. A Figura 9.29, a seguir, apresenta outra boa identificação com os dados do modelo 4, com a Equação (9.15) sendo substituída por parâmetros desconhecidos a e b:

$$dX_t = \hat{a}X_t dt + \hat{b}\sqrt{1 - X_t^2}dW_t$$

Na Equação (9.14), os valores exatos fornecidos são $a = -0{,}5$ e $b = 1$ e o método dos mínimos quadrados encontrou a solução com as estimativas de $\hat{a} = -0{,}13$ e $\hat{b} = 0{,}68$.

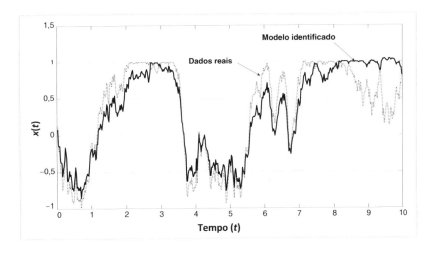

Figura 9.29 – Comparação entre o modelo identificado e o modelo 4 exato (dados reais).

9.6 PREVISÕES

9.6.1 POPULAÇÃO DE BÚFALOS

A tabela a seguir foi retirada do livro *Modeling with Itô stochastic differential equations*, de Allen (2007). Ela apresenta a população de búfalos no parque nacional de Aransas, no Texas (Estados Unidos).

Ano	População	Ano	População	Ano	População	Ano	População
1939	18	1950	34	1961	36	1972	59
1940	22	1951	31	1962	39	1973	51
1941	26	1952	25	1963	32	1974	49
1942	16	1953	21	1964	33	1975	49

Ano	População	Ano	População	Ano	População	Ano	População
1943	19	1954	24	1965	42	1976	57
1944	21	1955	21	1966	44	1977	69
1945	18	1956	28	1967	43	1978	72
1946	22	1957	24	1968	48	1979	75
1947	25	1958	26	1969	50	1980	76
1948	31	1959	32	1970	56	1981	78
1949	30	1960	33	1971	57	1982	73

Nesse caso, não se tem uma solução exata para comparar o resultado e, portanto, deve-se confiar no resultado que advém do método de identificação. O modelo proposto tampouco tem solução exata, o que dificulta ainda mais a comparação dos resultados. A comparação deve ser feita apenas entre os resultados do modelo identificado e as simulações do método de Euler-Maruyama com os dados reais da população de búfalos. O modelo proposto para essa população de búfalos é:

$$dX_t = \hat{a} X_t \, dt + \sqrt{\hat{b} X_t} \, dW_t$$

em que X_t é a população de búfalos e W_t representa o ruído branco gaussiano. A identificação pelo método dos mínimos quadrados apresentou $\hat{a} = 0{,}0385$ e $\hat{b} = 0{,}0238$.

A Figura 9.30 apresenta a comparação entre os dados reais e a simulação do modelo identificado.

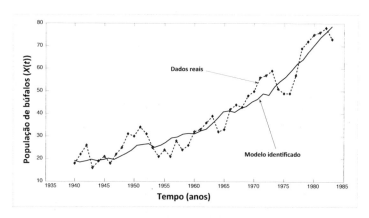

Figura 9.30 – Comparação entre o modelo identificado e os dados reais da população de búfalos no Texas (EUA).

Para aumentar a confiabilidade na previsão, pode-se utilizar a simulação de Monte Carlo e estimar com a inferência estatística, visando criar um intervalo de confiança para a projeção do modelo identificado. Com diversas simulações do modelo identificado, é possível criar um intervalo com mínimos e máximos valores com confiabilidade desejada, uma vez que o desvio-padrão pode ser calculado para essas simulações.

A Figura 9.31 apresenta uma representação para o método de Monte Carlo com cinco realizações do processo estocástico.

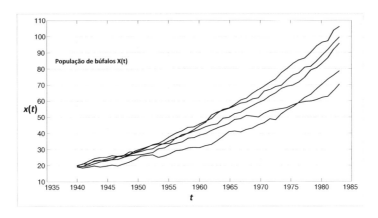

Figura 9.31 – Simulação de Monte Carlo para a população de búfalos.

9.6.2 A CRISE FINANCEIRA DE 2008

Com a crise financeira de 2008, todos os mercados começaram a ser analisados procurando melhor compreensão dos eventos e simulação de diversos cenários, no sentido de elaborar estratégias de prevenção.

A Figura 9.32 apresenta o gráfico do Ibovespa, índice que marca a pontuação da Bovespa, padronizado entre zero e um de 2006 a 2009. Essa padronização torna a identificação de modelos mais fácil, pois a convergência dos métodos é mais rápida e consistente. A metodologia para fazer a padronização consiste em descobrir o maior valor e dividir todo o banco de dados por ele. No caso da Bovespa, tomamos seu recorde no período e dividimos todos os dados por ele, cuja data foi 20 de maio de 2008.

Figura 9.32 – Ibovespa padronizado entre 2006 e 2009.

O modelo estocástico proposto aqui para o Ibovespa tem a seguinte equação:

$$dX_t = \hat{\theta}_1 (1 - \sqrt{X_t})\, dt + \hat{\theta}_2 \sqrt{X_t}\, dW_t$$

em que X_t é a pontuação padronizada do Ibovespa e $\hat{\theta}_1$ e $\hat{\theta}_2$ são os parâmetros desconhecidos a serem identificados pelo método dos mínimos quadrados. Os valores encontrados para esses parâmetros foram $\hat{\theta}_1 = 0{,}0068$ e $\hat{\theta}_2 = 0{,}0192$, com a soma das diferenças em 5,35. Foram necessários 42 passos no processo de otimização para os valores convergirem no Matlab na função **fminsearch.m**.

A Figura 9.33 mostra o resultado da identificação do modelo em comparação com os dados reais padronizados. Apesar de ficar em alguns pontos distante dos valores reais, o modelo conseguiu capturar o padrão do Ibovespa entre 2006 e 2009, servindo, por exemplo, para compreender o tipo de distribuição de probabilidade que regeu o processo no período.

Figura 9.33 – Comparação Ibovespa real e modelo estocástico identificado.

Assim, como forma de exemplificar a aplicação do cálculo de Itô, o modelo proposto para o Ibovespa torna-se este:

$$dX_t = 0{,}0068\,(1 - \sqrt{X_t})\, dt + 0{,}0192\, \sqrt{X_t}\, dW_t$$

Além da aplicação do cálculo de Itô para forecasting em finanças e outras áreas que dependam de previsões para estudo de estratégias, os resultados foram essenciais para outra área aparecer com uma equação famosa no mercado financeiro: a equação Black-Scholes. Ela se fundamentou com os resultados obtidos pelo lema de Itô, e seus autores chegaram a uma fórmula que parecia mágica e confiável para a determinação dos preços de opções.

CAPÍTULO 10
O RISCO NA PRECIFICAÇÃO DE OPÇÕES

10.1 INTRODUÇÃO

Qual é nossa reação em um estado de estresse intenso? Como uma pessoa estressada se comporta diante de um problema, que pode ser simples e de fácil solução? Muitas vezes, pessoas têm ataques de fúria em situações que, para os que estão distante, parecem de fácil solução. O mercado financeiro tem diversas vertentes, diversos tipos de produtos originários das negociações. E a todo tempo novos produtos, novos mercados, novas fórmulas aparecem com a singela expressão "fórmula vencedora".

Melhor que palavras, um gráfico de mercado pode expressar e representar como é o comportamento em negociações que envolvem um produto típico do mercado financeiro conhecido como opções. Existem dois tipos mais comuns de contratos negociados no mercado de derivativos: opções de compra e opções de venda de uma ação. A Figura 10.1 apresenta o comportamento dos preços de uma opção de compra da Petrobras, chamada PETRA90, no final de 2007 e começo de 2008.

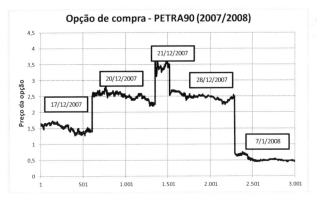

Figura 10.1 – Preço da opção de compra da Petrobras (PETRA90), entre 2007 e 2008.

Quatro datas diferentes foram escolhidas para representar a forte volatilidade das negociações dessa opção. Iniciando em 17 de dezembro de 2007 ao preço de R$ 1,50, essa opção três dias depois saltou para R$ 2,50 e, em seguida, para R$ 3,50. O retorno em três dias foi de 133%, ou seja, o valor mais que dobrou em quatro dias. Entretanto, duas semanas depois, essa opção estava valendo apenas R$ 0,50 e quem a comprou em seu ápice, em 21 de dezembro, perdeu 85%. Isso representa a forte volatilidade, ou seja, um ganho de 133% em quatro dias vira uma quebra de 85% uma semana depois.

Esse é o retrato fiel de um mercado nervoso, ligado o tempo todo em notícias ou informações sobre as empresas. Sem entender fatores que desencadeiam riscos em determinado evento, como a erupção de um vulcão, um terremoto ou um acidente, a compreensão do risco no mercado de opções é uma tarefa árdua e muitas vezes ingrata. Mas o que vem a ser um mercado de opções?

10.2 O MERCADO DE OPÇÕES

Uma opção europeia é um direito negociável de compra ou venda de um ativo a um preço futuro predeterminado. Já em uma opção norte-americana esse direito pode ser negociado a qualquer momento. A parte titular que detém esse direito com suas opções pode exercê-lo ou não quando é chegado o dia do vencimento, no caso de opção europeia. O período entre a compra da opção e o dia do vencimento é conhecido como tempo de maturação da opção. O preço K de uma opção no dia de seu vencimento é conhecido muito antes e recebe o nome de *strike*. Geralmente, é utilizado o símbolo com a letra K para designar seu valor final. O valor ou preço à vista do ativo objeto é representado pela letra S.

Como esse mercado de opções deriva e está intimamente ligado ao mercado de ações à vista na bolsa de valores, é denominado mercado de derivativos. Trata-se de um mercado com operações de opções de ações de empresas, compra e venda de moedas, de futuros e de *commodities*, como grãos, e compra e venda de contratos de petróleo. No caso do mercado futuro, o que se negocia são índices, assim como o Ibovespa, que é a média ponderada das ações negociadas à vista.

Existem dois tipos de opções que um investidor pode adquirir: a opção de compra, representada pela letra C, e a opção de venda, representada pela letra P. Essas letras vêm da designação original em inglês; uma opção de compra é conhecida como *call* e uma opção de venda é chamada *put*.

De uma maneira bastante simples, um investidor que compra uma opção de compra (C) tem a esperança de que o preço dessa ação suba bastante no futuro. Se realmente ocorrer uma alta da ação para preços (S) bem mais altos que o estabelecido preço de vencimento (K) em seu contrato, esse investidor pode comprar a ação a um preço de mercado K mais barato que os realmente negociados ao preço S. Ou, se desejar, esse investidor pode vender essa opção no mesmo mercado que comprou e embolsar lucros extraordinários. Porém, ele também pode ter um revés, como observado na figura a seguir.

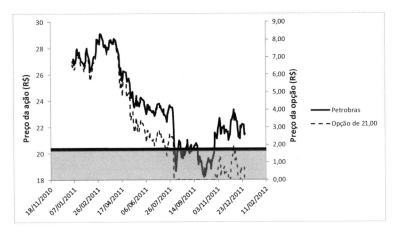

Figura 10.2 – Opção de compra (C) da Petrobras em 2011 em comparação com o preço S.

Por que comprar opções? Um dos motivos vem do conceito de arbitragem, uma operação de compra e venda para obter grandes lucros na diferença de preços para um mesmo ativo em dois mercados diferentes. Por exemplo, o investidor pode comprar uma ação no mercado em que esse ativo estiver cotado a preço mais baixo e vendê-lo em outro mercado, obtendo lucro. Muitas vezes nem ele mesmo precisa ter as ações, podendo ter apenas o direito de obtê-las por meio de opções. Essa arbitragem pode ser realizada tanto no mercado de opções como no de futuros, adquirindo ou vendendo ativos, aproveitando o lapso do tempo de resposta entre os mercados para ter bons lucros. Dependendo da estratégia adotada, se bem executada, essa operação pode neutralizar qualquer risco de perdas.

Se um investidor, por exemplo, compra uma opção, como a apresentada na Figura 10.2, perde todo o dinheiro investido, caso carregue sua opção até o vencimento ou não utilize estratégia de arbitragem. A dinâmica de uma opção não é a mesma de seu ativo negociado à vista. Na figura, a linha sólida representa o preço S da ação da Petrobras, cujo símbolo na Bovespa é PETR4. O valor dessa ação está apresentado no eixo à esquerda, enquanto o valor da opção (C) está representado em linha tracejada, no eixo à direita do gráfico. Essa opção tinha, em 2011, um valor para seu vencimento de K igual a R$ 21,00, e a área hachurada, na parte de baixo do gráfico com uma linha tracejada, mostra a região desse preço de vencimento ou *strike* K igual a 21,00.

Em janeiro de 2011, a ação da Petrobras negociada na bolsa de valores valia S = R$ 28,00, e um investidor que tivesse adquirido alguns meses antes sua opção com contrato de K = R$ 21,00 estaria fazendo um ótimo negócio. Isso porque, se o investidor carregasse essa opção até o vencimento em dezembro daquele ano, poderia comprar as ações do contrato por R$ 21,00, considerando que elas poderiam, em tese, valer R$ 28,00. Esse investidor ia pagar sete reais a menos para cada ação comprada, o que parecia um ótimo negócio.

No entanto, as ações da Petrobras entraram em processo de queda rápida e forte. E, à medida que o preço da ação cai, o preço da opção de compra (C) cai junto. O preço da opção de compra, que valia C = R$ 8,00 no início do ano, em julho de 2011 valia apenas C = R$ 2,00. Nesse cenário, em seis meses esse investidor perdeu 75% do dinheiro investido nesse contrato.

Ao observar a região hachurada no gráfico da Figura 10.2, pode-se perceber que a opção de compra vale apenas C = R$ 0,02. A opção até tenta se recuperar no final do ano ultrapassando o valor de C = R$ 1,00, mas, como a ação nesse período valia algo em torno de S = R$ 18,00, a opção acabou em um centavo. Na gíria do mercado, diz-se que essa opção "virou pó".

A lógica é que ninguém vai querer exercer esse contrato, pois ninguém vai comprar uma ação que vale S = R$ 18,00 pagando K = R$ 21,00, como estabelecido. Por que um investidor pagaria três reais a mais pela ação, se pode comprar a mesma ação, no mesmo instante, no mercado à vista da Bovespa pagando três reais a menos? É por isso que essa opção termina o contrato não valendo absolutamente nada. O que um ano antes parecia um excelente negócio se tornou um desastre. Há como prever esse risco um ano antes? Existe alguma fórmula ou metodologia para prever com um ano de antecedência o valor de uma opção?

10.3 A FÓRMULA DE BLACK-SCHOLES

Existe uma relação teórica e gráfica bem conhecida entre o prêmio da opção de compra (C), o prêmio da opção de venda (P), o preço da ação S e o preço de vencimento ou *strike* K.

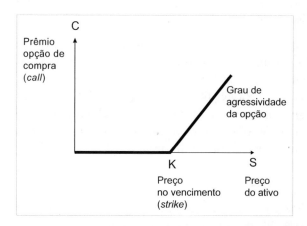

Figura 10.3 – Relação entre opção de compra (C) com o preço do ativo (S).

A figura apresenta a relação entre o prêmio da opção de compra (C) ou *call* e o valor da ação (S) (COSTA, 1998; MORINI, 2001; ELTON, 2003; KOLB; OVERDAHL, 2010). O que vem a ser esse prêmio da opção? É exatamente a diferença entre o preço da ação S no momento observado menos o valor do *strike* K do contrato. Se em determinado dia o preço de uma ação é S = R$ 21,88 e o *strike* de sua opção no vencimento é K = R$ 20,00, o prêmio de risco para comprar essa opção é de R$ 1,88. Observando, por exemplo, alguns poucos valores para a ação PETR4 e uma de suas opções PETR20

O risco na precificação de opções

apresentadas na planilha a seguir, cujo preço no vencimento é K = R$ 20,00, notam-se, na coluna D, os valores calculados para o prêmio dessa opção. A coluna D é o resultado da diferença entre a coluna B e o valor de *strike* constante K = R$ 20,00.

	A	B	C	D
1	Tempo (min)	PETR4	PETRE20	Prêmio (diferença entre ação e strike = R$20)
2	1	21,88	2,56	1,88
3	2	21,88	2,56	1,88
4	3	21,9	2,56	1,9
5	4	21,92	2,5	1,92
6	5	21,94	2,5	1,94
7	6	21,95	2,5	1,95
8	7	21,87	2,5	1,87
9	8	21,94	2,5	1,94
10	9	21,9	2,5	1,9
11	10	21,9	2,6	1,9

Figura 10.4 – Valores para a ação PETR4 e uma de suas opções PETR20.

Qual gráfico emerge entre o preço S e o prêmio da opção? A Figura 10.3, já apresentada, exibe esse gráfico, que se torna uma reta quando plotado no Excel com o tipo de gráfico chamado de **DISPERSÃO**. O eixo das abscissas é o preço S de uma ação e o eixo das ordenadas, o prêmio de uma opção de compra. Se existir a tentativa de fazer o gráfico de **LINHAS** do Excel, esse resultado não aparece e está errado. Como se vê na figura, se o valor da ação (S) estiver abaixo (à esquerda de K) do valor de vencimento (K), ninguém exerce essa opção de compra e seu valor é nulo. Porém, para cada valor da ação acima do valor do contrato (à direita de K), o valor da opção de compra (C) aumenta dependendo do grau de agressividade dessa relação. Se o preço da ação (S) aumentar muito rápido, a reta representada na figura será mais inclinada, pois mais investidores vão desejar comprar a opção mais barata da ação. Se a velocidade de aumento nos preços da ação (S) for lenta, a inclinação da reta será menor.

O caso oposto a esse é o da opção de venda, que pode ser observado na Figura 10.5.

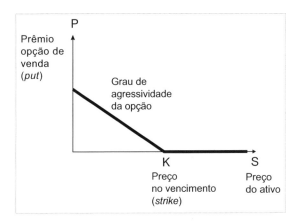

Figura 10.5 – Relação entre opção de venda (P) com o preço do ativo (S).

No caso de uma opção de venda (P) ou *PUT*, o comprador dessa opção tem o direito de vender um ativo ao mercado por determinado preço de vencimento. Esse é um caso em que o comprador dessa opção realmente estima que um cenário negativo vai assolar a empresa. Quanto mais o valor dessa ação está abaixo (à esquerda de K na figura) do valor de vencimento (K), como mostra a figura, mais valorizada é essa opção.

Voltando ao caso da Petrobras apresentado na Figura 10.2, um comprador de opção de venda (P) que comprou um contrato de *put* da Petrobras a R$ 28,00 lucrou muito naquele ano. Teve o direito de receber do detentor da ação da Petrobras R$ 28,00 por ação quando valiam R$ 18,00. O que parece apenas uma questão de analisar retas, quando se observa na prática do mercado, engana com essas relações entre as opções e as ações.

A Figura 10.6, a seguir, apresenta a relação dos preços entre a ação da Petrobras (PETR4) e a opção (PETR20) novamente. O preço de *strike* dessa opção de compra era de R$ 20,00, e os valores foram obtidos a cada 15 minutos de negociação entre o dia 5 de abril de 2012 e 4 de maio de 2012.

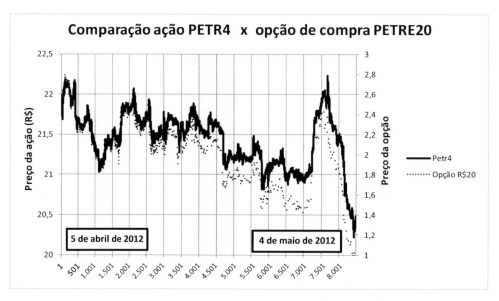

Figura 10.6 – Comparação entre a ação da Petrobras e a opção de compra PETR20.

É possível notar a estreita relação entre a opção de compra e o valor da ação: a opção sempre cai quando o preço da ação cai, e vice-versa. Nessa figura, o preço da ação está no eixo à esquerda do gráfico, com a ação em linha contínua. Já o preço da opção é apresentado no eixo à direita do gráfico, iniciando com valores em R$ 2,60 e chegando um mês depois em R$ 1,00. A relação real entre os preços da ação e de sua opção é bastante diferente da previsão teórica, como apresentado na Figura 10.7.

O risco na precificação de opções 229

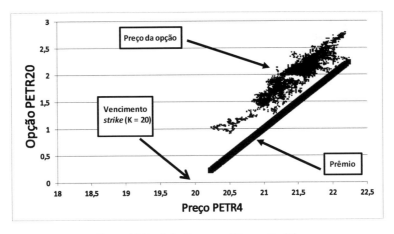

Figura 10.7 – Relação preço (S) × opção (C).

Os pontos ao lado da reta inclinada de agressividade são os preços em pares conjuntos (S,C). No eixo horizontal, estão os preços da ação e, no eixo vertical, os preços da opção PETR20, espalhados e com certa volatilidade. Esses pontos foram obtidos pelo gráfico de DISPERSÃO do Excel para as colunas B e C na planilha da Figura 10.4. Pode-se perceber que não existe uma reta perfeita como previsto em teoria, mas sim um espalhamento de pontos. Com base nesse espalhamento de pontos, pode-se estimar a agressividade da opção e tentar avaliar seu risco para investimento. Existe ainda uma combinação entre as curvas de opção de compra (C) e de opção de venda (P), o que cria um *payoff* de estratégias e estabelece pesos e preços para comprar um tipo de opção e vender outro.

O mercado de opções basicamente se limitava a esse tipo de estudo empírico até 1973, quando três professores mudaram a maneira de pensar no mercado de derivativos. Em 1973, Fischer Black e Myron Scholes apresentaram o artigo "The pricing of options and corporate liabilities", deixando o mercado mais próximo da matemática teórica e longe dos testes empíricos (BLACK; SCHOLES, 1973). Mas foi com Robert Merton que a fórmula hoje conhecida como equação Black-Scholes se tornou mais compreendida e recebeu o nome de modelo de precificação de opções. Por essa elaboração, Merton e Scholes receberam o prêmio Nobel de Economia em 1997, sendo Black citado como um dos colaboradores do modelo, uma vez que já havia falecido. Nesse importante trabalho de 1973, Black e Scholes transformaram um problema de equação diferencial parcial com condição final em um problema de precificação de opções.

A construção do modelo Black-Scholes depende da solução analítica da equação do calor, uma equação conhecida como equação parabólica. A grande visão dos autores foi fornecer como condição inicial dessa equação a distribuição de probabilidade normal, supondo que os comportamentos dos preços seguiam essa distribuição de probabilidade. No problema original da equação diferencial parcial do calor, são necessárias as condições de contorno do problema, ou seja, onde se deseja dar a partida do processo e onde o processo deve terminar.

Como exemplo, pode-se observar a ilustração da Figura 10.8, em que se aquece uma barra de 1 centímetro de comprimento em sua extremidade $x = 0$. O calor vai se propagar na barra formando o que se conhece como gradiente de temperatura. Esse gradiente de temperatura percorre toda a barra na forma de onda de calor, com temperaturas mais altas na ponta da barra onde está a chama acesa e temperaturas mais baixas na localização mais distante da chama.

Figura 10.8 – Barra aquecida em uma das extremidades.

O problema expresso em equação matemática com o qual Black e Scholes depararam foi:

$$\frac{\partial u}{\partial t} = \frac{\partial^2 u}{\partial x^2} \qquad (10.1)$$

em que u é uma função de calor que expressa como vai se propagar pela barra e, por isso, é uma função que vai depender do tamanho da barra e de quanto tempo a chama fica acesa; em termos matemáticos: $u(x,t)$. O lado esquerdo da equação diz que a variação da onda de calor no tempo é igual à aceleração da onda que se dá para cada centímetro da barra, sendo o símbolo ∂ utilizado para expressar a variação. No problema original, existe ainda uma constante no lado direito da equação para expressar proporcionalidade entre tempo e espaço, não colocada por enquanto nessa equação.

Como condição de contorno desse problema, pode-se assumir que tanto na extremidade $x = 0$ como na extremidade $x = 1$ a velocidade da onda de calor é nula, pois uma extremidade é onde se acende a chama e a outra, onde termina o calor. O calor chega até o fim, mas não tem como caminhar para outro lugar. Assim, em termos matemáticos, tem-se:

$$\begin{cases} u_x(0,t) = 0 \\ u_x(1,t) = 0 \end{cases} \qquad (10.2)$$

O subscrito x na variável u indica derivada parcial da função em relação ao tamanho da barra ($\frac{\partial u}{\partial x}$). Além dessas duas condições de contorno, ainda existe a condição da chama acesa e, no tempo $t = 0$, há um calor sendo produzido. Esse calor não é constante, mas sim variável conforme a posição que está na barra. Uma forma bastante comum de representar essa onda de calor é com a função cosseno, ou seja, quando o relógio é ligado em $t = 0$, o calor se dispersa conforme esta função:

$$u(x, 0) = \cos(\pi x) \qquad (10.3)$$

Nessa função, a constante π (3,1421...) é muitas vezes utilizada para facilitar a solução final com os parâmetros desconhecidos. Então o problema da equação de calor é resolver a Equação (10.1) com uma das condições (10.2) e (10.3).

Black e Scholes consideraram que a condição (10.3) para o mercado podia ser a forma da distribuição de probabilidade normal ou gaussiana apresentada nos capítulos anteriores. Então, supondo que os preços das opções seguem a distribuição normal, fizeram outras manipulações na equação do calor para incluir a probabilidade acumulada e o tempo que falta para o vencimento como parcelas que perturbam a Equação (10.1). Do ponto de vista geral, a equação do modelo Black-Scholes, desprezando momentaneamente os parâmetros existentes, é:

$$\frac{\partial u}{\partial t} = \frac{\partial^2 u}{\partial x^2} + \frac{\partial u}{\partial x} - u \qquad (10.4)$$

A solução analítica para a equação (10.1), após diversos cálculos e estratégias matemáticas na manipulação dos termos, é desta forma:

$$u(x,t) = e^{-\pi^2 t} \cos(\pi x) \qquad (10.5)$$

Na equação, $u(x,t)$ descreve como o calor se propaga na barra para cada valor do comprimento em centímetros e para cada tempo escolhido. Basta, então, substituir um valor para x e para t que o valor do calor é calculado. O símbolo e é o número matemático irracional conhecido como número de Euler, cujo valor é 2,718281...

Para diversos valores do tempo t e do comprimento x, pode-se obter o resultado com os gráficos apresentados nas Figuras 10.9 a 10.12.

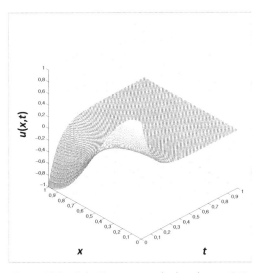

Figura 10.9 – Solução para a onda de calor em 3-D.

Essa figura mostra em três dimensões os eixos do comprimento x, do tempo t e do calor $u(x,t)$. Como a função de calor começa com a forma de cosseno quando t

= 0, pode-se perceber a forma de cosseno logo na extremidade de fora do bloco do gráfico. O eixo do tempo nesse instante tem valor $t = 0$. À medida que o tempo vai se dispersando, a forma de cosseno deixa de existir e começa a assumir o decaimento exponencial, pois o termo dominante é $e^{-\pi^2 t}$ na Equação (10.5). Quanto maior o valor do tempo t, mais próximo de zero fica o calor.

Observando apenas o eixo do tempo na Figura 10.10, pode-se perceber esse decaimento comentado. Fisicamente isso significa que a barra vai esfriando para tempos mais longos e sem mais exposições ao calor da chama inicial.

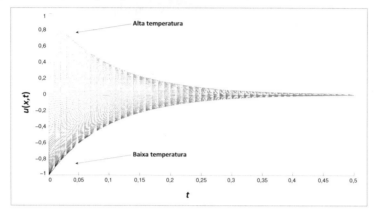

Figura 10.10 – Solução para a onda de calor no tempo t.

É possível também olhar para a solução apenas para a barra, ou seja, como se dispersa o calor em termos do comprimento x. A Figura 10.11 apresenta a solução para o gráfico em 3-D da Figura 10.9 de frente para o eixo x. Da direita para a esquerda, o valor do eixo x marca em $x = 0$ o calor de $u(x,0) = 1$, ou seja, o máximo valor de calor uma vez que a chama foi acesa nesse instante. No meio da barra, em $x = 0,5$, o calor é nulo; na outra extremidade, em $x = 1$, o calor é negativo. Obviamente essa seria uma representação válida apenas se na outra extremidade existisse uma barra de gelo para transformar o valor de $u(x,0) = -1$.

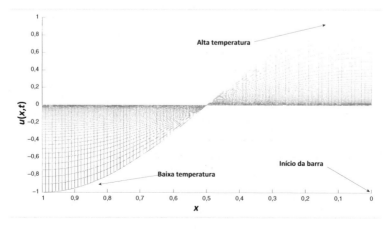

Figura 10.11 – Solução para a onda de calor no comprimento x.

A Figura 10.12 é uma visão do topo do gráfico da Figura 10.9, em que as curvas retratam como o calor se dissipa ao mesmo tempo no espaço (barra de comprimento x) e no tempo t. Essas são as conhecidas curvas de nível da dispersão do calor, e nelas é possível notar a forma de onda se dispersando tanto no tempo como no espaço. As ondas mais concentradas nas extremidades mostram os valores de calor mais extremos, muito quente na parte de baixo da Figura 10.12 e muito frio na parte de cima.

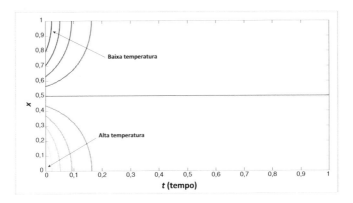

Figura 10.12 – Solução para a onda de calor vista do topo da figura em 3-D – curvas de nível.

A associação que Black e Scholes fizeram com a equação do calor foi digna de um prêmio Nobel, pois observaram que as ondas de calor tinham perfis parecidos com as ondas proporcionadas ao mercado financeiro pelos preços das opções. A equação resolvida por eles tem a forma apresentada em (10.4), mas, utilizando como condição inicial a distribuição normal na forma, tem-se:

$$u(x,0) = \frac{e^{\frac{(x-\bar{x})^2}{2\sigma^2}}}{\sigma\sqrt{2\pi}} \quad (10.6)$$

em que $\bar{x}$ é a média amostral do preço dos ativos e σ representa o desvio-padrão dos preços, mostrando a volatilidade das opções. Nomes exóticos são usados para representar os termos da Equação (10.4). Assim, o termo $\partial u/\partial x$ é conhecido como sensibilidade dos preços da opção, o termo $\partial^2 u/\partial x^2$ é chamado agressividade dos preços e $\partial u/\partial t$ é conhecido como emagrecimento ou transporte.

Letras gregas foram usadas para dar melhor entendimento às derivadas, sendo descritas como delta, gama e teta, conforme Tabela 10.1 (COSTA, 1998).

Tabela 10.1 – As gregas do modelo Black-Scholes

Sensibilidade	$\partial u/\partial x$	Δ – delta
Agressividade	$\partial^2 u/\partial x^2$	γ – gama
Emagrecimento	$\partial u/\partial t$	θ – teta

Utilizando ainda apenas uma ideia do que vem a ser o modelo Black-Scholes com a equação similar (10.4) e com a condição inicial para o preço da opção fornecido em (10.6), obtém-se a solução em termos de x (preço da opção) e tempo, que pode ser observada na Figura 10.13. Utilizou-se, nesse caso, uma média 0,5 e desvio-padrão 0,1.

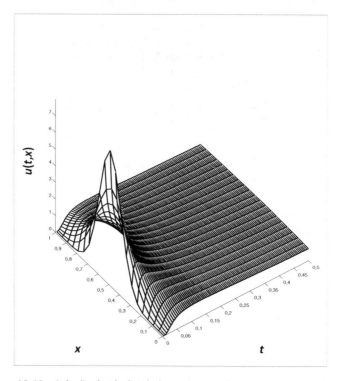

Figura 10.13 – Solução de Black-Scholes para entrada com distribuição normal.

Claro que a solução da figura é apenas uma para a equação matemática (10.6), que precisa ser mais bem trabalhada para se chegar à forma final da equação Black-Scholes. Porém, essa solução apenas de cunho matemático descreve detalhes importantes e bem diferentes da solução original para a equação da onda de calor (10.1). Por exemplo, com o modelo Black-Scholes, não se percebe o decaimento rápido observado, tampouco no perfil de temperatura.

Os preços x se mantêm estatisticamente por mais tempo em valores altos e, nos instantes iniciais, o valor permanece elevado. Apenas quando metade do período foi percorrida, a queda se acentua, mas, mesmo assim, primeiro nos valores de x acima da média. Isso descreve de maneira mais próxima o comportamento das opções quando estão próximas do vencimento. Se o preço da ação não tem alta expressiva, os valores mais altos e acima da média praticada nos preços das opções (x) se depreciam mais rapidamente. Assim, pode-se observar no gráfico da Figura 10.13 que, para valores de x acima de 0,5 e do tempo acima de 0,25, o gráfico em 3D de $u(x,t)$ cai rapidamente para zero. Isso pode ser melhor observado com um giro na Figura 10.13 que é apresentado na Figura 10.14. Pode-se visualizar melhor os preços se tornando nulos com tempos t mais elevados.

O risco na precificação de opções

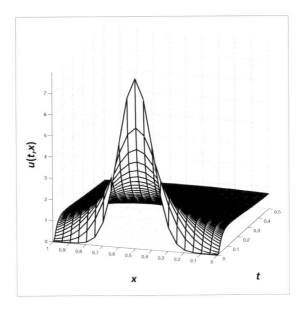

Figura 10.14 – Solução de Black-Scholes com ênfase no eixo dos preços x.

A Figura 10.15, a seguir, mostra as curvas de nível (comentadas no primeiro capítulo). Pode-se notar sua inclinação mais à esquerda. À medida que o tempo t aumenta e o vencimento se aproxima, os preços com maior probabilidade de negócios são aqueles com valores de x abaixo da média 0,5. Assim, um preço hipotético de $x = 0,9$, após percorrer metade do intervalo, tem probabilidade muito mais baixa que os preços abaixo da média 0,5.

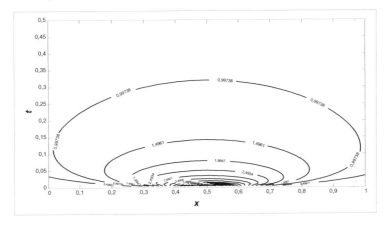

Figura 10.15 – Curvas de nível para Black-Scholes.

10.4 MODELO BLACK-SCHOLES NA PRÁTICA

Na seção anterior, explicou-se que o ponto de partida para a fórmula do modelo de opção foi a equação do calor. Merton defendeu sua tese em 1963, sob a orientação do economista Paul Samuelson, do Massachusetts Institute of Technology (MIT), e usou notação diferente de x e u presentes na equação do calor. Para identificar essas variáveis com os preços praticados no mercado financeiro, c(t) foi nomeado como o preço da opção de compra (*call*), p(t) é o preço da opção de venda (*put*) e S(t), o preço da ação no mercado à vista. Então, a equação de calor, com perturbações e flutuações, após longos e extensivos cálculos que fogem ao escopo e ao interesse deste livro, tornou-se o modelo de opções Black-Scholes:

$$\frac{\partial c}{\partial t} = \frac{\sigma^2 S^2}{2}\frac{\partial^2 c}{\partial S^2} + rS\frac{\partial c}{\partial S} - rc \qquad (10.7)$$

A solução fechada da equação de calor no modelo da Equação (10.7), obtida por Merton, Black e Scholes, parte do pressuposto de que o preço da opção de compra c(t) é, na verdade, uma função do preço da ação S(t), do preço no vencimento do contrato ou *strike* K, do tempo que falta para o vencimento do contrato T, da volatilidade dos retornos da ação σ, da taxa de juros livre de risco r e dos dividendos da ação d, que em termos matemáticos foi representado desta forma:

$$c(t) = f(S(t), K, T, \sigma, r, d)$$

De maneira similar, o preço da opção de venda p(t) pode ser calculado em função desses mesmos parâmetros, como segue:

$$p(t) = f(S(t), K, T, \sigma, r, d)$$

A solução analítica para a opção de compra c(t) e para a opção de venda p(t) é descrita no modelo Black-Scholes:

$$\begin{aligned}c(t) &= S(t) \times N(d_1) \times e^{-dT} - K \times e^{-rT} \times N(d_2) \\ p(t) &= c(t) + K \times e^{-rT} - S(t) \times e^{-dT}\end{aligned} \qquad (10.8)$$

em que N é a distribuição normal-padrão acumulativa, e representa o número de Euler (2,718...) e d_1 e d_2 são os parâmetros que definem o limite da integral da distribuição de probabilidade. A normal com limite d_1 é representada desta maneira:

$$N(d_1) = \frac{1}{\sqrt{2\pi}}\int_{-\infty}^{d_1} e^{-x^2/2}dx \qquad (10.9)$$

em que:

$$d_1 = \frac{\ln\left(\frac{S}{K}\right) + \left(r + \frac{\sigma^2}{2}\right)T}{\sigma\sqrt{T}} \qquad (10.10)$$

com *ln* representando o logaritmo natural (log) na base *e*.

De maneira similar, $N(d_2)$ é a distribuição normal, mas agora calculada sobre o novo limite d_2, que é calculado da seguinte forma:

$$d_2 = d_1 - \sigma\sqrt{T} \qquad (10.11)$$

Os passos para calcular os preços das opções podem ser resumidos assim:

- Toma-se o preço atual da ação S(t).
- Toma-se o preço do contrato de vencimento (*strike*) K.
- Calcula-se a volatilidade histórica dos retornos da ação, anualizando-a, caso os dados obtidos sejam diários, multiplicando o resultado por $\sqrt{252\ dias\ úteis}$.
- Obtém-se a taxa atual livre de risco, no caso do Brasil, Selic (ou contratos futuros de juros).
- Calcula-se o tempo T de maturação da opção padronizando em dias úteis como T/252.
- Calcula-se **d1** e, com o valor encontrado, calcula-se **d2** com (10.10) e (10.11).
- Calculam-se as normais acumuladas $N(d_1)$ e $N(d_2)$ com a fórmula (10.9).
- Calcula-se o preço da opção com a fórmula (10.8).

Para representar de maneira esquemática, vamos tomar como exemplo a ação da Petrobras PETR4 negociada na Bovespa entre 25 de março de 2015 e 8 de junho de 2015. Pretendemos calcular qual seria o preço da opção no dia 8 de junho de 2015. Tomemos, então, uma opção de compra (PETRF42) da Petrobras com vencimento em 15 de junho de 2015. Essa opção tinha um preço de *strike* K igual a R$ 12,50 e o valor da ação no dia 8 de junho era de R$ 12,57. A volatilidade dos retornos da ação entre os dias 25 de março de 2015 e 8 de junho de 2015 foi de σ = 0,031409 (3,14%). Esse desvio--padrão precisa ser anualizado, ou seja, deve ser multiplicado pela raiz quadrada do número de dias úteis. Assim: σ = 0,031409 × $\sqrt{252}$ = 0,4986 (ou 49,86%).

A taxa de juros Selic estava em 13,75% ao ano. O contrato dessa opção tinha um prazo de noventa dias, o que faz faltar apenas oito dias para o vencimento no dia 8 de junho. Então, o tempo de maturação precisa ser dividido pelo número de dias úteis para ficar de acordo com a volatilidade anualizada, ou seja, T = 8/252 = 0,03174. Deixando os dividendos fora deste exemplo (d = 0), os valores obtidos são:

- S(0) = 12,57
- K = 12,50
- σ = 0,4986
- r = 0,1375
- T = 0,03174

Para se calcular d_1:

$$d_1 = \frac{\ln\left(\frac{12,57}{12,50}\right) + \left(0,1375 + \frac{0,4986^2}{2}\right) \cdot 0,03174}{0,4986\sqrt{0,03174}} = 0,1562$$

Para se calcular d_2:

$$d_2 = 0,1562 - 0,4986\sqrt{0,03174} = 0,0679$$

Para obter a normal acumulada de N(d₁) e N(d₂), é possível utilizar diversos programas que fornecem a integral de (10.9). Por exemplo, no Excel, o comando para isso é: **DISTNORM** (*célula*; 0; 1; "verdadeiro"), em que "*célula*" deve ser substituída pela célula onde está o valor de **d1**, 0 é média nula, 1 é desvio-padrão unitário e a palavra "verdadeiro" indica que a integral é cumulativa.

Assim, podemos encontrar:

$$N(d_1) = N(0,1562) = 0,56$$

e

$$N(d_2) = N(0,0679) = 0,53$$

O preço dessa opção em 8 de junho de 2015 pode ser calculado pela fórmula (10.8) e deve ser próximo a:

$$c = 12,57(0,56) - 12,50e^{-0,1375.(0,03174)}(0,53) \cong \mathbf{R\$\,0,51}$$

A título de comparação, no dia 8 de junho de 2015, o preço real dessa opção terminou o dia valendo R$ 0,37 (27% abaixo do estimado).

Uma comparação completa de todo o histórico da opção e da ação PETR4 no mercado à vista pode mostrar como funciona o modelo Black-Scholes. A Tabela 10.2 apresenta os preços de fechamentos da ação da Petrobras (PETR4) e de seus retornos diários. A Figura 10.16 mostra o gráfico da tabela com os preços de fechamentos diários da ação.

Tabela 10.2 – Histórico dos preços de fechamentos diários da PETR4

Data	Preço	Retornos	Data	Preço	Retornos
25/03/2015	9,84		04/05/2015	13,8	0,057471264
26/03/2015	9,35	–0,049796748	05/05/2015	14,38	0,042028986
27/03/2015	9,38	0,003208556	06/05/2015	13,64	–0,051460362
30/03/2015	9,72	0,036247335	07/05/2015	13,7	0,004398827
31/03/2015	9,73	0,001028807	08/05/2015	13,52	–0,013138686
01/04/2015	10,21	0,049331963	11/05/2015	13,72	0,014792899
02/04/2015	10,72	0,049951028	12/05/2015	13,79	0,005102041
06/04/2015	10,69	–0,002798507	13/05/2015	13,97	0,013052937
07/04/2015	10,89	0,018709074	14/05/2015	13,89	–0,005726557
08/04/2015	10,6	–0,026629936	15/05/2015	14,06	0,012239021
09/04/2015	11,56	0,090566038	18/05/2015	13,78	–0,019914651
10/04/2015	11,82	0,022491349	19/05/2015	12,91	–0,063134978
13/04/2015	12,27	0,038071066	20/05/2015	12,89	–0,001549187

(continua)

Tabela 10.2 – Histórico dos preços de fechamentos diários da PETR4 *(continuação)*

Data	Preço	Retornos	Data	Preço	Retornos
14/04/2015	12,49	0,01792991	21/05/2015	13,45	0,043444531
15/04/2015	13,33	0,067253803	22/05/2015	13,08	–0,027509294
16/04/2015	12,93	–0,030007502	25/05/2015	12,8	–0,021406728
17/04/2015	13,01	0,006187162	26/05/2015	12,39	–0,03203125
20/04/2015	13,09	0,006149116	27/05/2015	12,55	0,01291364
22/04/2015	13,12	0,002291826	28/05/2015	12,67	0,009561753
23/04/2015	12,92	–0,015243902	29/05/2015	12,33	–0,026835043
24/04/2015	13,26	0,026315789	01/06/2015	12,37	0,00324412
27/04/2015	12,58	–0,051282051	02/06/2015	12,84	0,03799515
28/04/2015	12,78	0,015898251	03/06/2015	12,83	–0,000778816
29/04/2015	12,82	0,00312989	05/06/2015	12,56	–0,021044427
30/04/2015	13,05	0,017940718	08/06/2015	12,57	0,000796178

Média dos retornos (anualizado)
$\mu_R = 0{,}005499 \times \sqrt{252} = 0{,}0872$

Desvio-padrão dos retornos (anualizado)
$\sigma_R = 0{,}031409 \times \sqrt{252} = 0{,}4986$

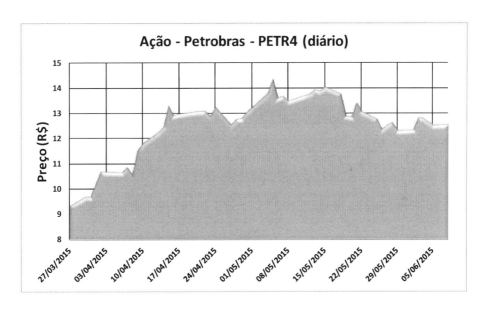

Figura 10.16 – Histórico dos preços de fechamentos diários da Petrobras (PETR4).

A Figura 10.17 exibe como os retornos não anualizados da PETR4 oscilaram nesses dias observados. Pode-se reparar que o histograma dos retornos revela uma leve distorção para os retornos negativos.

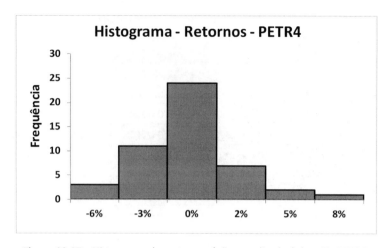

Figura 10.17 – Histograma dos retornos (não anualizados) da ação PETR4.

Repetindo dia a dia o exemplo anterior para o dia 8 de junho com a opção PETRF42 e recalculando sempre a volatilidade para os dias anteriores, obtém-se a Tabela 10.3. Nela, é possível observar os cálculos do modelo Black-Scholes utilizando os passos descritos anteriormente e a comparação com os valores reais negociados da opção.

Tabela 10.3 – Cálculos dos preços de opção para PETRF42 com Black-Scholes

Data	Preço	Retornos	Opção – Preço Fechamento	Opção – Preço Black-Scholes
25/03/2015	9,84		0,22	
26/03/2015	9,35	−0,049796748	0,19	R$ 0,42
27/03/2015	9,38	0,003208556	0,16	R$ 0,43
30/03/2015	9,72	0,036247335	0,20	R$ 0,52
31/03/2015	9,73	0,001028807	0,22	R$ 0,50
01/04/2015	10,21	0,049331963	0,30	R$ 0,65
02/04/2015	10,72	0,049951028	0,40	R$ 0,83
06/04/2015	10,69	−0,002798507	0,46	R$ 0,80
07/04/2015	10,89	0,018709074	0,45	R$ 0,86
08/04/2015	10,6	−0,026629936	0,35	R$ 0,74
09/04/2015	11,56	0,090566038	0,65	R$ 1,13
10/04/2015	11,82	0,022491349	0,82	R$ 1,25
13/04/2015	12,27	0,038071066	1,03	R$ 1,48
14/04/2015	12,49	0,01792991	1,08	R$ 1,54
15/04/2015	13,33	0,067253803	1,70	R$ 2,04
16/04/2015	12,93	−0,030007502	1,38	R$ 1,73
17/04/2015	13,01	0,006187162	1,51	R$ 1,74
20/04/2015	13,09	0,006149116	1,54	R$ 1,62

(continua)

Tabela 10.3 – Cálculos dos preços de opção para PETRF42 com Black-Scholes *(continuação)*

Data	Preço	Retornos	Opção – Preço Fechamento	Opção – Preço Black-Scholes
22/04/2015	13,12	0,002291826	1,62	R$ 1,63
23/04/2015	12,92	–0,015243902	1,46	R$ 1,48
24/04/2015	13,26	0,026315789	1,61	R$ 1,64
27/04/2015	12,58	–0,051282051	1,15	R$ 1,18
28/04/2015	12,78	0,015898251	1,23	R$ 1,27
29/04/2015	12,82	0,00312989	1,24	R$ 1,28
30/04/2015	13,05	0,017940718	1,30	R$ 1,42
04/05/2015	13,8	0,057471264	1,85	R$ 1,92
05/05/2015	14,38	0,042028986	2,34	R$ 2,37
06/05/2015	13,64	–0,051460362	1,69	R$ 1,76
07/05/2015	13,7	0,004398827	1,77	R$ 1,80
08/05/2015	13,52	–0,013138686	1,63	R$ 1,65
11/05/2015	13,72	0,014792899	1,74	R$ 1,80

No início, o modelo se comporta muito mal, pois, como o tempo para maturação é longo, as duas integrais de $N(d_1)$ e $N(d_2)$ são praticamente nulas, derivando o resultado não real de preço nulo. Porém, à medida que os dias para o tempo de maturação diminuem, os preços do modelo vão seguindo mais próximos dos valores reais, como pode ser notado na Figura 10.18.

Figura 10.18 – Comparação dos preços de fechamento da opção PETRF42 e estimados por Black-Scholes.

A Tabela 10.3 contém apenas uma parte da representação do total de dados, que está completa no gráfico da Figura 10.18. Depois do dia 11 de maio, os preços se desvalorizaram bastante e, mesmo assim, o valor da estimativa do modelo Black--Scholes foi boa. Outro fator para o valor pior no início das estimativas foram os escândalos sobre os desvios de dinheiro na Petrobras. O preço ficou muito abaixo do valor de contrato, chegando a R$ 9,84 no dia 25 de março, quando no contrato o valor era bem mais alto (R$ 12,50).

10.5 MODELO BLACK-SCHOLES NO EXCEL E NO MATLAB

A utilização do modelo Black-Scholes para precificação de opções nos dias atuais é bem simples, com todas as funções necessárias para o cálculo encontradas em diversos *softwares*, como Excel e Matlab. Vamos observar, como exemplo, os valores dos fechamentos diários da opção de compra da Petrobras com vencimento em 20 de julho de 2015, um contrato com noventa dias de duração. Essa opção era negociada sob o símbolo PETRG42, com preço de vencimento (*strike*) K igual a R$ 12,66.

A Tabela 10.4 apresenta os valores históricos da ação PETR4, os cálculos dos retornos da ação e o preço da opção PETRG42.

Tabela 10.4 – Cálculos dos preços de opção para PETRG42

Data	Fechamento	Retorno – Ação	Opção – PETRG42
30/03/2015	9,72		7,39
31/03/2015	9,73	0,001028807	7,39
01/04/2015	10,21	0,049331963	7,39
02/04/2015	10,72	0,049951028	7,39
06/04/2015	10,69	−0,002798507	7,39
07/04/2015	10,89	0,018709074	7,39
08/04/2015	10,6	−0,026629936	7,39
09/04/2015	11,56	0,090566038	7,39
10/04/2015	11,82	0,022491349	7,39
13/04/2015	12,27	0,038071066	7,39
14/04/2015	12,49	0,01792991	1,24
15/04/2015	13,33	0,067253803	1,72
16/04/2015	12,93	−0,030007502	1,66
17/04/2015	13,01	0,006187162	1,7
20/04/2015	13,09	0,006149116	1,7
22/04/2015	13,12	0,002291826	1,8
23/04/2015	12,92	−0,015243902	1,8
24/04/2015	13,26	0,026315789	1,81
27/04/2015	12,58	−0,051282051	1,45
28/04/2015	12,78	0,015898251	1,22
29/04/2015	12,82	0,00312989	1,22
30/04/2015	13,05	0,017940718	1,22

(continua)

Tabela 10.4 – Cálculos dos preços de opção para PETRG42 *(continuação)*

Data	Fechamento	Retorno – Ação	Opção – PETRG42
04/05/2015	13,8	0,057471264	1,22
05/05/2015	14,38	0,042028986	2,38
06/05/2015	13,64	–0,051460362	2,17
07/05/2015	13,7	0,004398827	2,17
08/05/2015	13,52	–0,013138686	2,17
11/05/2015	13,72	0,014792899	2,17
12/05/2015	13,79	0,005102041	2,17
13/05/2015	13,97	0,013052937	2,03
14/05/2015	13,89	–0,005726557	2,15
15/05/2015	14,06	0,012239021	1,89
18/05/2015	13,78	–0,019914651	1,88
19/05/2015	12,91	–0,063134978	1,29
20/05/2015	12,89	–0,001549187	1,25
21/05/2015	13,45	0,043444531	1,57
22/05/2015	13,08	–0,027509294	1,34
25/05/2015	12,8	–0,021406728	1,14
26/05/2015	12,39	–0,03203125	0,88
27/05/2015	12,55	0,01291364	0,91
28/05/2015	12,67	0,009561753	1
29/05/2015	12,33	–0,026835043	0,82

O que se deseja estimar é o preço da opção no dia 1º de junho, quando ainda faltavam 39 dias para o seu vencimento (PETRG42). O retorno médio foi de 0,00704 (ou 0,7%) para o preço de fechamento diário da ação entre os dias 27 de março e 29 de maio. Tem-se, então, 43 dias úteis de negócios para o cálculo da volatilidade dessa ação (PETR4). O retorno médio é calculado com a função **MÉDIA( )** do Excel, enquanto a volatilidade do período (43 dias úteis) é calculada com a função **DESVPADP( )**. A volatilidade encontrada com **DESVPADP( )** para as células anteriores a 1º de junho foi de 0,0321 (ou 3,21%). No entanto, não se pode esquecer que essa volatilidade precisa ser anualizada para usar no modelo Black-Scholes.

Volatilidade anualizada

$$\sigma_{\text{anualizado}} = \sigma \times \sqrt{252}$$

Por que precisamos anualizar o desvio-padrão? No capítulo anterior, dissemos que um processo estocástico do tipo ruído branco gaussiano tem média nula e desvio-padrão que aumenta sua flutuação na taxa de $\sigma\sqrt{t}$. Esse processo estocástico é o movimento browniano discutido nesse mesmo capítulo sobre os modelos de Itô. Essa correção, chamada anualizada, faz com que a equação Black-Scholes admita uma flutuação e uma incerteza influenciada por um movimento browniano de mercado. Adota-se $t = 252$ dias úteis, pois são os dias em que os preços são negociados e sofrem as mudanças e flutuações. Logo, a volatilidade anualizada para esse exemplo é $0,0321 \times \sqrt{252} = 0,509$, como mostrado na tabela a seguir.

| 29/05/2015 | 12,33 | −0,026835043 | 0,82 | Média | Volatilidade |
| 01/06/2015 | 12,37 | 0,00324412 | 0,77 | 0,007043581 | 0,509994667 |

A taxa de juros utilizada neste exemplo foi a Selic do período, que estava em 13,75% ao ano. Assim, as células do Excel devem permanecer constantes com valor $r = 0,1375$. O tempo de maturação deve ser ponderado por 252 dias, sendo seu valor no dia 1º de junho: $T = 39/252 = 0,154$. As células da coluna M e N foram reservadas para o cálculo de d_1 e d_2. A linha do Excel utilizada nesses cálculos é a linha 45 da planilha.

H	I	J	K	L	M	N
Preço	Vencimento	Taxa de juros	Dias para o fim	Tempo (T)	d1	d2
12,37	12,66	13,75%	39	0,1547619	0,090878	−0,10975

Adotando-se, então, a linha 45 da planilha onde estão dados de preço, *strike* K e tempo T, o cálculo de d_1 é:

f_x =(LN(H45/I45)+(J45+F45^2/2)*L45)/(F45*RAIZ(L45))

E o cálculo para d_2 é:

f_x =M45-F45*RAIZ(L45)

Foram utilizadas as fórmulas (10.10) e (10.11), mencionadas na seção anterior.

Assim, o preço da opção de compra PETRG42 é calculado na coluna G dessa planilha de exemplo, na mesma linha 45, com a fórmula para $c(t)$ em (10.8). No Excel essa fórmula é programada da seguinte maneira:

=H45*DIST.NORM.N(M45;0;1;"verdadeiro")-I45*EXP(-J45*L45)*DIST.NORM.N(N45;0;1;"verdadeiro")

A função **DIST.NORM.N(x, média, desvio-padrão, "acumulada")** retorna o resultado da integral da fórmula (10.9), representando a distribuição de probabilidade normal. As células M45 e N45 são preenchidas com os valores de d_1 e d_2, e o texto "verdadeiro" indica que se deseja a probabilidade acumulada. Se fosse necessário apenas o valor da probabilidade, esse texto seria "falso". Como o modelo Black-Scholes tem por hipótese que o comportamento do mercado segue a distribuição normal-padrão, nesse caso, a média é zero e o desvio-padrão, 1. Por isso, dentro da função, aparecem o número zero e o número um. A planilha completa para o cálculo é esta:

G	H	I	J	K	L	M	N
Preço-opção (C)	Preço	Vencimento	Taxa de juros	Dias para o fim	Tempo (T)	d1	d2
0,9777	12,37	12,66	13,75%	39	0,1547619	0,090878	−0,10975

Desse modo, o preço da opção PETRG42 no dia 1º de junho foi estimado em $c(t)$ = R$ 0,97, quando colocados na fórmula todos os cálculos anteriores. Para os dias seguintes, o processo se repete, lembrando sempre que a janela de média e volatilidade é móvel. Ou seja, com mais um dia de observação, o período anterior de cálculo deve ser mantido para se ter padronização dos resultados. Então, os novos preços da opção devem ser calculados com uma janela histórica de 43 dias úteis de negócios.

Mantendo-se essa formalização, os preços para o período entre os dias 1º de junho e 8 de junho foram estimados na coluna G, como se vê a seguir:

E	F	G	H	I	J	K	L	M	N
Média	Volatilidade	Preço-Opção (C)	Preço	Vencimento	Taxa de juros	Dias para o fim	Tempo (T)	d1	d2
0,007043581	0,509994667	0,9777	12,37	12,66	13,75%	39	0,154762	0,09088	-0,10975
0,00625779	0,504884559	1,2209	12,84	12,66	13,75%	38	0,150794	0,27579	0,07974
0,007137941	0,510482819	1,2090	12,83	12,66	13,75%	37	0,146825	0,26921	0,0736
0,005944827	0,499928014	1,0148	12,56	12,66	13,75%	36	0,142857	0,15646	-0,03249
0,004254459	0,491893497	0,9892	12,57	12,66	13,75%	35	0,138889	0,15692	-0,0264

Uma comparação interessante é entre o valor estimado e o valor de fechamento negociado para a opção PETRG42.

Data	Real	Estimativa B&S
01/06/2015	R$ 0,77	R$ 0,98
02/06/2015	R$ 1,04	R$ 1,22
03/06/2015	R$ 1,01	R$ 1,21
05/06/2015	R$ 0,81	R$ 1,01
08/06/2015	R$ 0,81	R$ 0,99

No Matlab, também é muito fácil realizar o cálculo do preço da opção, mas é exigido um conhecimento de programação um pouco mais elaborado. Do ponto de vista da facilidade, no Matlab o cálculo é ainda mais fácil que no Excel, pois apenas uma função retorna o preço da opção sem a necessidade de cálculos paralelos nas células.

O primeiro passo é a leitura dos dados e sua importação do Excel para o ambiente do Matlab. Isso é feito por meio do comando **xlsread(nome, planilha, células)**, utilizado para importar dados do Excel. Nesse caso, "nome" é o nome do arquivo em Excel incluindo sua extensão (*.xls ou *.xlsx), "planilha" é o nome da planilha onde estão os dados, e "células" refere-se às células a serem importadas. No exemplo em questão, criou-se um arquivo com nome Opcao_Mat.xlsx, uma planilha com nome PETR4 e os dados foram colocados nas células a1 até a44. A importação foi feita usando o comando a seguir, salvo na variável S:

```
S=xlsread('Opcao_Mat.xlsx','PETR4','a1:a44');
```

Os apóstrofos são necessários dentro desse comando de importação dos dados. O cálculo do retorno também é simples, pois usa um comando de *loop* ou *iteração* conhecido como "FOR". Como o Matlab transforma os dados de planilha em vetor S, o vetor de retorno é o mesmo retorno calculado na planilha do Excel. Assim, é facilmente encontrado como:

```
for i=2:length(S)
    retorno(i-1)=(S(i)-S(i-1))/S(i);
end
```

Esse comando começa com um contador em i = 2, pois no Matlab não existe posição zero para o vetor. Por fim, os demais dados de entrada são os mesmos do exemplo no Excel, com as variáveis informando os valores ao Matlab da seguinte forma:

```
volatilidade=std(retorno)*sqrt(252);
preco=S(length(S));
strike=12.66;
juros=0.1375;
tempo=39/252;
```

Todo cálculo do modelo Black-Scholes é realizado por meio de uma função específica no *toolbox* do Matlab. Essa função se chama **blsprice** e retorna o preço da opção de compra (*call*) e da opção de venda (*put*) ao mesmo tempo. Basta, para isso, criar um vetor de saída com duas posições, sendo a primeira o preço da *call* e a segunda, o preço da *put*, como visualizado a seguir:

[call,put]=blsprice (preco,strike,juros,tempo,volatilidade)

O resultado para o exemplo da PETRG42 é próximo ao valor calculado pelo Excel, sendo *call* e *put* com estimativas de R$ 0,96 para o preço da *call*; no Excel o valor encontrado foi de R$ 0,97.

call =

0.9634

put =

0.9869

O programa completo em ambiente Matlab para o modelo Black-Scholes é apresentado a seguir:

```
1    clear all
2    clc
3
4    S=xlsread('Opcao_Mat.xlsx','PETR4','a1:a44');
5
6
7    %================ calculo da precificacao opcao Black-Scholes
8    % 39 dias para o vencimento
9
10   for i=2:length(S)
11       retorno(i-1)=(S(i)-S(i-1))/S(i);
12   end
13
```

```
14 -    volatilidade=std(retorno)*sqrt(252);
15 -    preco=S(length(S));
16 -    strike=12.66;
17 -    juros=0.1375;
18 -    tempo=39/252;
19
20 -    [call,put]=blsprice(preco,strike,juros,tempo,volatilidade)
21
```

10.6 VOLATILIDADE IMPLÍCITA

O modelo Black-Scholes estima os preços das opções de forma muito próxima aos preços observados, quando há negócios envolvendo preços das ações próximos ao preço de *strike* K de contrato. Assim, por exemplo, se um preço de vencimento K é igual a R$ 12,50 e os preços negociados da ação estão variando entre R$ 12,40 e R$ 12,60, os valores das estimativas do Black-Scholes servem como parâmetro sobre o preço justo da opção.

Um exemplo disso é o preço estimado por Black-Scholes para a opção PETRF42 no dia 11 de maio de 2015 na Tabela 10.3, já apresentada. Nesse dia a ação fechou negociada a R$ 13,72, com o preço de *strike* K igual a R$ 12,50. O valor estimado do modelo foi de R$ 1,79, e o preço da opção observado e real foi de R$ 1,74 no fechamento dos negócios. Isso significa um erro de cinco centavos entre a estimativa e o valor real. No entanto, quanto mais próximo ao vencimento e maior o distanciamento entre o preço de *strike* K e o preço da ação, mais graves são os erros em precificação. Isso acontece porque o modelo tradicional Black-Scholes adota os parâmetros como constantes, como a taxa de juros, a média e, sobretudo, a volatilidade. Como ao longo do dia a volatilidade é um parâmetro que se altera muito, manter o desvio-padrão fixo e constante ao histórico dos dados distancia a precificação dos preços realmente exercidos.

Uma forma de amenizar esse fato é tentar descobrir qual seria o valor teórico ideal da volatilidade σ que aproximaria o preço teórico da opção ao preço real e negociado no mercado financeiro. Essa volatilidade, implícita ou indiretamente, aproximaria o preço teórico do preço real. Esse tipo de volatilidade recebe o nome de volatilidade implícita. Encontrar a volatilidade implícita $\hat{\sigma}$ significa encontrar o valor que torna zero a diferença entre o preço real $c(t)$ e o preço estimado $\hat{c}$, que matematicamente é representado assim:

$$f(\hat{\sigma}) = c(t) - \hat{c}(S,T,K,r,\hat{\sigma}) \qquad (10.12)$$

Para tanto, são observados os preços realizados de diversas opções com mesmo tempo de maturação e, a partir dessas diversas opções, resolve-se o problema de otimização (10.12) que busca, da melhor maneira, o valor de $\hat{\sigma}$ que faz $f(\hat{\sigma}) = 0$.

No dia 5 de abril de 2016, às 16h45, foram verificados os preços negociados de 31 opções de compra da Petrobras (PETR4), que nessa exata hora tinha a ação negociada à vista na Bovespa a S = R$ 7,84. A Tabela 10.5 apresenta os valores observados para as opções de compra da Petrobras. No Excel, uma boa técnica para descobrir o valor exato da volatilidade que, teoricamente, aproxima a estimativa do preço da opção ao valor real negociado é utilizar a ferramenta **Atingir meta**.

Tabela 10.5 – Dados das opções de compra da PETR4 em 5 de abril de 2016 às 16h45

	Opção PETR4	Strike	Último Preço	Data da Negociação
1				
2	PETR4 04/18/16 C4	R$ 4,00	R$ 3,90	05/04/2016
3	PETR4 04/18/16 C4.5	R$ 4,50	R$ 3,38	05/04/2016
4	PETR4 04/18/16 C4.6	R$ 4,60	R$ 3,30	05/04/2016
5	PETR4 04/18/16 C5	R$ 5,00	R$ 2,88	05/04/2016
6	PETR4 04/18/16 C5.2	R$ 5,20	R$ 2,69	05/04/2016
7	PETR4 04/18/16 C5.4	R$ 5,40	R$ 2,53	05/04/2016
8	PETR4 04/18/16 C5.6	R$ 5,60	R$ 2,42	05/04/2016
9	PETR4 04/18/16 C6	R$ 6,00	R$ 1,94	05/04/2016
10	PETR4 04/18/16 C6.2	R$ 6,20	R$ 1,93	05/04/2016
11	PETR4 04/18/16 C6.6	R$ 6,60	R$ 1,44	05/04/2016
12	PETR4 04/18/16 C7	R$ 7,00	R$ 1,04	05/04/2016
13	PETR4 04/18/16 C7.2	R$ 7,20	R$ 0,99	05/04/2016
14	PETR4 04/18/16 C7.4	R$ 7,40	R$ 0,86	05/04/2016
15	PETR4 04/18/16 C7.8	R$ 7,80	R$ 0,65	05/04/2016
16	PETR4 04/18/16 C8	R$ 8,00	R$ 0,52	05/04/2016
17	PETR4 04/18/16 C8.4	R$ 8,40	R$ 0,41	05/04/2016
18	PETR4 04/18/16 C8.8	R$ 8,80	R$ 0,31	05/04/2016
19	PETR4 04/18/16 C9	R$ 9,00	R$ 0,26	05/04/2016
20	PETR4 04/18/16 C9.2	R$ 9,20	R$ 0,23	05/04/2016
21	PETR4 04/18/16 C9.8	R$ 9,80	R$ 0,20	05/04/2016
22	PETR4 04/18/16 C10	R$ 10,00	R$ 0,13	05/04/2016
23	PETR4 04/18/16 C10.5	R$ 10,50	R$ 0,08	05/04/2016
24	PETR4 04/18/16 C11	R$ 11,00	R$ 0,06	05/04/2016
25	PETR4 04/18/16 C11.5	R$ 11,50	R$ 0,04	05/04/2016
26	PETR4 04/18/16 C12	R$ 12,00	R$ 0,03	05/04/2016
27	PETR4 04/18/16 C12.5	R$ 12,50	R$ 0,03	05/04/2016
28	PETR4 04/18/16 C13	R$ 13,00	R$ 0,02	05/04/2016
29	PETR4 04/18/16 C13.5	R$ 13,50	R$ 0,01	05/04/2016
30	PETR4 04/18/16 C14	R$ 14,00	R$ 0,02	05/04/2016
31	PETR4 04/18/16 C14.5	R$ 14,50	R$ 0,01	05/04/2016
32	PETR4 04/18/16 C15	R$ 15,00	R$ 0,01	05/04/2016

Em **Atingir metas**, no Excel, pode-se escolher qual célula vai ser alterada, qual deve ser seu valor final a ser atingido e onde está o valor antigo a ser substituído. Por exemplo, ao se colocar os valores observados da Tabela 10.5 para a opção de compra PETRFC4 (primeira linha), a qual tem valor de *strike* K igual a R$ 4,00, obtém-se uma estimativa de preço dessa opção. Como não se sabe a volatilidade nesse momento, uma primeira tentativa é utilizar a volatilidade $\hat{\sigma} = 5\%$, que retorna um preço de R$ 3,86 pelo Black-Scholes, com taxa Selic que, na época, era de 14,25% ao ano. O tempo de vencimento era de nove dias para essa opção de compra. Entretanto, fica a pergunta: se a opção está sendo negociada a R$ 3,90, qual a volatilidade do momento para que a teoria se adapte ao valor real?

A função **Atingir meta** é ajustada à planilha, para fornecer naquele momento qual deve ser a volatilidade que o mercado está ajustando, de forma que o modelo Black-Scholes fique o mais próximo possível.

	A	B	C
1	Preço da ação	(S0)	R$ 7,84
2	Preço vencimento da ação - STRIKE	(K)	R$ 4,00
3	Volatilidade	(SIGMA)	5,0%
4	Taxa de juros	(r)	14,25%
5	Dias para fim (maturidade)		9
6	Tempo para fim (T)	(T)	0,035714
7			
8	d1=	*normal(0,d1)	71,76107
9	d2=	*normal(0,d2)	71,75162
10			
11	**Preço opção "C="**	R$	3,86

Primeiro se define a célula de destino como a célula na qual o preço da opção vai aparecer. No caso do exemplo, a célula é a B11.

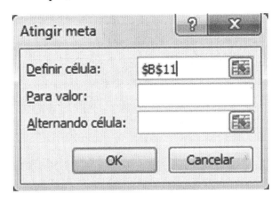

A partir disso, como a ação da Petrobras (PETR4) está sendo negociada a S = R$ 7,84 e o valor de *strike* é R$ 4,00, qual deve ser a volatilidade implícita no modelo, de forma que o primeiro preço da opção de R$ 3,86 aproxime o modelo para se obter o valor real observado de R$ 3,90? Qual a volatilidade implícita? As observações estão condensadas na Tabela 10.5, já apresentada, a taxa de juros é r = 14,25% e o tempo tem valor T = 9/252 = 0,03571, pois faltam nove dias para o vencimento dessa opção. Ajustando o **Atingir meta** para que a célula B11 tenha o valor real de R$3,90 e alterando a célula de volatilidade C3, chega-se à volatilidade implícita de 210,8%. A entrada do **Atingir meta** é preparada desta forma:

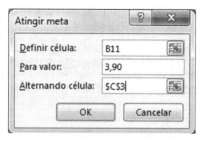

O resultado final no Excel é apresentado na planilha a seguir. Pode-se observar que o valor da célula B11 foi contemplado com o valor exato de R$ 3,90, isto é, o valor real da opção no momento da observação. A célula C3 apresenta a volatilidade que, naquele momento, o mercado financeiro estava operando, de forma que a solução do Black-Scholes é a mesma da realidade dos preços. A volatilidade encontrada de 210,8% é alta, mas não totalmente anormal no mercado de opções.

	A	B	C
1	Preço da ação	(S0)	R$ 7,84
2	Preço vencimento da ação - STRIKE	(K)	R$ 4,00
3	Volatilidade	(SIGMA)	210,8%
4	Taxa de juros	(r)	14,25%
5	Dias para fim (maturidade)		9
6	Tempo para fim (T)	(T)	0,035714
7			
8	d1=	*normal(0,d1)	1,901434
9	d2=	*normal(0,d2)	1,503125
10			
11	**Preço opção "C="**	**R$**	**3,90**

Em outro exemplo, o preço da opção PETRC7.4 no momento da observação estava em R$ 0,86 (linha 14 da Tabela 10.5). Seu preço de vencimento (*strike*) na tabela é K = R$ 7,40. Uma primeira aproximação para a volatilidade foi de $\hat{\sigma}$ = 5%. A primeira aproximação forneceu uma estimativa pobre, de preço da opção em R$ 0,48.

	A	B	C
1	Preço da ação	(S0)	R$ 7,84
2	Preço vencimento da ação - STRIKE	(K)	R$ 7,40
3	Volatilidade	(SIGMA)	5,0%
4	Taxa de juros	(r)	14,25%
5	Dias para fim (maturidade)		9
6	Tempo para fim (T)	(T)	0,035714
7			
8	d1=	*normal(0,d1)	6,655944
9	d2=	*normal(0,d2)	6,646495
10			
11	**Preço opção "C="**	**R$**	**0,48**

O risco na precificação de opções 251

Para melhorar essa estimativa, utiliza-se novamente o **Atingir meta**, ajustando o valor de B11 para R$ 0,86 e variando a volatilidade em C3. O valor de inicialização da volatilidade implícita estava muito aquém do esperado. Quando se roda o **Atingir meta**, é possível encontrar como volatilidade correta o valor de $\hat{\sigma} = 103{,}2\%$, conforme apresentado a seguir.

	A	B	C
1	Preço da ação	(S0)	R$ 7,84
2	Preço vencimento da ação - STRIKE	(K)	R$ 7,40
3	Volatilidade	(SIGMA)	103,2%
4	Taxa de juros	(r)	14,25%
5	Dias para fim (maturidade)		9
6	Tempo para fim (T)	(T)	0,035714
7			
8	d1=	*normal(0,d1)	0,419847
9	d2=	*normal(0,d2)	0,22489
10			
11	**Preço opção "C="**	R$	0,86

Melhor que ficar testando opção por opção, pode-se automatizar o processo para encontrar a melhor volatilidade para cada opção de forma otimizada. Para resolver esse problema de otimização, o Matlab possui uma rotina chamada **fsolve**, para encontrar zeros de funções. Os parâmetros de entrada dessa rotina são a função desejada (no caso, a diferença entre os valores observados e reais) e o "chute inicial", isto é, o valor inicial que se suspeita ser a volatilidade no momento da observação (150% ou 1,5).

fsolve (@ (x) Obs (i) –blsprice (S, K (i), r, T, x), 1.5);

Os valores observados Obs(i) das opções são salvos em vetores. Os valores da fórmula Black-Scholes retornam da função **blsprice** explicada anteriormente, em que os *strikes* agora são posições de vetores K(i). As opções utilizadas foram as 22 primeiras da Tabela 10.5.

Este é o código completo do Matlab para encontrar a volatilidade implícita:

```
1    %++++++++++++++ PROGRAMA PARA CALCULAR VOLATILIDADE IMPLICITA ++++++
2    clc
3    clear all
4    %=========== preco de strike da acao ======
5    K=[4 4.5 4.6 5 5.2 5.4 5.6 6 6.2 6.6 7 7.2 7.4 7.8 8 8.4 8.8 9 9.2 ...
6       9.8 10 10.5];
7    %=========== preco observado da opcao ======
8    Obs=[3.9 3.38 3.3 2.88 2.69 2.53 2.42 1.94 1.93 1.44 1.04 0.99 0.86 ...
9       0.65 0.52 0.41 0.31 0.26 0.23 0.2 0.13 0.08];
10   %=========== preco da acao ======
11   S=7.84;
12   %========== taxa de juros =====
13   r=0.1425;
14   %========== tempo que falta para o vencimento =====
15   T=9/252;
16   %====== descobrindo a volatilidade implicita resolvendo a equacao ===
17   for i=1:length(K)
18      [impVol(i) valor(i)]=fsolve(@(x)Obs(i)-blsprice(S,K(i),r,T,x),1.5);
19   end
20   [impVol' valor']
21   plot(K,impVol,'-o',S*ones(1,length(K)), impVol,'--r')
22   xlabel('strike k')
23   ylabel('volatilidade implicita')
24   text(S,0.09,'Preco Atual da acao')
```

Para cada novo *strike*, K(i) a função calcula a diferença entre a fórmula e o valor observado e busca qual é o melhor valor da volatilidade para tornar essa diferença mais próxima de zero. É importante salientar que os preços dos *strikes* devem estar em ordem crescente, começando pelo menor preço do vencimento até o maior. Se não estiverem em ordem crescente, a função **fsolve** não converge, mostrando-se inábil para encontrar a volatilidade implícita. O resultado das volatilidades implícitas para tornar o modelo mais próximo da realidade é este:

2.1059	−0.0000
1.5320	−0.0000
1.6968	−0.0000
1.2424	−0.0000
1.2497	−0.0000
1.4216	−0.0000
1.6865	−0.0000
1.1295	−0.0000
1.6114	−0.0000
1.1101	−0.0000
0.8632	−0.0000
1.0476	−0.0000
1.0328	−0.0000
1.0379	0.0000
0.9714	0.0000
1.0428	−0.0000
1.0749	−0.0000
1.0713	−0.0000
1.0953	−0.0000
1.2548	−0.0000
1.1440	−0.0000
1.1310	−0.0000

A primeira coluna indica as volatilidades $\hat{\sigma}$ para cada *strike* e a segunda coluna mostra os valores mais próximos de zero encontrados para $f(\hat{\sigma})$. Pode-se observar que a volatilidade encontrada foi ótima, no sentido de que tornou zero a diferença da função. Quase todas as volatilidades passaram de 100% no caso dessas opções da Petrobras, com suas volatilidades implícitas como segue:

$$\hat{\sigma}_1 = 210\% \quad \hat{\sigma}_2 = 153\% \quad \hat{\sigma}_3 = 169\% \quad \hat{\sigma}_4 = 124\% \quad \hat{\sigma}_5 = 125\% \quad \hat{\sigma}_6 = 142\%$$

Essas são as primeiras seis opções da Tabela 10.5. Todas as volatilidades estão colocadas no gráfico da Figura 10.19, em comparação com o preço observado da ação no último negócio da hora para o dia 5 de abril de 2016 no valor S = R$ 7,84.

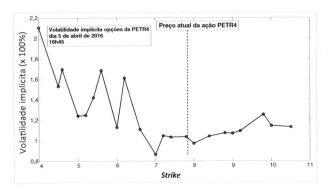

Figura 10.19 – Volatilidade implícita na ação da Petrobras em 5 de abril de 2016.

Nesse dia, a volatilidade intradiária da ação da Petrobras (PETR4) chegou a 4,6%, mas as opções com *strikes* bem próximos do valor S = R$ 7,84 alcançaram 97% no dia. Por isso, o gráfico da volatilidade implícita está aumentando para valores abaixo do preço negociado na ação, e há valores elevados para *strikes* conhecidos como *out of the money* (em português, "fora do dinheiro").

Além de verificar a volatilidade implícita para vários vencimentos, muitas vezes torna-se interessante observar a volatilidade dentro de uma única opção com vários preços coletados. Nesse tipo de pesquisa, o valor do *strike* K é fixo e o vetor é formado pelos preços da ação e pelos preços da opção. Esta é a função para calcular Black-Scholes:

fsolve (@ (x) Obs (i) –blsprice (S (i), K, r, T, x), 1.5);

Pode-se observar que agora, ao contrário do que foi feito antes, o preço da ação S(i) é vetor e o valor do *strike* K é constante, pois a avaliação é apenas para um tipo de opção. Vamos tomar como exemplo a opção da Tabela 10.5 para a PETRFC7.8. O programa Matlab faz a importação a partir do dia 30 de março de 2016 até o dia 5 de abril de 2016 por meio do comando **xlsread**, já detalhado antes. Este é o código completo:

Depois de importar o preço da ação S e da opção, os dados foram salvos nos vetores S(i) e Obs(i). A variável K = 7,8 é o valor do *strike*, com a taxa de juros r = 0,1425. Na linha 15 do código, estão os dias que faltam para o vencimento, que decresce de 1 até chegar a seis dias antes do vencimento. Para cada novo dia, o tempo T/252 é a correção necessária para o Black-Scholes, conforme já explicado e utilizado. Então, a volatilidade implícita é calculada dentro de várias iterações no código do Matlab (**blsprice**) até que a diferença entre observado e teórica seja próxima de zero.

Entretanto, como o método depende da convergência e do "chute" inicial, muitas vezes o algoritmo aborta o programa e adota como volatilidade o valor da estimativa inicial. No caso desse exemplo, por vezes o programa não conseguiu encontrar a volatilidade implícita, visto que a fórmula de Black-Scholes dispara para o infinito. Nesse caso, o "chute" inicial de 1,5 (correspondente a 150%) é adotado pelo Matlab como melhor volatilidade. Isso também ocorre com a função **Atingir meta** do Excel.

O resultado final para a volatilidade implícita com a mesma opção e diversos preços da negociação intradiária dessa opção é apresentado no gráfico da Figura 10.20. Nessa figura, a volatilidade é representada pela curva com marcador "o" e seus valores estão no eixo da esquerda. Os preços da ação à vista da Petrobras PETR4 estão no eixo da direita.

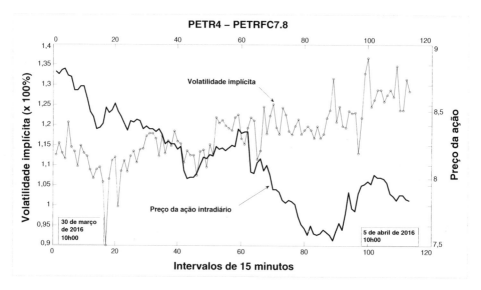

Figura 10.20 – Volatilidade implícita para PETRC7.8 e PETR4.

Outro fator que torna as opções ainda mais incertas é que, à medida que os vencimentos se aproximam e o tempo T chega a zero, o volume de negociações aumenta consideravelmente, seja para quem está de posse e deseja vender, seja por quem deseja comprar se alguma boa notícia for divulgada. Com um alto volume de negociações, a volatilidade aumenta bastante, acima dos valores teóricos. Como visto no exemplo anterior, mesmo usando uma rotina para otimizar e encontrar o melhor valor da volatilidade, ainda assim esse valor é irreal e longe o bastante para provocar grandes perdas ou grandes ganhos.

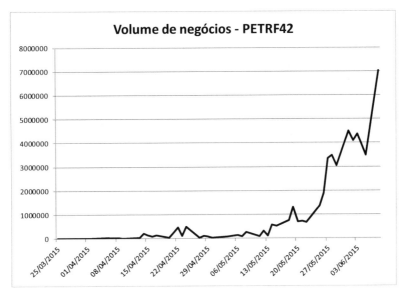

Figura 10.21 – Volume dos negócios para a opção PETRF42.

Neste momento, levanta-se a pergunta: por que a volatilidade implícita serve como parâmetro de avaliação de risco? Existe uma diferença entre os conceitos de volatilidade explícita, calculada historicamente pelo desvio-padrão, e volatilidade implícita, calculada via modelo de opções. A volatilidade histórica ou explícita é calculada usando os preços dos negócios, que refletem o que o investidor acredita ser a verdade do mercado no momento. Já a volatilidade implícita capta a incerteza futura do investidor, uma vez que é calculada com ativos que derivam do mercado à vista.

Se uma companhia está sofrendo uma acusação judicial ou escândalos sobre corrupções internas, enquanto os dados oficiais ainda não foram relatados ao mercado, a volatilidade implícita dispara com as incertezas sobre os acontecimentos futuros. A volatilidade histórica vai demorar mais para captar essas oscilações no preço à vista, pois está baseada em preços com dados consolidados, o que pode levar um tempo maior para refletir nos preços do mercado à vista.

Nesse sentido, a volatilidade implícita calculada de forma correta pode servir de alerta para grandes acontecimentos que ainda estão por vir no mercado, refletindo um risco futuro alto, ainda não observado pela volatilidade histórica. O valor de volatilidade implícita muitas vezes é muito mais elevado que a volatilidade histórica, principalmente quando o preço da ação está longe do *strike* K e surge alguma notícia inesperada.

10.7 VOLATILIDADE IMPLÍCITA NO VISUAL BASIC (VBA)

O processo de descobrir a volatilidade implícita usando a função **Atingir meta**, como mostrado para a Tabela 10.5, pode se tornar moroso e desconfortável quando se tem muitos dados e se deseja avaliar muitas linhas do Excel. Uma forma de melhorar e automatizar uma planilha, para que faça a avaliação da volatilidade implícita de uma única vez, é usar a programação de pequenos códigos dentro do Excel (CAETANO, 2011). Por exemplo, como se pode encontrar a volatilidade implícita de diversos dados, como estes da Tabela 10.6?

Tabela 10.6 – Cálculo da volatilidade implícita no VBA-Excel

Data	Preço ação	Vecimento (strike)	Volatilidade	Juros	Dias	Tempo (T)	d1	d2	Preço - Black-Scholes	Preço real - opção
30/03/2016 14:15	R$ 8,26	R$ 7,80	1,27865279	14,25%	8	0,031746	0,39	0,157	R$ 1,00	R$ 1,00
31/03/2016 14:30	R$ 8,37		0,79397791	14,25%	8	0,031746	0,6	0,46	R$ 0,82	R$ 0,82
31/03/2016 14:45	R$ 8,35		0,72232697	14,25%	8	0,031746	0,63	0,5	R$ 0,77	R$ 0,77
31/03/2016 15:00	R$ 8,37		1,21662704	14,25%	8	0,031746	0,45	0,238	R$ 1,04	R$ 1,04
31/03/2016 15:15	R$ 8,33		1,2109203	14,25%	8	0,031746	0,43	0,218	R$ 1,01	R$ 1,01
31/03/2016 15:30	R$ 8,26		0,92442341	14,25%	8	0,031746	0,46	0,293	R$ 0,81	R$ 0,81
31/03/2016 15:45	R$ 8,28		0,89857189	14,25%	8	0,031746	0,48	0,321	R$ 0,81	R$ 0,81
31/03/2016 16:00	R$ 8,26		1,23892948	14,25%	8	0,031746	0,39	0,17	R$ 0,98	R$ 0,98

Nessa tabela, deseja-se usar o **Atingir meta** para colocar na coluna J o preço real da opção que está na coluna L, variando a volatilidade na coluna D. Dentro do Visual Basic for Application (VBA) do Excel, o código para **Atingir meta** é o seguinte:

Range("J2").GoalSeek Goal:=1, ChangingCell:=Range("D2")

Nesse exemplo, foi utilizado o **Atingir meta** para a linha 2. O comando **Range** serve para selecionar uma célula, **GoalSeek** é o **Atingir meta** na parte de programação do VBA, **Goal** mostra o valor final desejado e **ChangingCell** é a célula a ser alterada (a célula da volatilidade).

Essa linha de programação do VBA está ajustando a célula J2 do preço estimado pelo modelo Black-Scholes a R$ 1,00 (negociado de fato), alterando a volatilidade que está na célula D2. O valor da volatilidade nesse exemplo foi de 1,27, ou 127%, para o dia 30 de março de 2016 na opção PETRC7.8, às 14h15. De maneira geral, para o intervalo entre as linhas 2 e 9 desse exemplo, pode-se fazer um pequeno programa com interação (comando **FOR**), substituindo a célula fixa D2 pelo comando **Cells**, que percorre a planilha como se fosse matriz, calculando e substituindo automaticamente todos os valores da volatilidade na coluna D.

O programa completo é este:

```
Sub volaImp()
Dim i As Integer
For i = 2 To 9
Range(Cells(i, 10), Cells(i, 10)).GoalSeek Goal:=Cells(i, 12), _
ChangingCell:=Range(Cells(i, 4), Cells(i, 4))
Next i

End Sub
```

A programação do Excel nos módulos de macros contidos no Visual Basic é uma maneira muito interessante e rápida de avaliação de muitas medidas, elevando o padrão de cálculo e diminuindo o tempo de análises dos resultados. Apesar de não ser o escopo deste livro, a programação nos moldes apresentados para Matlab pode ser realizada no VBA. A dificuldade apenas existe em algumas análises pré-programadas no Matlab e não no VBA. Por exemplo, enquanto o cálculo da opção é realizado por uma simples função no *toolbox* do Matlab, no Excel é necessária toda uma preparação em colunas separadas para a execução dos cálculos. Porém, de modo geral, para o cálculo de riscos extremos, todos os programas podem ser programados na linguagem VBA, na área de módulos de todas as versões do Excel.

Detalhes de programação para iniciantes podem ser encontrados na obra *Mercado financeiro: programação e soluções dinâmicas com Microsoft Office Excel 2010 e VBA*, de Caetano (2011).

CAPÍTULO 11
O RISCO FINAL

Começamos este livro com um axioma de Max Gunther, e nada melhor que outro para mostrar que o estudo é importante para todos. Em seu sétimo axioma, Gunther diz: "Só se pode confiar num palpite que possa ser explicado". Palpites todo mundo pode dar; explicar com base em teoria é para poucos.

Uma reflexão importante a fazer é: ao terminar esta leitura, algo essencial foi agregado ao seu conhecimento? Diversos capítulos com diferentes assuntos teóricos e práticos foram expostos aqui, com a finalidade de mostrar as muitas aplicações e medidas sobre o risco. Talvez o leitor tenha apreciado mais o primeiro capítulo, com estatística básica, ou o último capítulo, com o modelo de Black-Scholes. O importante é que algo, em alguma parte deste livro, tenha atraído sua atenção para que possa avançar no entendimento de medidas tão importantes sobre o risco financeiro.

Muitas passagens com certeza podem ser complexas demais, mas a intenção de um livro como este é exatamente forçar o leitor a buscar um entendimento não como uma leitura superficial, mas sim como aprendizado. Na vida não aprendemos apenas com uma única observação de fatos, mas com muitas, para criarmos um padrão de conhecimento. O mesmo ocorre com um livro técnico como este. Muitas leituras, muitas idas e vindas, vão solidificar o conhecimento para um entendimento completo.

Assim como não se aprende com uma observação, não se aprende com um livro. Por isso, o leitor com certeza terá de consultar outros renomados autores, citados nas Referências bibliográficas. Todos, sem exceção, fizeram parte de nossa leitura para estabelecer uma abordagem o mais didática possível para assuntos tão complexos envolvendo medidas de risco.

Passagens do livro sobre programações de computador, principalmente aquelas envolvendo o Matlab, podem causar estranheza e dificuldade no leitor iniciante. Por esse motivo, para compensar, colocamos em paralelo a forma alternativa de programar as células das planilhas em Excel. É a melhor forma? Com certeza, sabemos nos dias de hoje que a resposta é não, porém, é a mais popular. E, se isso incentiva ou facilita que o leitor compreenda como funciona o risco de um mercado financeiro, que assim seja.

No capítulo sobre o Índice de Mudanças Abruptas (IMA), realmente incentivamos o outro livro deste autor, intitulado *Mudanças abruptas no mercado financeiro*, pois é completo e apresenta a ideia principal do método exposto. No entanto, neste texto, o IMA foi colocado de forma que simplificasse o entendimento de uma técnica ainda recente e desconhecida do mercado financeiro, como a técnica que envolve wavelets.

Com algumas abordagens mais teóricas e outras mais leves, tentamos espalhar o conhecimento sobre risco, para desmistificar que sua medida indica apenas perdas. Também procuramos mostrar que não é tão difícil nos dias de hoje realizar qualquer tipo de cálculo nessa área, uma vez que a maioria das fórmulas já existe no Microsoft Excel, em praticamente todas as suas últimas versões.

Utilizando a ideia de risco, esperamos, com sinceridade, que o livro impulsione o leitor a arriscar-se mais e a ter mais esperança em aprender, em outras literaturas mais complexas, um assunto importante e atual para o mercado financeiro. Entendemos que o risco de estudar bastante é aprender muito.

REFERÊNCIAS

ALLEN, E. **Modeling with Itô stochastic differential equations**. Dordrecht: Springer, 2007. (Série Mathematical modelling: theory and applications, v. 22).

ARNOLD, L. **Stochastic differential equations:** theory and applications. New York: John Wiley & Sons, 1973.

BALEANU, D. (Ed.). **Advances in wavelet theory and their applications in engineering, physics and technology**. [S.l.]: InTech, 2012.

BEERENDS, R. J. et al. **Fourier and Laplace transforms**. Cambridge: Cambridge University Press, 2003.

BENNINGA, S.; WIENER, Z. Value-at-Risk (VaR). **Mathematica in education and research**, Santa Clara, v. 7, n. 4, p. 1-7, 1988.

BLACK, F.; SCHOLES, M. The pricing of options and corporate liabilities. **The Journal of Political Economy**, Chicago, v. 81, n. 3, p. 637-654, 1973.

BOYER, C. B. **História da matemática**. São Paulo: Blucher, 1974.

BREALEY, R. A.; MYERS, S. C. **Princípios de finanças empresariais**. Lisboa: McGraw-Hill, 1992.

CAETANO, M. A. L. **Mercado financeiro**: programação e soluções dinâmicas com Microsoft Office Excel 2010 e VBA. São Paulo: Érica, 2011.

_____. **Mudanças abruptas no mercado financeiro**: modelos, métodos e previsões. São Paulo: Érica, 2013.

CAETANO, M. A. L.; YONEYAMA, T. A financial indicator for mid-term tendencies. **Physica A: Statistical Mechanics and its Applications**, Amsterdam, v. 385, n. 2, p. 609-620, 2007.

_____. A new indicator of imminent occurrence of drawdown in the stock market. **Physica A: Statistical Mechanics and its Applications**, Amsterdam, v. 388, n. 17, p. 3563-3571, 2009.

CHUNG, K. L.; WILLIANS, R. J. **Introduction to stochastic integration**. Boston: Birkhauser, 1990.

COSTA, C. L. **Opções:** operando a volatilidade. São Paulo: Bolsa de Mercadorias & Futuros, 1998.

COSTA NETO, P. L. O. **Estatística**. São Paulo: Blucher, 1999.

COSTA NETO, P. L. O.; CYMBALISTA, M. **Probabilidades:** resumos teóricos: exercícios resolvidos: exercícios propostos. São Paulo: Blucher, 1974.

DANÍELSSON, J. **Financial risk forecasting**: the theory and practice of forecasting market risk, with implementation in R and Matlab. Chichester: John Wiley & Sons, 2011.

ELTON, J. E. et al. **Modern portfolio theory and investment analysis**. New York: John Wiley & Sons, 2003.

FONSECA, J. S. **Curso de estatística**. São Paulo: Atlas, 1992.

HELSTROM, C. W. **Probability and stochastic process for engineers**. New York: Maxwell Macmillan International Editions, 1991.

HOWELL, K. B. **Principles of Fourier analysis**. Boca Raton: Chapman & Hall: CRC, 2001.

JAMES, J. F. **A student's guide to Fourier Transforms:** with applications in physics and engineering. Cambridge: Cambridge University Press, 2011.

KOLB, R. W.; OVERDAHL, J. A. **Financial derivatives**: pricing and risk management. Hoboken: John Wiley & Sons, 2010.

KRISHNAN, V. **Nonlinear filtering and smoothing:** an introduction to martingales, stochastic integrals, and estimation. New York: John Wiley & Sons, 1984.

MAGALHÃES, M. N.; LIMA, A. C. P. **Noções de probabilidade e estatística**. São Paulo: Edusp, 2000.

MALLAT, S. **A wavelet tour of signal processing**. San Diego: Academic Press, 1999.

MANDELBROT, B.; HUDSON, R. L. **Mercados financeiros fora de controle:** a teoria dos fractais explicando o comportamento dos mercados. Rio de Janeiro: Elsevier, 2004.

MARSHALL, C. **Medindo e gerenciando riscos operacionais em instituições financeiras**. Rio de Janeiro: Qualitymark, 2002.

MAYBECK, P. S. **Stochastic models, estimation, and control**. New York: Academic Press, 1979.

MCKEAN, H. P. **Stochastic integrals**. New York: Academic Press, 1969.

MERTINS, A. **Signal analysis**: wavelets, filter banks, time-frequency transforms and applications. New York: John Wiley & Sons, 1999.

MEYER, P. L. **Probabilidade:** aplicações à estatística. Rio de Janeiro: Livros Técnicos e Científicos, 1984.

MORINI, M. **Understanding and managing model risk**: a practical guide for quants, traders and validators. Hoboken: John Wiley & Sons, 2011.

OKSENDAL, B. **Stochastic differential equations**: an introduction with applications. Berlin: Heidelberg: Springer, 2013.

ORRELL, D. **Economyths**: ten ways economics gets it wrong. Mississauga: John Wiley & Sons, 2010.

OSBORNE, M. F. M. Brownian motion in the stock market. **Operations Research**, Stanford, v. 7, n. 2, p. 145-173, 1959.

PAPOULIS, A. **Probability, random variables, and stochastic process**. New York: McGraw-Hill International Editions, 1991.

QUEIROS, M. D. et al. A nonextensive approach to the dynamics of financial observables. **The European Physical Journal B**, Les Ulis, v. 55, p. 161-167, 2007.

ROSS, S. M. **An elementary introduction to mathematical finance:** options and other topics. Cambridge: Cambridge University Press, 2011.

SHIAVI, R. **Introduction to applied statistical signal analysis**: guide to biomedical and electrical engineering applications. Amsterdam: Elsevier Academic Press, 2007.

SORNETTE, D. **Why stock markets crash**: critical events in complex financial systems. Princeton: Princeton University Press, 2003.

SPIEGEL, M. R. **Estatística**. São Paulo: McGraw-Hill, 1994.

UGUR, O. **An introduction to computational finance**. London: Imperial College Press, 2008.

VIENS, F. G.; MARIANI, M. C.; FLORESCU, I. (Ed.). **Handbook of modeling high-frequency data in finance**. Hoboken: John Wiley & Sons, 2012.

WALKER, J. S. **A primer on wavelets and their scientific applications**. Boca Raton: Chappman & Hall: CRC, 1999.